本书为国家社会科学基金项目"村民理事会的组织变革与治理创新研究"(项目编号:16BSH116)的结项成果

村民理事会的
组织变革与
治理创新研究

王中华 著

中国社会科学出版社

图书在版编目(CIP)数据

村民理事会的组织变革与治理创新研究／王中华著． — 北京：中国社会科学出版社，2022.9
ISBN 978 - 7 - 5227 - 0419 - 7

Ⅰ.①村… Ⅱ.①王… Ⅲ.①村民委员会—社会管理—研究—中国 Ⅳ.①D638

中国版本图书馆CIP数据核字(2022)第113793号

出 版 人	赵剑英
责任编辑	刘亚楠
责任校对	张爱华
责任印制	张雪娇

出　　版	中国社会科学出版社
社　　址	北京鼓楼西大街甲158号
邮　　编	100720
网　　址	http://www.csspw.cn
发 行 部	010 - 84083685
门 市 部	010 - 84029450
经　　销	新华书店及其他书店

印刷装订	北京市十月印刷有限公司
版　　次	2022年9月第1版
印　　次	2022年9月第1次印刷

开　　本	710×1000 1/16
印　　张	13.25
插　　页	2
字　　数	223千字
定　　价	79.00元

凡购买中国社会科学出版社图书，如有质量问题请与本社营销中心联系调换
电话：010 - 84083683
版权所有　侵权必究

序言（一）

中华是一位十分优秀的中青年学者。2006年中华跟随我在职攻读博士学位，他为人踏实，学习刻苦，工作勤奋，十多年来一直致力于乡村治理和村民自治等方面的研究，取得了较为丰硕的成果。最近欣闻他主持的国家社会科学基金项目顺利地结项，其项目成果即将出版并诚邀我作序，在此向中华表示祝贺！

乡村是中国社会的细胞，乡村社会的治理水平关乎中国社会稳定和基层群众对政权的认同感与忠诚度。中国自古以来就非常重视对乡村社会的治理，很早就开启了乡村自治的传统。在村庄的场域内，农村公共事务和公益事业急需基层公共组织来解决，然而乡里组织、保甲组织等组织一直是中国传统乡村社会的主要组织形式，乡村地主士绅、家族宗族势力等成为乡村治理的重要主体，而作为占据乡村人口绝对多数的农民，自身组织化程度不高。新中国成立以后中国农村基层社会组织面临重新再造，20世纪50年代末期以来，人民公社、生产大队等一度成为主导乡村治理的主要组织，80年代初期逐渐被以村民委员会为核心的农村基层群众性自治组织所取代。然而，90年代以后随着经济社会转型加快和农村税费体制改革，村民委员会等原有村民自治组织面临着日益行政化、自治制度空转、公共服务能力不足等问题，而且与村民小组、自然村、农村社区等微自治单元的村民现实需求日益脱节，村民委员会已经无力单独应对日益复杂的农村基层治理所带来的新挑战。近年来随着社会治理重心的下移和各级政府惠农利民政策的推动，新型群众性微自治组织——村民理事会应运而生，促使村民自治重新焕发了生机和活力。

本书遵循理论分析与实证调查相结合、应然研究与实然分析相结合的原则，按照"问题—对策"模式对村民理事会的微治理问题展开了系统全面的研究。本书从微自治与组织社会学等理论出发，对村民理事会的演变过程、治理效能、发展困境与完善路径等进行了深入探讨，不仅对我国村民自治的发展脉络进行了系统梳理，并且准确把握了近年来我国各地推行的以村民小组或自然村为基本单元的村民自治试点的政策走向和实施情况，重点对安徽省多个村民自治试点单位开展了实地调查和试点实验，收集整理了安徽省、湖北省、广东省、江西省等地村民理事会的典型案例。本书成果建立在厚实的丰富的资料基础之上，是对乡村微自治组织运行机理、实践逻辑与治理效能的系统探索，在很大程度上拓展了政治社会学、农村社会学关于乡村治理与乡村自治组织相关领域的研究，为人们全面认识乡村社会治理的理念变革与机制创新，理解乡村社会内部较为复杂的权力关系网络与社会构造提供了全新的研究视野和独到见解。

本书在村民理事会的性质和类型的研究上具有创新性。全面阐述了村民理事会的组织性质，即单元微自治组织、群众自主性组织、议事协商性组织、上下沟通性组织、自我服务性组织，它依靠"扎根一线"的群众基础，创造性地开展了具有"弹性、韧性和适应性"的微自治，能够灵活应对当前农村基层治理的各种困难和挑战。本书根据村民理事会的形式名称和实质作用、乡村行政区划和居住状况、公共事务范围、公共事务职能等不同，创新性地对名实型理事会、纵向型理事会、交叉型理事会、职能型理事会等进行分类研究，有利于推进农村基层微治理体系和微治理能力现代化的理论研究与实践创新。

本书最后指出村民理事会的产生有其内在的必然性和合理性，村民理事会在很大程度上弥补了村民委员会自治空间的不足，发挥了全过程人民民主的优势，但是必须正确认识村民理事会与自治单元、治理成效和村民委员会之间的关系，需要科学辩证地认识村民理事会的组织特点、自治优势和治理限度及发展前景。可以看出，本书对村民理事会并没有采取"一刀切"的方式予以全盘肯定，而是坚持了实事求是的精神和科学严谨的学风。

中华可能囿于时间和精力等原因，主要基于对安徽省、湖北省、广东省等部分地区的村民理事会研究，对全国其他地区村民理事会建立和发展的状况还存在关注不够和回应研究不多的问题，对全国不同地区村民理事会的比较研究尚需进一步加强，对微自治的学理分析也需进一步提升，但是瑕不掩瑜，期待中华在以后的研究中能有更大的作为，努力出更多的精品。

是为序。

王明生

2022 年 4 月 8 日于南京大学

序言（二）

本书是中华对村民理事会进行长期的实地调研、试点指导和跟踪研究，并在完成同名国家社会科学基金项目的基础上撰写而成的一部新作、力作。本书在回顾分析中国农村基层自治组织历史演变的基础上，对村民理事会产生的背景与发展历程，村民理事会的组织性质与组织类型，村民理事会组织变革与治理创新的实践成效、主要障碍及完善策略进行了系统全面的探讨。

村民理事会是在农村基层党组织领导下和村民委员会指导下，以村民小组、自然村、农村社区为基本单元建立的基层群众性自治组织。在实践中，村民理事会可以代表村民对本区域范围内的公共事务进行议事协商和提供公益服务，它是村民民主自治、村级公共事务管理、村庄建设发展的重要辅助力量。从国家治理现代化的角度来看，民主与共治是新时代农村基层群众性自治的两大主题，也是村民理事会作为新型群众性微自治组织所体现的两条重要原则。本书的主要特色和创新之处，就在于从民主、共治与微自治等视角，对村民理事会的组织变革和治理创新进行了以下几个方面的实证性、特色性、创新性研究。

其一，村民理事会作为新型群众性微自治组织，大体经历了从自发探索到自觉实践的变迁过程。本书通过对村民理事会发展历程的梳理发现，村民理事会最早有可能出现于20世纪80年代的湖北，后在江西、河北、河南、安徽等地逐渐产生。21世纪初期以后，村民理事会在全国广大农村地区获得地级市和县级层面的试点推广。2013年，安徽省首次对村民理事会的法律地位做出了正式的立法确认。2018年，《中共中央、国务院关于实施乡村振兴战略的意见》明确提出要把村民理事会等组织形式作为村民协商自治的重要载体。由此可见，村民理事会已经成为国家认可的新型群众性微自治组织，在深化村民自治实践、探索基层民主形式、构建乡村治理新体系、推动乡村治理重心下移中发挥着日渐重要的作用。

其二,村民理事会是我国农村基层群众性自治制度创新的重要成果,有助于探寻村民自治的多种有效实现形式。本书敏锐地把握了近年来中央涉农政策文件有关乡村振兴和基层治理创新的主要精神,抓住了全国各地推行以村民小组或自然村为基本单元、以村民理事会为主要载体的村民自治试点和"三治"融合试点等良机,契合了社会治理重心下移背景下村民自治深入化、微型化、便捷化、实用化的要求,体现了平等、多元、参与、协作、对话、包容、透明、高效等社会治理的基本原则,有益地探索了村民自治适宜的地域空间和合适的组织载体,适应了当前农村基层微治理组织变革和治理创新的现实需要,有助于推动村民自治焕发新的生机和活力。

其三,村民理事会是我国发展基层人民民主的探索实践成果,有助于推动全过程人民民主的全覆盖。在各地的实践中,村民理事会由村民民主推选产生,在产生方式上充分发扬了民主,村民完全可以按照自己的意志选举自己信得过的"当家人"。村民理事会坚持"民事民提、民事民议、民事民管、民事民决、民事民办"的协商议事和决策机制,保障了村民在日常政治生活中拥有广泛持续深入参与农村公共事务的权利。对此,本书以协商民主理论和全过程民主理论作为理论基础,构建了"结构—制度—管理—功能"一体化微自治组织分析框架,贯穿了对民主"选举、协商、决策、管理、监督"全环节研究,推动了农村协商民主与选举民主融合发展和全过程人民民主的实践发展研究,这有助于深化农村基层民主理论全景式研究。

其四,村民理事会是我国实施基层共同治理的实践创新产物,有助于构建乡村治理新体系并提升乡村治理能力。本书从理论和实践上探讨了乡村治理中"自治"与"共治"的关系,指出农村基层治理是一个不断发展变化、开放多元、自治与共治相结合的过程。本书认为虽然村民理事会是一个农村基层群众性微自治组织,但是在乡村治理中的"自治"与"共治"并非相互矛盾,只有两者良性互动,才能推动乡村走向善治。村民理事会除了需要加强自身组织建设,提升自身自治能力,还需要链接各方治理资源,充分发挥农村各类基层组织协同作用和多主体合作治理模式的优越性。

通过上述专门探讨和综合思考,本书得出了全面科学辩证地看待村民理事会的研究结论,认为"村民理事会的产生有其内在的必然性和合理性,村民理事会在很大程度上弥补了村民委员会自治空间的不足,但是必须正确认识村民理事会与自治单元、治理成效和村民委员会之间的关系,全面科学辩

序言（二）

证地认识村民理事会的组织特点、自治优势和治理限度及发展前景"。可以说，该结论性观点建立在广泛调查和理性分析的基础之上，言之有据，客观公允。

2011—2012 年，中华到武汉大学跟随我作访问学者时，在深入研究参与式民主理论的基础上，就开启了乡村治理和村民自治相关研究的学术征途。在那之后，我们就该方面的问题仍时有交流。因此，在本书付梓之际，我有幸先睹为快，乐为作序。总体来说，本书理论视角新颖，学术创新意识较强，逻辑结构合理，论述线索清晰，核心观点明确，实地调研资料和文献资料充分，研究论证比较深入，从中也可以看出中华具有脚踏实地、求真务实、敢于创新的治学风格与严谨的治学态度。

马克思曾经说过："在科学上没有平坦的大道，只有不畏劳苦沿着陡峭山路攀登的人，才有希望达到光辉的顶点。"学术道路上没有终点，只有不断地努力追求。希望中华不要就此满足，百尺竿头，更进一步，努力再出佳作！

是为序！

2022 年 4 月 10 日于武大珞珈山

目录 CONTENTS

第一章 绪论 …………………………………………………………… 1
  一 研究背景与意义 ……………………………………………… 1
    （一）研究背景 ……………………………………………… 1
    （二）研究意义 ……………………………………………… 4
  二 核心概念界定 ………………………………………………… 5
    （一）自治单元 ……………………………………………… 5
    （二）组织载体 ……………………………………………… 11
    （三）村民理事会 …………………………………………… 12
  三 文献研究综述 ………………………………………………… 13
    （一）国内研究综述 ………………………………………… 13
    （二）国外研究综述 ………………………………………… 22
  四 研究思路与研究方法 ………………………………………… 29
    （一）研究思路 ……………………………………………… 29
    （二）研究方法 ……………………………………………… 30
  五 理论基础与研究框架 ………………………………………… 33
    （一）理论基础 ……………………………………………… 33
    （二）研究框架 ……………………………………………… 45

第二章 中国农村基层自治组织的历史回顾与演变逻辑 …………… 48
  一 中国古代农村基层自治组织的产生与演变 ………………… 48

（一）先秦时期农村基层自治组织……48
　　（二）秦至隋唐农村基层自治组织……50
　　（三）宋至明清农村基层自治组织……51
二　近代以来农村基层自治组织的产生与演变……54
　　（一）清末时期农村基层自治组织……54
　　（二）北洋政府时期农村基层自治组织……55
　　（三）国民政府时期农村基层自治组织……56
三　新中国成立初期农村基层自治组织的建立和发展……57
　　（一）新中国成立初期乡（行政村）政权并存组织……57
　　（二）人民公社化时期"三级所有，队为基础"组织体系……58
四　改革开放以来农村基层自治组织的建立和发展……59
　　（一）以自然村为基础的自生自发组织……59
　　（二）以建制村为基础的规范规制组织……60
　　（三）建制村之下的内生外动的新组织……60

第三章　村民理事会的产生背景与发展历程……63
一　村民理事会产生的背景……63
　　（一）经济结构变化……63
　　（二）政治民主发展……64
　　（三）人口流动加快……66
　　（四）居住空间重组……68
　　（五）治理半径扩大……70
二　村民理事会的发展历程……75
　　（一）部分地区零星产生阶段（1989—2006年）……75
　　（二）局部地区试点和推广阶段（2006—2014年）……79
　　（三）全国范围内试点和推广阶段（2014年至今）……80

第四章　村民理事会的组织性质与组织类型……85
一　村民理事会的组织性质……85
　　（一）单元微自治组织……86

（二）群众自主性组织 …………………………………… 90
　　（三）议事协商性组织 …………………………………… 92
　　（四）上下沟通性组织 …………………………………… 97
　　（五）自我服务性组织 …………………………………… 100
二　村民理事会的组织类型 …………………………………… 104
　　（一）名实型理事会 ……………………………………… 104
　　（二）纵向型理事会 ……………………………………… 106
　　（三）交叉型理事会 ……………………………………… 107
　　（四）职能型理事会 ……………………………………… 111

第五章　村民理事会组织变革与治理创新的实践成效 ………… 115
一　村民理事会的微组织结构组成 …………………………… 115
　　（一）整合基层"五老"人员 …………………………… 115
　　（二）实行民主选人方式 ………………………………… 119
　　（三）建立清晰角色结构 ………………………………… 120
　　（四）构建熟人治村模式 ………………………………… 122
二　村民理事会的微组织制度建设 …………………………… 123
　　（一）村民理事有章可依 ………………………………… 123
　　（二）议事规则相对明确 ………………………………… 125
　　（三）财务制度基本构建 ………………………………… 126
　　（四）村务监督有规可循 ………………………………… 127
三　村民理事会的微组织运作管理 …………………………… 128
　　（一）组织动员群众 ……………………………………… 128
　　（二）筹集管理资金 ……………………………………… 129
　　（三）推动项目实施 ……………………………………… 130
　　（四）从事公益服务 ……………………………………… 131
　　（五）调解矛盾纠纷 ……………………………………… 132
四　村民理事会的微组织功能发挥 …………………………… 132
　　（一）组织载体相对适宜 ………………………………… 132
　　（二）自主治理充分体现 ………………………………… 133

（三）组织沟通比较顺畅 …………………………………… 134
　　（四）治理成效相对突出 …………………………………… 135

第六章　村民理事会组织变革与治理创新的主要障碍 …………… 137
　一　微组织结构组成的缺失 ……………………………………… 137
　　（一）年龄结构偏向老化 …………………………………… 137
　　（二）产生程序不够规范 …………………………………… 138
　　（三）家族宗族势力侵扰 …………………………………… 140
　　（四）组织关系不够明确 …………………………………… 141
　二　微组织制度建设的失范 ……………………………………… 142
　　（一）章程总体不够完整 …………………………………… 142
　　（二）议事制度不够规范 …………………………………… 144
　　（三）财务制度不够健全 …………………………………… 144
　　（四）监督制度不够完善 …………………………………… 145
　三　微组织运作管理的困境 ……………………………………… 145
　　（一）群众组织动员不易 …………………………………… 145
　　（二）资金筹集管理困难 …………………………………… 147
　　（三）项目推进仍存掣肘 …………………………………… 147
　　（四）公益任务负担过重 …………………………………… 148
　　（五）矛盾调处化解乏力 …………………………………… 149
　四　微组织功能发挥的不佳 ……………………………………… 149
　　（一）微组织自治性不足 …………………………………… 149
　　（二）政府有效引导缺乏 …………………………………… 150
　　（三）激励机制不够健全 …………………………………… 151
　　（四）协同治理能力不强 …………………………………… 152

第七章　村民理事会组织变革与治理创新的完善策略 …………… 154
　一　优化微组织结构组成 ………………………………………… 154
　　（一）优化组成人员结构 …………………………………… 154
　　（二）完善选举产生机制 …………………………………… 156

（三）防范不法势力侵入 …………………………………… 157
　　（四）理顺组织关系网络 …………………………………… 158
二　加强微组织制度建设 ………………………………………… 159
　　（一）完善组织制度文本 …………………………………… 160
　　（二）规范协商议事流程 …………………………………… 160
　　（三）健全民主决策制度 …………………………………… 161
　　（四）强化内外监督机制 …………………………………… 162
三　强化微组织运作管理 ………………………………………… 162
　　（一）创新群众动员方式 …………………………………… 162
　　（二）规范资金筹集管理 …………………………………… 163
　　（三）协力推进项目实施 …………………………………… 164
　　（四）合理设置公益任务 …………………………………… 166
　　（五）增强矛盾化解能力 …………………………………… 167
四　促进微组织功能发挥 ………………………………………… 168
　　（一）推动组织赋权增能 …………………………………… 168
　　（二）加大引导扶持力度 …………………………………… 170
　　（三）健全正向激励机制 …………………………………… 171
　　（四）完善协同治理机制 …………………………………… 173

结　语 …………………………………………………………………… 176

参考文献 ………………………………………………………………… 180

附录：村民理事会访谈提纲 …………………………………………… 194

后　记 …………………………………………………………………… 196

第一章 绪 论

美国著名组织社会学家盖伊·E. 斯文森（Guy E. Swanson，1976）曾经说过："社会学中不断重复的事，就是要构想一个组织，然后研究它。这些研究的方式既不是把组织拟人化，也不是把它简单分解为个体或群体的行为。"[①] 诚如有的学者所言，组织几乎无处不在，无时不有，组织已经侵入到人们社会生活的方方面面，组织如此重要，让我们不得不面对和研究。然而，村民理事会不是由社会学家"构想"出来的一个组织，而是实际存在的并且近年来在中国广大农村增加速度较快、分布数量较多、类型形式多样、角色身份特殊、功能非常重要的新型群众性微自治组织，所以我们也不得不予以重视和深入研究。

一 研究背景与意义

（一）研究背景

中国自古以来是一个农业大国，农村人口在很长时间内一直占据全国人口大多数，如何把分散的小农组织起来一直以来是一个老大难问题。"在中国，一家一户是基本的生产、生活和政治单元。然而，人们还有许多事务是一家一户难以解决的，大量超越家户的公共事务需要更大范围的组织来解决，最重要的便是村庄。村庄构成农民完整的生活世界，成为农村社会的基本组织。"[②] 在村庄的场域内，公共事务急需基层公共组织来解决，然而国家势力主导下的乡里组织、保甲组织等一直是中国传统乡村社会的主要组织形式，

[①] ［美］W·理查德·斯科特等：《组织理论：理性、自然与开放系统的视角》，高俊山译，中国人民大学出版社2011年版，第1页。

[②] 徐勇：《田野政治学的构建》，中国社会科学出版社2021年版，第179页。

乡村地主士绅、家族宗族势力等成为乡村社会治理的主体，而作为乡村人口绝对多数的农民，自身组织化程度却一直较弱。马克思曾经说过，19世纪中叶的法国"小农人数众多，他们的生活条件相同，但是彼此间并没有发生多种多样的关系。……法国国民的广大群众，便是由一些同名数简单相加形成的，就像一袋马铃薯是由袋中的一个个马铃薯汇集而成的那样。数百万家庭的经济生活条件使他们的生活方式、利益和教育程度与其他阶级的生活方式、利益和教育程度各不相同并互相敌对，就这一点而言，他们是一个阶级。而各个小农彼此间只存在地域的联系，他们利益的同一性并不使他们彼此间形成共同关系，形成全国性的联系，形成政治组织，就这一点而言，他们又不是一个阶级。因此，他们不能以自己的名义来保护自己的阶级利益，无论是通过议会或通过国民公会。他们不能代表自己，一定要别人来代表他们"①。传统乡村社会的中国农民与马克思所说的法国农民也有类似的地方，只不过中国农民除了地域联系，还有更强烈的血缘联系、家族谱系和宗族纽带。中国古代自给自足的自然经济和比较落后的交通状况，并没有完全隔绝农民之间的相互联系和公共交往，但是他们之间的联系和公共交往主要局限在狭小的地域范围内，这个地域主要局限于处于熟人社会的同一个村庄内部或相邻村庄。然而，在农民群体有限的交往联系与农村公共事务治理的组织需要之间，始终存在着一定的供需矛盾，农民自治组织建设相对落后，无法满足农村公共事务治理的需求，导致农村公共产品供给滞后和公共服务有效供给不足。

新中国成立以后中国农村基层社会组织面临着重新再造，从农业社会主义改造以来，相继经历了互助组、初级社和高级社。20世纪50年代末期以来，人民公社一度成为主导乡村治理的主要组织形式，但是这种政社一体化的弊端无法通过内在的微调克服，80年代初期以来，人民公社遂被以村民委员会为核心的村民自治组织所取代，后者成为政界与众多学者十分关注和寄予厚望的自治组织。然而，随着改革开放的深入，农村经济社会转型的加快，村民委员会（行政村）的日益行政化与村民自治单元（村民小组、自然村、社区）的现实需求日益脱节，村民委员会已经无力应对日益复杂的农村基层治理所带来的新挑战。当时学术界有人在质疑："村民自治已经

---

① 《马克思恩格斯文集》第2卷，人民出版社2009年版，第566—567页。

没有意义了吗?"① 有人在追问:"村民自治究竟应当向何处去?"② 甚至也有人在哀叹:"村民自治走进了死胡同。"③ "山重水复疑无路,柳暗花明又一村",村民自治在面临危机的同时,其实也在孕育着农村基层群众性自治组织的变革,催动了农村基层治理体制机制的创新。近年来社会治理重心的下移、自治单元的划小以及微自治组织村民理事会的诞生与成长,促使原本"失落"的村民自治重新焕发了生机和活力。

其实,早在20世纪80年代末期90年代初期,村民理事会就在湖北、河北等地的民间率先以零星的自发的形式出现,但是缺少政策层面的有效推动和地方政府的广泛支持。进入21世纪以来,村民理事会在安徽、江西、湖北、广东、广西、黑龙江等地的广大农村地区逐渐呈现燎原之势,在村民自治中发挥的巨大正向作用逐渐显现,因此不少地方政府开始有意识地出台一些政策文件,转向正面积极引导,但是当时还没有上升到全国政策层面加以考量。2014年的中央"一号文件"《关于全面深化农村改革,加快推进农业现代化的若干意见》指出可以"探索不同情况下村民自治的有效实现形式,农村社区建设试点单位和集体土地所有权在村民小组的地方,可开展以社区、村民小组为基本单元的村民自治试点",继而2015—2018年连续四年的中央"一号文件"都强调继续推行和扩大以"村民小组或自然村或农村社区"为基本单元的自治试点,通过推动自治重心下移为"推深、做实、做细、做活"村民自治指明了方向。2016年10月1日中共中央办公厅、国务院办公厅专门印发了《关于以村民小组或自然村为基本单元的村民自治试点方案》,肯定了"多数地方保持现有村民委员会设置格局的前提下,在村民小组或自然村建立村民理事会、村民监事会、户主会等多种形式的组织载体"是有益有效的自治试验,并随后在全国12个省(市、区)遴选了24个国家级村民自治试点单位。至此,在中央政策层面的正式认可和强力推动下,借助以"村民小组或自然村或农村社区"为基本单元的村民自治试点的重要契机,村民理事会作为新型村民自治的主要组织载体,在全国各地获得了快速发展,从而成为全社会广为关注的重要组织。

---

① 彭大鹏:《村民自治已经没有意义了吗?》,《理论与改革》2011年第1期。
② 任中平:《村民自治究竟应当向何处去?》,《理论与改革》2011年第3期。
③ 冯占仁:《村民自治走进了死胡同》,《理论与改革》2011年第1期。

村民理事会的组织变革与治理创新研究

(二) 研究意义

组织社会学研究的核心问题是"什么是组织?组织都做些什么?组织如何改变?以及人们如何看待和研究组织?""组织可能是现代社会最突出的特征。"[①] 从组织社会学的角度来看,我们首先要研究什么是村民理事会?村民理事会是如何形成和发展起来的?村民理事会内部的组织结构如何?村民理事会具有哪些组织类型?为什么村民理事会相对容易采取集体行动?为什么村民理事会的自组织能力和微自治作用较强?与村民委员会相比,村民理事会的优势到底在哪里?村民理事会与村民委员会之间的关系如何?村民理事会与其他农村自治组织、社会组织、志愿服务组织等是如何联动的?村民理事会在协商议事、公益服务、矛盾调解、文明创建等方面发挥着怎样的作用?村民理事会在村民自治中还存在哪些短板和不足?如何更好地促进村民理事会平稳、健康、有序发展?村民理事会未来的发展前景如何?诸如此类的相关问题,不胜枚举。这些问题都启迪着我们去深入思考村民理事会作为微自治组织在乡村振兴和村民自治中的角色、地位和作用。因此,当前对村民理事会的组织变革和治理创新展开全面系统深入的研究,具有重要的理论意义和实践意义。

1. 理论意义

一方面,有利于创新村民自治研究范式,突破原有集中研究以村民委员会为核心的村民自治组织体系,深入解析村民委员会在行政与自治之间徘徊的困境,从村民小组、自然村、农村社区等微观层面开创农村基层群众性微自治组织研究崭新的主题,探讨村民理事会的参与式民主与协商式民主的意蕴以及微自治价值;剖析治理理论的内在逻辑体系,厘清村民理事会建立和发展过程中的自治、微自治与他治、共治、善治之间的关系。另一方面,有利于从社会学、政治学、管理学、心理学等视角对村民理事会开展交叉学科研究,发掘社会治理重心下移背景下微自治模式的优势,分析农村公共物品供给理论的适用性,解析乡村集体行动逻辑的困境,阐明自治单元与治理有效性之间的关系,探讨乡村治理共同体构建的理论基础和心理基础。基于

---

① [美] W·理查德·斯科特等:《组织理论:理性、自然与开放系统的视角》,高俊山译,中国人民大学出版社2011年版,第1—2页。

"微自治"视角研究村民理事会，运用组织社会学理论构建"组织结构、组织制度、组织管理、组织功能"分析框架，从而深化对村民理事会的组织构成、组织性质、组织特点、组织类型与组织功能的认识。

2. 实际意义

一方面，全面反思和总结改革开放以来我国村民自治制度实行的基本经验、主要成效和存在问题，科学评估近年来我国以"村民小组、自然村、农村社区"为基本单元、以村民理事会为主要载体的新型村民自治试点成效，推动新型群众性微自治组织——村民理事会的持续、稳定、健康发展，并为党委和政府等有关部门创新乡村治理体系、推进乡村治理现代化提供政策建议和工作参考。另一方面，有利于农村广大人民群众提高自身参与农村微治理的意识和能力，真正直接行使自我管理、自我服务、自我教育、自我监督的当家作主权利，增强建设美丽乡村和美好家园的自信心与自豪感；有利于各级党委和政府创新农村微治理方式，充分发挥自然村落亲缘、人缘、地缘优势，整合资源、凝心聚力，构建农村新型微自治组织体系，激发农村基层微组织活力，促使农村基层治理走向规范化、制度化和精细化，提升农村基层微治理能力；有利于发挥村民理事会的有效载体、自主治理和组织沟通作用，从而促进村民参与、组织自治与政府治理之间的有效衔接和良性互动。

二 核心概念界定

自治单元和组织载体是村民自治研究领域中的两个核心概念，这两者之间既有区别，又有密切联系，因为在特定的自治单元内，必须借助一定的组织载体，才能促使村民自治有效实现；反之亦然，特定的组织载体不能凭空而建，它必须在一定的自治单元内构建，才能使特定的村民自治组织有效运转。

（一）自治单元

1. 自治单元的概念

"单元"在汉语中原本指"某种事物整体中相对独立自成系统的单位或成分"。"自治单元"是指"人们对一定的空间或范围内的公共事务进行自我管

村民理事会的组织变革与治理创新研究

理的单元,是相对于基层治理中的行政单元、服务协调单元而言的一个概念"①。古今中外,不同时期不同区域的自治层级设置不尽相同,自治单元的大小不尽相同,自治单元的类型也有差异。村民自治单元设置合理与否,是关系村民自治能否有效实现的关键因素,因此历来备受重视。"基本单元"是自治单元诸多类型的一种,是指能够合理地、有效地开展村民自治的最小单位。如前所述,2014—2018 年的中央"一号文件"反复提及"村民自治试点"和"基本单元"这两个重要概念,这在很大程度上推动了"自治单元"概念的广泛传播和社会认同。

自治单元特别是基本单元划分的标准和原则是什么?有学者提出"村民参与性与公共事务解决效能性"两大内在标准和"利益相关、规模适度、地域相近、文化相连、群众自愿"五大外在标准。② 湖北省秭归县提出了"地域相近、产业趋同、利益共享、有利发展、群众自愿、便于组织、尊重习惯、规模适度"32 字的划分标准③。华中师范大学中国农村研究院徐勇教授团队陆续总结出了"地域相近、文化联结、资源集中、利益相关、规模适度、规则自觉、有效参与、政策落地"等几条基本原则,都极具参考价值。其实,最核心的标准和最基本的原则应该是无论怎样划分自治单元的区域范围、面积大小和类型形式,都应当以有利于"村民自治的有效实现"为基础和前提。

自治单元的设置必须以村民居住形态和生活区域为基础,既要考虑行政管理的因素,也要考虑自然地理因素和历史传统因素,一般以乡村社会中最为常见的组织形态——"村"为基本单元。村是一个包括农业资源、以农业生产为主要生产方式、以农业人口为主要户籍的居住群落,是"大小不同的村民点,是农村社区的基本单元"④,村"是一个可以从不同角度理解的名词。有从长期历史自然形成的自组织角度界定的自然村,有从国家行政管理角度界定的行政村"⑤。自然村是特定区域内的村民通过日常生活和

---

① 侣传振:《自治基本单元:探索村民自治有效实现的载体因素》,《湖北社会科学》2017 年第 6 期。
② 侣传振:《自治基本单元:探索村民自治有效实现的载体因素》,《湖北社会科学》2017 年第 6 期。
③ 杨瑞雪:《湖北省秭归县:"幸福村落"的治理两方》,http://country.people.com.cn/n1/2018/1008/c419842-30328355.html,2018 年 10 月 8 日。
④ 余维良:《还是称"自治村"好》,《乡镇论坛》2003 年第 11 期。
⑤ 徐勇:《田野政治学的构建》,中国社会科学出版社 2021 年版,第 181—182 页。

交往自然而然形成的区域单位,但不是经过国家法定程序确认的行政管理单位;行政村是依照法定程序设置的农村基层管理单位,也是村民自治组织的依托区域。除了自然村、行政村以及下属村民小组之外,新型农村社区也有可能成为村民自治的基本单元和依托区域,对此下文拟作进一步分析。

2. 行政村

行政村是依法设立的村民委员会进行村民自治的管辖区域,是我国农村基层群众性自治单位。行政村具有以下特征:依据国家行政程序设立;具有固定的工作场所,具有相应的工作人员;具有法人资格。① 行政村的设立、调整和撤销的一般程序:由乡镇人民政府提出,并经村民会议讨论通过,最后由县级人民政府批准。每个行政村都设有固定的村部,作为主要工作场所,同时还可以有其他多处辅助工作场所。按照《中华人民共和国村民委员会组织法》规定,其正式成员为3—7人,但是根据工作需要,不少行政村都有数量不等的聘用人员,其实际工作人员很有可能超过上限7人。按照最新的《中华人民共和国民法典》规定,每个村民委员会都可以具有"基层群众性自治组织特别法人统一社会信用代码证书",作为特殊法人资格的凭证。虽然行政村工作人员不属于国家公务员,但是近年来村"两委"干部行政化和专职化倾向越来越明显。

由于当前《中华人民共和国宪法》和《中华人民共和国村民委员会组织法》对村民委员会所管理的区域范围没有做出非常明确规定,国家立法机关和行政机关也没有明确做出规定,导致社会各界对"行政村"的称谓还存在不少争议。有学者把行政村称为建制村,甚至认为这是对行政村最好的称谓。② 有学者认为建制村中的"建制"两字属于行政区划专业名称,与"建制镇"词义相近,带有浓厚的行政色彩,为了规范和统一村民委员会所管辖区域的称谓问题,认为还是称"自治村"为好。③ 因此,有一些人反对把村民委员会称为行政村,认为它不仅有违村民委员会作为村民自治组织的属性,而且行政村也不是国家正式划定的一级政区。④

---

① 李超:《乡村治理新探索——大理州以自然村为基本单元开展村民自治试点工作的实践与探讨》,云南人民出版社2015年版,第21页。
② 伊佩庄:《"建制村"称谓是最好的选择》,《乡镇论坛》2003年第7期。
③ 余维良:《还是称"自治村"好》,《乡镇论坛》2003年第11期。
④ 张志环、赵伟:《"行政村"可不可用》,《中国地方志》2005年第6期。

在行政村建立的村民委员会原本只是一个组织机构的概念，特指由村民选举产生的主任、副主任和委员组成的组织机构，其原本没有区域的概念，但是由于人们平时又习惯用"村委会"一词来指代其所管辖的区域单位，所以导致"村委会"这一词逐渐演化为既有组织含义，也有地理含义①。更准确一点来说，行政村只是村民自治的管辖区域和自治单元，村民委员会才是依托行政村建立的组织载体和村民自治组织。其实，无论称之为"行政村"还是"村民委员会"，只是观察和研究的视角有所不同，并没有实质的区别。在行政村的概念中有"行政"二字，也并没有改变行政村作为村民自治区域的专有属性，毫无疑问，村民委员会也不是一级正式的国家政权机关组织。

3. 自然村

自然村是由村民经过长时间的历史积淀在一定的自然环境中聚居而自然形成的村落。自然村的分布、形态、规模受所处地区自然地理条件（水源、气候、地形、地貌等）、政治环境、经济条件、风俗习惯、生活方式、家族宗族势力等因素的影响，与周围环境存在着密切的适应关系。② 南方和北方，山区、丘陵和平原地区，自然村的数量、大小和规模都有所不同，家族宗族居住状况也有所不同。"无论出于什么原因，中国乡土社区的单位是村落，从三家村起可以到几千户的大村。"③ 一般而言，南方多山区，交通比较闭塞，受战乱影响相对较小，历史上人口流动相对偏少，一个同姓或几个大姓习惯于聚族而居，自然村人口规模偏小一点，甚至在偏僻的山区，几户人家就形成一个自然村落；北方多平原，历史上多经战乱和多次人口迁移，多种姓氏杂居更为明显，大家族聚居特征一般不太明显，自然村人口规模偏大。传统的自然村经济结构以农业为主，人口流动偏少，多以本地村民为主，属于典型的熟人社会；现代的自然村受到市场经济的影响，工商业和服务业也有不同程度的发展，人口流动较大，外来人口占有一定比例，逐渐向半熟人社会甚至陌生人社会过渡。

全国各地对自然村的习惯叫法有所不同，北方一般习惯称之为"庄"

---

① 伊佩庄：《"建制村"称谓是最好的选择》，《乡镇论坛》2003年第7期。
② 李超：《乡村治理新探索——大理州以自然村为基本单元开展村民自治试点工作的实践与探讨》，云南人民出版社2015年版，第21页。
③ 费孝通：《乡土中国　生育制度》，北京大学出版社1998年版，第9页。

"集""屯"等，南方一般习惯称之为"村落""屋场""屋""郢""寨"或者根据地形称之为"冲""坳""畈""湾""坝""岗"等。自然村虽然不属于国家正式设置的村级行政单位，但是自然村与行政村并非没有关系，一般情况下设立行政村也会考虑到自然村的地形地貌、面积大小和人口数量等因素，不过自然村与行政村的关系类型多样，并非完全一一对应的关系，既有一个自然村就设置一个行政村，也有少数超大规模的一个自然村设置几个行政村，通常情况下是联合多个自然村设置一个行政村。自然村与行政村的区别不仅仅是规模大小、人口多少的区别，关键是自治单元和组织载体不同，行政村必须建立村"两委"组织，但是每个自然村未必都建有正式的自治组织和党组织，或是自然村有基层党组织（一般为党支部或党小组）和微自治组织（一般为村民理事会等），但是它们分属村"两委"领导和指导。

4. 村民小组

村民小组既可以说是村民委员会下设的微自治单元，也可以说是《中华人民共和国村民委员会组织法》正式确认的最微小、最基本的自治单元，因为村民小组直接管辖和服务的对象为农村基层一线的农户和村民。村民小组的前身是人民公社时期的生产小队，是一个长期以来由熟人社会组成的固定圈子，是红白喜事等人情往来的"势力范围"。村民小组的特点在于：一般不具备法人资格，可以由几户、十几户或几十户组成，村民小组负责人是小组长[①]。

《中华人民共和国村民委员会组织法》第三条规定"村民委员会可以根据村民居住状况、集体土地所有权关系等分设若干个村民小组"，这表明居住状况和产权关系是村民委员会划定村民小组最主要的依据。从居住状况看，不少村民小组就是根据历史上长期自然形成的村民聚居状况来划分的，由于自然村的户数多寡和人口多少差异较大，因此有的一个自然村只设置一个村民小组，有的一个自然村设置多个村民小组，有的几个自然村才设置一个村民小组。从集体土地产权关系来看，统计数据显示全国95%以上的农村土地由村民小组所有，而不是由村民委员会所有[②]，因此村民小组在土地利益分配和

[①] 李超：《乡村治理新探索——大理州以自然村为基本单元开展村民自治试点工作的实践与探讨》，云南人民出版社2015年版，第22页。

[②] 农权法律网：《农村土地95%以上归村民小组所有》，https://www.nmql.com/nqshuofa/weiquanbd/17.html，2017年1月5日。

调整方面具有举足轻重的作用。村民小组负责人是小组长，但是小组长并不脱离农业生产或者自身具有其他主业，他们并不是国家公务员，也不像几乎行政化专职化的村"两委"干部，他们没有国家财政发放的工资，工作补贴多少一般根据相关政策由村"两委"决定。实际上，据笔者调研发现，不少地方村民小组长每年的务工补贴和电话费用补贴等待遇只有几百元，所得到的数额很少，几乎可以忽略不计。

5. 农村社区

"社区的概念原本就来自乡村，其核心精神是形成具有共同的认同和归属感的生活共同体。这种共同体的基础是共同体成员的公共需求，并主要依靠社区自身的力量进行整合。但长时间以来，由于单一的行政化治理，社区的理念未能进入乡村。"① 社会学家本身对"社区"概念的解释莫衷一是，有不下140种之多，一般认为社区最起码包含"相对固定区域、一定数量居民、一定社会交往、具有共同体意识和共同利益需求"等几个要素。农村社区是在一定的农村地域范围内的人们以共同的利益和需要为基础，通过密切交往而形成的具有较强认同感的社会生活共同体和特定居住空间。

自古以来，农村社区大体经历了原始农村社区、传统农村社区和现代农村社区三个发展阶段。本书所指的农村社区是现代农村新型社区，它们大都是伴随着工业化、城镇化和农业现代化逐步发展起来的，特别是21世纪初期以来全国各地推行农村社区建设试点，通过农村危房改造和土地整治、中心村建设、易地搬迁、征地拆迁集中安置等方式，农民由分散居住到集中居住趋势越来越明显。例如，陕西省安康市近10年来移民易地搬迁94.1万人，"易地搬迁新型社区，既不同于传统的农村村落，也有别于完全意义的城市社区，特别是许多社区群众是跨区域安置，出现了人与土地、林地、户籍分离的现象，服务治理难度大，搬迁群众融入难，给基层社会治理带来了新的挑战"，由于涉及大规模村庄撤销和人口流动，自治单元不得不进行重新调整，该市"1364个易地搬迁安置点，采取单设、联合、挂靠等三种方式，新设村级自治单元53个，融合、挂靠建设自治组织1311个"。② 随着农村居民居住

---

① 徐勇：《田野政治学的构建》，中国社会科学出版社2021年版，第181页。
② 安康市民政局：《我市全面完成易地搬迁安置点自治单元划分调整》，http：//mzj.ankang.gov.cn/Content-2133274.html，2020年7月8日。

社区化和集中化的趋势加快，农村社区公共基础建设越来越完善，农村社区公共服务水平越来越好，农村社区人居环境改善效果越来越显著，由此农村社区建设和发展进入快车道。2014年中央"一号文件"指出："探索不同情况下村民自治的有效实现形式，农村社区建设试点单位和集体土地所有权在村民小组的地方，可开展以社区、村民小组为基本单元的村民自治试点。"至此中央政策层面把农村社区正式纳入村民自治试点的基本单元。

农村社区与行政村、自然村、村民小组的关系类型复杂多样。农村社区是具有全新要素的村庄，它既非传统的农民自组织的自然村，也非基于国家行政管理的行政村。[①] 据不完全统计，当前全国农村社区建制模式大致有以下几种类型：①"一村一社区"模式。在现行行政村的基础上，一个行政村只设立一个社区。②"多村一社区"模式。在相邻的两个或两个以上的行政村或自然村中，选择中心村或较大的自然村为基础设立社区，形成"农村社区—村委会—农户"模式。③"一村多社区"模式。在一个行政村设立两个或两个以上社区，在一些地方，由于行政村的辖区过大，故在一个行政村内设立多个社区，形成"村委会—农村社区—农户"模式。④"集中建社区"模式。在新规划的农民集中居住小区建立"社区"。出于节约经济成本、避免重复建设和提高现有公共设施的利用效率以及适度控制规模等角度考虑，目前全国各地农村社区建设试点更多地选择"一村一社区"模式和"集中建社区"模式，或者采取在一个行政村下同时设置村民小组、自然村、农村社区等多种类型的混合模式。

（二）组织载体

"载体"一词原指科学技术上某些能传递能量或承载其他物质的物质，现在也泛指一切能够承载其他事物的介质或工具。例如，能够让人造卫星发射升空的载体就是火箭，中国长征系列运载火箭类型就多种多样，要想使不同重量、数量、类型和用途的人造卫星顺利发射升空，就需要配套选择不同型号、不同推动力的运载火箭。以此类推，要想促使村民自治制度有效运转和充满活力，就必须借助适宜的组织载体。2016年10月1日中共中央办公厅、国务院办公厅专门印发的《关于以村民小组或自然村为基本单元的村民自治

---

① 徐勇：《田野政治学的构建》，中国社会科学出版社2021年版，第181页。

试点方案》指出:"近年来,一些地方立足本地实际,开展了探索村民自治有效实现形式的试验。多数地方保持现有村民委员会设置格局的前提下,在村民小组或自然村建立村民理事会、村民监事会、户主会等多种形式的组织载体。"由此可见,此方案明确指出"村民理事会、村民监事会、户主会"都是村民自治的组织载体,并且肯定了在村民小组或自然村等基本单元建立微自治组织这种做法有利于丰富村民自治有效实现的形式。从组织性质和组织功能的角度来看,村民理事会、村民监事会、户主会其实也是一种特殊类型的组织,只不过它们是有助于推动村民自治有效实现的"新型群众性微自治组织"。

(三) 村民理事会

"什么是村民理事会?"目前并没有统一的官方的权威界定,学术界也没有统一的说法。2013 年开始施行的全国第一个对村民理事会做出省级立法的《安徽省实施〈中华人民共和国村民委员会组织法〉办法》规定:"村民小组的村民可以自愿成立村民理事会,其成员由村民推选产生。村民理事会配合、协助村民委员会开展工作,村民委员会支持、指导村民理事会组织开展精神文明建设、兴办公益事业。"由此可以看出,该项地方性法规对村民理事会依托的自治单元、村民理事会的产生方式、村民理事会的职责、村民理事会和村民委员会的关系等方面作了原则性的界定,这对我们全面理解村民理事会的概念具有重要参考价值。不过由于全国各地实际情况不尽相同,村民理事会在实际发展和运作过程中已经衍生了多种组织形态,既有分别以乡镇、行政村、村民小组为自治单元建立的三级村民理事会,又有跨越多个行政村、自然村和村民小组建立的村民理事会,还有负责综合性事务的村民理事会和专项性事务的村民理事会,更有名称不一、功能各异的村民理事会[①],要想给予其一个统一的概念界定并非易事。党的十九届五中全会指出要"加强和创新社会治理",必须"推动社会治理重心向基层下移",近年来全国各地陆续开展以村民小组或自然村基本单元的村民自治试点,从当前政策主要导向和试点主要情况来看,在社会治理和服务重心下移的大背景下,村民理事会主要依托村民小组或自然村或农村社区建立居多,此种类型的村民

---

① 王中华、黄杰:《论村民自治有效实现的基本单元和组织载体》,《山西农业大学学报》(社会科学版)2018 年第 4 期。

理事会应该成为我们研究的重点，同时也适当兼顾其他类型的村民理事会（下文将会有更为详细论述）。项继权、王明为认为："村民理事会是在村民小组（自然村）基础上成立的村民自治组织。"① 基于以上考虑，本书认为村民理事会是指在农村基层党组织的领导下和在村民委员会的指导下，一般以村民小组、自然村、农村社区为基本自治单元，由村民自主推选的德高望重、具有奉献精神、具有较大影响力和带动力的老党员、老干部、老模范、老教师、老军人以及农民代表、致富能手等人员组成的以组织群众、协商议事、管理资金、实施项目、化解矛盾等为主要目的的新型群众性微自治组织。

三 文献研究综述

（一）国内研究综述

1. 主要研究成果概述

截至 2021 年 12 月，笔者以"村民理事会"为"篇名"在中国知网、维普期刊网、万方期刊网三大论文数据库进行模糊检索，各个数据库收录的数量有所差别，收录最早的文献时间基本上都始于 2006 年，收录的文献类型有所不同，研究的角度和深度也有一定差别，但总体差别不大。

从表 1.1 可以看出，中国知网共收录 96 篇（中文文献 93 篇，外文期刊 3 篇），其中报纸新闻报道案例 40 例，硕士学位论文 8 篇，中文期刊论文 45 篇，收录最早的中文文献可以追溯到 1998 年。

表 1.1　1998—2021 年中国知网收录的"村民理事会"研究中文文献数量

（单位：年；篇）

年份	篇数	年份	篇数
1998	1	2014	5
2006	11	2015	1

---

① 项继权、王明为：《村民理事会：性质及其限度》，《福建论坛》（人文社会科学版）2017 年第 9 期。

续表

年份	篇数	年份	篇数
2007	5	2016	5
2008	6	2017	9
2009	4	2018	7
2010	9	2019	4
2011	4	2020	7
2012	6	2021	5
2013	4		
		合计	93

从表1.2可以看出,维普期刊网共收录97篇中文期刊论文,没有收录硕士学位论文和外文文献,收录最早的中文文献可以追溯到2006年。

表1.2 2006—2021年维普期刊网收录的"村民理事会"研究相关文献数量

(单位:年;篇)

年份	篇数	年份	篇数
2006	2	2014	8
2007	3	2015	1
2008	1	2016	8
2009	2	2017	5
2010	1	2018	12
2011	5	2019	16
2012	9	2020	10
2013	4	2021	10
		合计	97

从表1.3可以看出,万方期刊网共收录67篇,其中硕士学位论文5篇,中文期刊论文61篇,会议论文1篇,收录最早的中文文献可以追溯到1998年。

表 1.3　1998—2021 年万方期刊网收录的"村民理事会"研究相关文献数量

（单位：年；篇）

年份	篇数	年份	篇数
1998	1	2014	7
2006	1	2015	2
2007	1	2016	6
2008	2	2017	8
2009	4	2018	5
2010	1	2019	3
2011	7	2020	2
2012	9	2021	4
2013	4		
合计			67

从总体来看，以"村民理事会"为篇名进行查询，三大数据库收录的直接研究成果总量只有一两百篇，似乎研究数量并不算多，但是由于各地村民理事会的实际名称差异较大，"新农村建设理事会""农民理事会""村民小组理事会""村落理事会""屯理事会"等名称出现频率也较高，如果以这些词汇作为篇名检索，总数量应该有几千篇。此外，以上三大数据库收录相关文献的数量并不能完全反映当前关于村民理事会研究的全部成果，此外还有不少著作或出版的论文集以及众多的网络媒体研究成果并没有收录其中，但是相对于我们当前农村基层治理重心下沉的实际状况与村民理事会蓬勃发展的态势，学术界对村民理事会的研究成果相对偏少，研究相对滞后。

2. 主要研究内容梳理

目前，在我国许多地区建立了村民理事会，村民理事会在乡村治理和村民自治中发挥着不可替代的作用，对乡村社会的影响深远。当前国内学者主要围绕村民理事会的产生背景、产生程序、主要功能、治理成效、存在的问题、运行特点、完善措施等方面展开了研究。

（1）村民理事会的产生背景

陈干全等在对安徽省望江县村民理事会实地调研的基础上，指出在农业兼业化、农村集体收入空壳化的新形势下，乡村公共服务供给能力不足以及农民自组织需求和能力的增强是近年来村民理事会在望江县每个自然村、村民小组和大屋场几乎实现全覆盖的重要原因。① 周冰瑾结合武汉市蔡甸区的个案，从宏观、中观、微观三个层次对村民理事会的产生背景作了分析，宏观背景在于新农村建设的政策机遇和乡村征地拆迁引发冲突及治理困境；中观背景在于大多数村民主动参与的缺失和姻亲关系、家族势力的影响；微观背景在于个别村霸的把持。② 梁家豪指出，解决基层组织能力和责任不匹配、乡村治理主体与主导相脱节、历史传统与时代要求不兼容等问题的需要，是广东云浮市三级理事会产生的主要背景。③

（2）村民理事会的产生程序

李勇华、黄允强结合江西赣州的当地实际情况，认为村民理事会的产生程序大致如下："政府下派的驻村工作组经过摸底调查并与村'两委'商议后，提出理事会成员包括理事长（或会长）的建议名单，或者由全体村民推荐提出候选名单，提交村民委员会；村民委员会再召集村民大会或村民代表会议投票表决，过半数同意者组成村庄'新农村建设理事会'。"④ 由此可以看出，江西赣州的村民理事会的产生程序是经过了充分的协商和正式的选举程序，既体现了上级组织的意图，又充分发扬了基层民主。张艺、陈洪生以江西省萍乡市幸福社区为例，分析了村民理事会的产生程序，首先村党支部和村民委员会按照理事会成员选取的条件标准（一般包括地域、年龄、文化水平、政治素质、思想素质、履职能力等方面）提出建议名单，与此同时，"全体村民亦可推荐提出候选名单；然后将名单提交至村民委员会；最后村民委员会召集村民大会或村民代表会议进行无记名投票表决"⑤。由此可见，江西萍乡的村民理事会产生程序与江西赣州并没有多大的差别，只是在驻村帮扶干部对候选人的提名上有细微差异。

---

① 陈干全等：《打造基层民主和管理创新的新平台——关于望江县依托村民理事会兴办农村公益事业的调研报告》，http://dss.ah.gov.cn/public/content/115760391，2013年9月10日。

② 周冰瑾：《村民理事会：助力村民自治的有效实现——以武汉市蔡甸区曾铁岭村"村民理事会"的成立与运行为例的分析》，硕士学位论文，华中师范大学，2016年。

③ 梁家豪：《"三级村民理事会"与乡村治理及其发展趋势》，硕士学位论文，华南农业大学，2017年。

④ 李勇华、黄允强：《"新农村建设理事会"：中国传统村治的成功借用与改造》，《学习与探索》2007年第3期。

⑤ 张艺、陈洪生：《村民理事会：以社会资本理论为分析视角——以江西省幸福社区为例》，《甘肃行政学院学报》2008年第3期。

(3) 村民理事会的组织类型

吴敬斌以村民理事会的组织方式、介入财务程度、与村民委员会的关系以及村民理事会自身的发展阶段为标准,将其划分为独立型理事会、协助型理事会和混合型理事会。[1] 李杰、伍国强在微组织形态上,总结了村民理事会在农村基层微治理中的四种微化模式:议会模式、协会模式、公益模式、董事会模式。[2] 康就升、游志锋根据广东省云浮市的地方经验,揭示了云安县在组、村、镇三级分别组建了村民理事会、社区理事会和乡民理事会[3],并且三种类型理事会的产生方式、人员组成、运作机制和主要职能有所不同。李博阳等根据江西省余江县村民理事会的产生方式不同,把民推民选产生的理事会称为民选型理事会;把党支部提名、村民选举产生的村民理事会称为官督型理事会;把干部兼任、能人充当的理事会称为协调型理事会。[4] 此外,还有学者把村民理事会分为功能型理事会[5]、事务型理事会[6]等类型,不过并没有对其分类标准和主要差异进行深入详细的研究。

(4) 村民理事会的主要功能

李勇华认为理事会的职能是理事会组织实施村庄的"三清三改"、基础设施及公益事业的建设,管理建设资金、签订建设合同、督促工程进度、监管建设质量;组织制定村规民约,实现村民的自主管理、自我教育、自我服务、自我监督。村民理事会的职能主要有四条:资金监管、质量监控、矛盾调解、社区公共事务管理。[7] 陶小幸、陶钧认为村民理事会在乡村治理中负责组织领导的工作,在建设新村庄方面提出优秀的村庄规划,充分发挥农民的主体作用,推进农村的经济发展,净化乡村民风。与此同时,承担村庄建设的管理

---

[1] 吴敬斌:《村民理事会咋办好》,《农村财务会计》2011 年第 11 期。
[2] 李杰、伍国强:《基于现状分析的村民理事会功能及运作模式思考》,《经济研究导刊》2012 年第 18 期。
[3] 康就升、游志锋:《组建民事民治三级理事会,构建乡村社会管理新网络——来自广东省云安县的实践与探索》,《南方农村》2011 年第 6 期。
[4] 李博阳等:《余江克难:闯过农村产权改革的深水区》,社会科学文献出版社 2019 年版,第 305—321 页。
[5] 李博阳等:《余江克难:闯过农村产权改革的深水区》,社会科学文献出版社 2019 年版,第 267 页。
[6] 余浏:《事务型理事会:民间内生及功能拓展》,硕士学位论文,华中师范大学,2015。
[7] 李勇华:《新农村建设理事会:我国村庄治理的制度创新——新农村建设"赣州经验"解析》,《探索》2007 年第 2 期。

作用以及生产、生活服务，管理村庄的土地、企业资产、公共基础设施等。[1] 周仁标发现村民理事会在改善党群关系、提升乡村基础设施建设水平、维护村民合法权益等方面成效明显。[2] 李庆、潘星认为村民理事会的职能主要体现在反映民意诉求、整合群众利益、化解群众矛盾、协调干群关系、激发内生动力、调动群众参政热情、推动基层治理等方面。[3]

（5）村民理事会的治理成效

李勇华认为村民理事会充分地发挥了农民的主体作用，尊重了农民的意愿，"农民自己的事情自己议、自己管、自己办"，农民群众的积极性被极大地调动了起来。[4] 诸秋南、诸晓毅认为村民理事会是农民自治管理的组织和制度的创新，是社会主义新农村建设的有效载体，它实现了由"政府主办型"向"群众自发型"的转变，同时它也是农民民主管理的有效途径，是政府与农民联系沟通的桥梁纽带。[5] 张艺、陈洪生认为村民理事会在新农村建设中发挥积极作用，是成功借用农村传统社会资本并将其改造成现代社会资本的过程。它能够使农民在没有外部协助的情况下通过自主组织联合起来，参与到农村基层公共事务和公益事业中来。[6] 李志强认为农民理事会有效地发挥了农民的主体作用，能够正确地理解和执行新农村建设的精神，同时也能够利用在村庄中威望较高的自身优势，有效地组织和发动农民；农民理事会有效地推动了农村民主管理进程，提高了农民组织化程度，保障了新农村建设的长效性。[7] 周波、陈昭玖认为村民理事会是群策群力的有效载体，也是沟通群众与上级的有益纽带和桥梁，同时更是各级党委和政府的参谋与助手。[8]

---

[1] 陶小幸、陶钧：《新农村建设理事会的作用发挥之探索》，《中国水运》2007年第3期。
[2] 周仁标：《村民理事会的功能、性质与发展趋向——基于对安徽省全椒县的调查》，《行政与法》2016年第7期。
[3] 李庆、潘星：《村民理事会治理体制创新研究》，《皖西学院学报》2019年第1期。
[4] 李勇华：《新农村建设理事会：我国村庄治理的制度创新——新农村建设"赣州经验"解析》，《探索》2007年第2期。
[5] 诸秋南、诸晓毅：《村民理事会在建设社会主义新农村中的作用探讨》，《职业时空》2011年第5期。
[6] 张艺、陈洪生：《村民理事会：以社会资本理论为分析视角——以江西省幸福社区为例》，《甘肃行政学院学报》2008年第3期。
[7] 李志强：《农民理事会：村庄治理的制度创新》，《江西行政学院学报》2010年第4期。
[8] 周波、陈昭玖：《探析新农村建设长效发展的一个有益载体——村民理事会》，《农业经济问题》2006年第11期。

(6) 村民理事会存在的问题

曹永琴认为村民理事会存在着身份模糊、诉讼主体资格界限不清，缺乏有效的监督制约机制，自身运行缺少相关制度配套等问题。[①] 李杰、伍国强认为虽然村民理事会的直选方式凸显了公平公义，同时集中了群众的智慧，发挥了群众的力量，代表着大多数村民的意愿，有着较高的代表性、公认性、先进性和稳定性，但是村民理事会作为一种新型的组织形态目前还是存在着管理不规范、职责不明确、缺乏指导和监督等诸多现实问题，如随意性太强、制度尚不健全、缺乏必要的监督、支持力度不够等问题。[②] 周波、陈昭玖认为村民理事会存在与村"两委"关系模糊、政府有效引导的缺乏、运行机制不健全和宗族化、家族化倾向较为明显等问题。[③] 朱凯诗认为村民理事会存在着主体能力缺乏、发展动力不足、工作机制基础薄弱、发展路径容易出现偏离等问题。[④] 陈悦认为村民理事会在运行中存在的问题主要体现在：缺乏必要的资金保障，理事会成员长期近似"无偿奉献"，致使其难以保持长期工作，组织结构不合理，独立性不足，制度运作不规范。[⑤]

(7) 村民理事会的完善措施

对于完善村民理事会的措施，李杰、伍国强认为：一是应该加强党的领导，通过选派村"两委"优秀党员挂钩村民理事会，指导理事会各项工作，也可通过下派优秀机关党员干部，正确引导村民理事会的各项工作；二是应该创新工作方法，对村民事务避免"包办"，提倡带领群众一起办，扶贫济困避免"行政化"同时，主动为群众提供政策咨询、矛盾调解、农技协助等服务，以最快捷、最有效的方式帮助广大群众解决困难；三是应该提高自身素质，健全村民理事会工作机制，以提高各理事会的履职能力和办事效率，确保各项工作的实效性。[⑥] 周波、陈昭玖认为应该更新思想观念，转变当前理事

[①] 曹永琴：《村民理事会在建设过程中存在的问题及对策》，《知识窗》（教师版）2012年第7期。
[②] 李杰、伍国强：《基于现状分析的村民理事会功能及运作模式思考》，《经济研究导刊》2012年第18期。
[③] 周波、陈昭玖：《探析新农村建设长效发展的一个有益载体——村民理事会》，《农业经济问题》2006年第11期。
[④] 朱凯诗：《社区营造视角下B村村民理事会参与乡村治理的研究》，硕士学位论文，暨南大学，2020年。
[⑤] 陈悦：《村民理事会参与乡村治理研究》，硕士学位论文，安徽农业大学，2020年。
[⑥] 李杰、伍国强：《基于现状分析的村民理事会功能及运作模式思考》，《经济研究导刊》2012年第18期。

会只重视农村经济建设、轻视农村经济文化协调发展的倾向；政府要加强对村民理事会引导，把握正确的发展方向；通过财政拨款和税收减免等多种方式，政府需加强对村民理事会的资金扶持；进一步健全村民理事会的运行机制，建立有效的激励机制。① 陶小幸、陶钧认为，首先政府应该积极发挥主导作用，注重在新农村建设中培养人才，加大财力和物力的投入，加强监督保障工作。②

3. 国内相关研究成果评述

近年来有关村民理事会的研究成果逐渐增多，已逐渐成为许多学者和整个社会关注的热点问题，但从学术发展及创新的角度来说，目前的研究尚存在一些不足之处，需要进一步改进。

（1）当前研究存在的不足之处

虽然当前学术界对村民自治、农村基层治理的总体研究成果较多，但是把村民理事会与微自治理论、组织社会学理论结合起来进行综合研究的成果较少。由此可以看出学界当前很少从"微组织结构组成、微组织运作管理、微组织制度建设、微组织功能发挥"等组织社会学角度对村民理事会的微治理逻辑展开系统研究，既缺乏对传统乡村社会基层微治理机制全面的历史梳理，也缺乏对村民理事会与基层政府和村"两委"之间的治理关系以及全国不同地区村民理事会微治理差异的比较研究，又缺少对村民理事会微治理创新经验的总结研究和适用前景的预测分析。当前研究的主要不足之处具体表现在：第一，理论研究缺乏系统性、全面性和创新性。目前有关村民理事会的研究文献大多以期刊、报纸为主，比较零散，而与其相关的硕士或博士论文也不多见，相关专著极少。虽然这些研究取得了颇具价值的成果，但是从整体上来看，研究者关注的问题及研究的视角都大致相同，具有开拓创新意识、有深度的力作不多，重复研究的较多。第二，从研究对策看，解决问题的思路不够开阔，且缺乏针对性和可操作性。在如何加强村民理事会建设问题上，大部分研究往往局限于就问题谈问题，对于问题的解决思路比较狭窄，而且研究者的分析角度大同小异，创新性想法并不多见。例如，对于村民理

---

① 周波、陈昭玖：《探析新农村建设长效发展的一个有益载体——村民理事会》，《农业经济问题》2006年第11期。

② 陶小幸、陶钧：《新农村建设理事会的作用发挥之探索》，《中国水运》2007年第3期。

事会成立之后出现一些问题的原因，极少有学者从我国农村社会组织发展不充分，当前县、乡、村治理结构的冲突等角度去分析解决的思路。在谈到加强村民理事会建设的措施时，研究者都提到要发挥政府的主导作用、加大资金投入、培养人才等，形成了一个普遍化的套用模式，也没有较为详细的可操作性对策。第三，交叉研究匮乏，缺乏研究的广度和深度。从目前理论界对"村民理事会"相关问题研究的关注情况来看，政治学和管理学对其关注较多，并且政治学侧重于对村民理事会的整体宏观研究，而管理学主要是侧重于村庄治理研究，经济学界虽也对其进行了一定程度上的研究，但从整体上看，关注力度不够，且主要侧重于农村经济方面研究。大多数的研究都只是从单一的学科角度进行分析，学科之间缺乏交叉分析和互动联系。这可能跟不同学科研究者的学术偏好有关，但是这种学术偏好有可能导致该研究缺乏一定的深度和广度及创新性。第四，从研究方法来看，辩证思维不够，规范研究与实证研究失于偏颇。从目前的研究现状来看，许多研究未能把对实证研究与理论分析很好地结合起来，既缺乏源于实践深层次的理论审视和提升分析，也缺乏理论基础上的实践验证和深度挖掘。在这种情况下的研究，其研究的科学性也难以得到有效认证。

（2）今后进一步加强研究的建议

第一，加强基础理论研究。理论界应该加强对"村民理事会"相关问题的基础理论研究的投入力度，扩大宣传力度，营造良好的学术氛围，激起学者们的研究兴趣，掀起理论研究的热潮。吸引越来越多的学者和专家投身到对"村民理事会"相关问题的基础理论的研究之中，例如共同体理论、集体行动逻辑理论、协商民主理论等，这些研究成果对村民理事会成员的某些意识与行为具有较大的解释力。第二，加强交叉学科研究。对"村民理事会"相关问题的研究分析涉及多学科的内容，如政治学、社会学、管理学、经济学、心理学等，学者在研究中应该结合多学科视角进行综合分析，正确把握好各学科之间的联系，同时也要积极呼吁具有多学科背景的学者参与到该课题的研究中来，从而进一步拓宽研究的广度，挖掘研究的深度，从而创新研究视角和创造交叉学科新成果。第三，把规范性研究与实证性研究结合起来进行综合分析。在村情各异的不同地区的村庄，村民理事会产生的效果也必然不一样。因此，研究者不能盲目地认为"好得很"，也不能因为出现了一些问题就断定"糟得很"，应该以谨慎的态度对待改革实践，这才是马克思主义者应有的辩证态度。在未来的研究中，我们需要将规范性研究与实证性研究结合起来，理论联系实践，用理论来指导实践，用实践来检验理论，以此推动研究向更高层次发展，并确保研究的科学性和可持续性。

(二) 国外研究综述

村民理事会作为近年来中国农村产生的基层群众性微自治组织，应该说是一个非常具有中国特色的组织，国外几乎没有一个名称与之完全相同，不过在国外农村的自然村或单个聚落，也有功能类似的基层微自治组织可供研究，还有不少海外学者进行了中国村民自治组织的研究，这些相关研究成果都具有较大的参考价值。

1. 海外中国农村基层微自治组织研究

海外对中国的农村微自治组织专门研究成果很少，主要是在"东方学""中国学"的大背景下对中国近代以来农村社会政治生活的研究，其中部分研究内容涉及对中国农村基层微自治组织及其治理问题。随着近年来中国进一步对外开放和国际地位的提高，海外学者对中国村民自治的关注度逐渐提高，其中关注的重点是以村民委员会为核心的农村基层自治组织换届选举研究，近年来研究有向基层治理转向的态势。[①] 总体来说，海外中国农村基层微自治组织相关研究学者主要由以下几部分群体组成：

(1) 来华传教士的相关研究

部分来华传教士对晚清以来中国农村基层自治组织及其治理问题研究，代表性人物有明恩溥等。明恩溥作为美国传教士，从1872年到1926年长期旅居在天津和山东等地，他对晚清民初的中国乡村生活观察细致，出版了《中国的乡村生活》《中国人的特性》等诸多研究中国的著作，对中国古代乡绅治理及农民性格有着深刻的认识。明恩溥发现晚清时期每一个中国村庄实行的都是地方自治，这些村子的管理权掌握在村民自己手中，表面上看起来似乎很民主，其实这些事务并非由全体村民整体负责，而是由少数几个称为"乡长、乡老或首事"的头面人物来管理，他们既非通过正式选举产生也不需要经过正式罢免，而是通过自然而然的选择意即村民的自觉认同从而成为乡

---

① 付建军：《从民主选举到有效治理：海外中国村民自治研究的重心转向》，《国外理论动态》2015年第5期。

村首领，他们既要完成官府交给的土地管理和税收征收的任务，又在调解民间矛盾等自治方面发挥了重大的作用。① 明恩溥对晚清中国乡村道路等农村公共基础设施的修建和维护进行观察，发现道路破损严重，拓宽困难，他把原因归结于"中国人很难一下子了解'为了公益'这样的观念。他们从来没有听说过这样的事情，更糟糕的是，他们压根儿不想听说"，"中国的村民还不能理解个人利益必须建立在集体利益基础之上的观念"②，虽然他的说法可能有失偏颇，但也揭露了近代中国个体的村民难以采取集体行动增进公共福利的困境，他认为村民之间也有可能存在协作，但只有依靠外力强权才能实现。

美国作家赛珍珠虽然不是来华传教士，但是她从小就跟随身为传教士的父母来华定居长达40多年。作为"传教士儿童"的赛珍珠与中国农民孩子一起玩耍长大，接受中国传统的教育，对近代中国农村社会状况颇为了解并且观察入微、笔法细腻。她以中文为母语撰写反映中国农民生活的重要著作《大地》并于1938年获得诺贝尔文学奖。赛珍珠在1918年与身为传教士兼农学家的丈夫布克一起来皖北宿州定居两年半时间，据说她的小说《大地》的创作灵感和故事原型有很大一部分来源于宿州。③ 在赛珍珠的作品中，主角几乎都是中国人，而西方人多是以传教士身份来中国的配角。在赛珍珠的笔下，中国农民的形象不是在西方流传甚广的明恩溥"中国农民自私论"，而是"勤劳、聪明、坚强、热爱土地"的正面形象。近代中国农村由于经常遭受外敌入侵、军阀混战和匪患，农村基层经常处于无组织状态，但是在赛珍珠的作品中有不少描写的是中国几代同堂的传统家庭模式，农村的宗法社会结构仍然异常稳定，"建立在农耕文化基础上的中国宗法社会制度形成了以血缘为基础的家族、亲族和乡里社会结构"④。

（2）海外华人学者的相关研究

海外华人代表性学者有黄宗智、何包钢等。黄宗智侧重从经济史变迁的角度对华北与长江三角洲地区的乡村社会进行比较研究，其中部分研究内容

---

① ［美］明恩溥：《中国的乡村生活：社会学的研究》，陈午晴等译，电子工业出版社2016年版，第187—192页。
② ［美］明恩溥：《中国的乡村生活：社会学的研究》，陈午晴等译，电子工业出版社2016年版，第24—29页。
③ 魏群雯、筱铖：《美国著名作家赛珍珠的宿州情》，http://ls.anhuinews.com/system/2020/06/02/008439973.shtml，2020年6月2日。
④ 徐清：《赛珍珠小说对乡土中国的发现》，《江苏大学学报》（社会科学版）2005年第4期。

涉及明清以来中国农村基层自治组织体系的演变。中国的历史学者通常强调家族在中国乡村社会的重要作用，实际上把"自然村"等同于"同族群体"，而黄宗智则强调超家族的地缘关系。19世纪华北地区的乡村由里甲、保甲、牌等组成，相应的"官吏"是乡保、甲长和牌头，乡保实际上是最基层的半官职人员，直接联系着国家权力与村庄共同体，村级的甲长和牌头更像是民间头目。① 近代长江三角洲地区存在着强有力的同族群体与薄弱的村社组织的矛盾结合体，宗族的领导人是因事设人或非正式的，基本上是由自然的族团和个人享有崇高威望所致，而非正式的头衔或职位。② 1949年以后实行土地改革，乡村的组织单位是行政村，设有村长、副村长和民兵队长，下面是自然村，每一个自然村有一名组长，人民公社化运动以后行政村则成了生产大队，自然村相当于生产小队。③ 改革开放以后随着包产到户的推行，国家政权的触角逐渐从每家每户向上抽回，农民获得更大的经济自主权，乡村基层组织的自治性有所增强。

华裔澳大利亚学者何包钢认识到村民委员会在保障村民自治权利方面仍然存在较大问题，村民自治建设虽然赋予了村民民主选举村民委员会的权利，但是村民常态化地参与公共事务的民主管理、民主决策和民主监督的权利仍然没有得到落实④，何包钢寄希望于农村协商民主解决村民自治不足的问题。何包钢在21世纪初期在浙江省温岭市泽国镇进行了名为基层协商民主的试点实验和实践调查⑤，并且把民主恳谈会作为基层协商的主要组织形式。何包钢的研究成果主要涉及的村民委员会选举为主要形式的农村基层自治组织建设和以民主恳谈会为主要形式的乡村协商民主建设，并没有直接涉及村民理事会等组织形式。不过随着近年来中国农村基层协商实现形式的多样化，社区协商委员会、村民理事会、村民议事会等组织形式逐渐被纳入农村基层实践之中和学者的研究视野之内。

（3）海外东方学者的相关研究

西方研究"东方学""中国学"学者，其中最有代表性的毫无疑问是费

---

① ［美］黄宗智：《长江三角洲的小农家庭与乡村发展》，法律出版社2014年版，第193—194页。
② ［美］黄宗智：《长江三角洲的小农家庭与乡村发展》，法律出版社2014年版，第124—129页。
③ ［美］黄宗智：《长江三角洲的小农家庭与乡村发展》，法律出版社2014年版，第151—152页。
④ ［澳］何包钢、王春光：《中国乡村协商民主：个案研究》，《社会学研究》2007年第3期。
⑤ ［澳］何包钢：《协商民主：理论、方法和实践》，中国社会科学出版社2008年版，第2—7页。

正清，此外还有施坚雅、杜赞奇、马若孟、欧博文、罗泽尔等。1940年日本的兴亚院和满铁曾经组织一部分人对中国农村进行了详细的调查，这次调查资料后来在日本出版定名为"中国农村惯行调查"（全六卷），其中部分资料由华中师范大学中国农村研究院团队翻译成《满铁调查》并于2015年出版第一辑。日本满铁调查资料后来成为各国学者研究近代中国农村极为重要的一手资料，黄宗智的《华北的小农经济与社会变迁》、马若孟的《中国农民经济：河北和山东的农民发展（1890—1949）》、杜赞奇的《文化、权力与国家：1900—1942年的华北农村》等研究近代中国农村的国外名作所用资料皆出于此。

施坚雅纠正了传统人类学者只注重中国农村小社团、歪曲农村社会结构的实际状况，他认为农村基层市场体系与基层社会结构并不完全重合，他提醒人们近代中国农民的实际社会区域不是村庄共同体，而是基层市场社区共同体。[①] 基层市场社区也在消解父亲血缘关系形成的宗族组织的作用，各种各样自发组成的团休和其他正式组织（几乎都是自治组织）——复合宗族、秘密会社分会、庙会的董事会、宗教祈祷会社都把基层市场社区作为组织单位。[②]

杜赞奇利用《中国农村惯行调查》，以乡村的文化网络为基本分析框架研究了近代华北的国家政权建设，认为国家权力都有进入和控制乡村社会的企图，但是国家政权以毁坏乡村文化网络的方式进入乡村社会并不会成功，他还把官府借以统治乡村社会的经纪人分为"保护型经纪人"和"营利型经纪人"两大类。[③] 杜赞奇"文化网络"分析框架不仅超越中国传统的乡绅社会和儒家思想等基本概念，而且超越包括血缘、宗族、市场、庙会、水会、商会等形成的等级组织或巢状组织[④]，内容十分庞杂，几乎无所不包。

[①] ［美］施坚雅：《中国农村的市场和社会结构》，史建云等译，中国社会科学出版社1998年版，第40页。
[②] ［美］施坚雅：《中国农村的市场和社会结构》，史建云等译，中国社会科学出版社1998年版，第46—49页。
[③] ［美］杜赞奇：《文化、权力与国家——1910—1942年的华北农村》，王福明译，江苏人民出版社2010年版，第1—15页。
[④] ［美］杜赞奇：《文化、权力与国家——1910—1942年的华北农村》，王福明译，江苏人民出版社2010年版，第16—17页。

2. 西方国家农村基层自治组织研究

西方地方自治的传统历史悠久，可以追溯到古希腊时期，雅典城邦在城市广场一方面采取公民直接参与辩论和表决的方式来处理公共事务；另一方面，"在乡村基层，大量存在着像中国传统社会农村那样的自然安治组织体系"[1]，后来经过中世纪神学时期的相对停滞，再到文艺复兴时期以后民族国家的兴起，西方各国逐渐形成了自己各具特色的农村基层自治组织体系。

（1）美国的相关研究

美国建国历史相对短暂，脱胎于英国的北美殖民地，"美国自建国伊始就汲取了英国地方自治制度的传统经验，在半野蛮社会中形成了乡镇自治的传统"[2]，美国此处的"乡镇"与中国当下的"乡镇"并非一回事，可以说几乎是美国建国初期最基层的自治组织，而非中国的乡镇基层政权一级正式的政府组织。托克维尔认为"美国乡镇自由来源于人民主权学说。美国的各州都或多或少承认乡镇的这种独立"[3]，托尔维尔对美国乡镇自治给予了高度评价，"乡镇是自然界中只要有人集聚就能自行组织起来的唯一联合体"，"乡镇组织给人民带来自由，教导人民安享自由和学会让自由为他服务"[4]。托尔维尔认为要想乡镇实行自治，面积不宜过大，人口不宜过多，以两三千人为宜，否则反而不利于增进乡镇公民共同利益。后来美国不仅形成了乡镇自治，而且形成村、特别区、协会等多样形式的自治单元，乡、镇、村属于自然形成的多单元共存的自治体系，而且各个类型自治单元之间相互独立，没有隶属关系。[5] 总体来看，近代以来美国农村基层自治组织合并幅度总体不大，其中具有自治性质的乡镇数量反而有一定幅度的减少。[6]

（2）英国的相关研究

中世纪的英国基层组织中存在村庄、庄园与教区三种实体形态，三者之间

---

[1] 安建增：《政治哲学视野中的自治理论研究》，安徽师范大学出版社 2015 年版，第 81 页。
[2] 龚文婧：《英美地方自治制度比较研究》，人民出版社 2017 年版，第 121 页。
[3] ［法］托尔维尔：《论美国的民主》（上卷），董果良译，商务印书馆 1988 年版，第 72 页。
[4] ［法］托尔维尔：《论美国的民主》（上卷），董果良译，商务印书馆 1988 年版，第 66—67 页。
[5] 邓大才：《迈向多元自治：中国基层治理的单元及发展趋势——基于中美日的对比研究》，《广西大学学报》（社会科学版）2020 年第 3 期。
[6] 邓大才："合并浪潮"：农村基层建制单元重组与民主争议——以发达国家农村基层建制单元为考察对象》，《山东社会科学》2019 年第 1 期。

关系比较复杂。村庄属于自然形成的居民聚居地，相当于中国的自然村；庄园是封建领主的领地，庄园可能由一个自然村庄组成，也有可能由几个自然村庄组成；教区是教会组织最基层的单元，英国学者戴尔认为："尽管村庄与教区的地界非常重合，但是教区更注重宗教作用。"① 其实教区有可能由一个自然村庄形成，同样也可能由几个自然村庄形成，村庄、庄园、教区在管辖区域上既可能存在一定的重合和交叉，又在不同领域各自发挥相应职能。"二战"以后，英国农村基层建制单元合并幅度较大，从1950年至1970年，其数量减少了79%②，这与英国随着城市化的快速发展，村庄的终结速度加快有关。

（3）日本的相关研究

日本不少学者认为日本一直就有地方自治的传统，井上毅认为"旧来町村之制已有自治的性质"，明治时期日本首相山县有朋认为"我邦从来所设之五人组、庄屋、名主、总代、年寄等制度中，本存有自治制度之精神"③。在日本行政区划中，町字有多重含义，有大小之分，规模大的町相对于中国的乡镇；规模小的町相当于中国的村和社区，因此町相当于我们所说的乡村，既有行政管理的因素，又有基层自治的意思。日本近代各村一般设有名主，也称庄屋，相对于中国的村长；年寄是名主的辅助者，也称组头，有点类似于中国的村民小组组长；五人组主要负责处理町内的自治事务，类似于中国的村委会；总代，是村中交税的百姓组成的户主会。日本近代的村落不仅仅是领主统治的行政单位，同时它也是生产或生活的单位，是具有很强自治功能的村落共同体④，但是一百多年以来经过"明治、昭和、平成时期"三次大合并，町村的数量已经大为减少⑤。

3. 国外相关研究成果评述

（1）对中国国情的特殊性认识不足

来华传教士和海外东方学者对中国近代以来农村社会政治生活的研究，

---

① 陈日华：《中古英格兰地方自治研究》，南京大学出版社2011年版，第87页。
② 邓大才：《"合并浪潮"：农村基层建制单元重组与民主争议——以发达国家农村基层建制单元为考察对象》，《山东社会科学》2019年第1期。
③ 郭冬梅：《日本近代地方自治制度的形成》，商务印书馆2008年版，第29—30页。
④ 郭冬梅：《日本近代地方自治制度的形成》，商务印书馆2008年版，第43页。
⑤ ［日］金井利之、伊藤正次：《日本地方自治》，张青松译，中国社会科学出版社2010年版，第47页。

由于意识形态和民族心理等方面的差异，不少从比较文化的视角进行观察，或者基于西方想象中的中国形象，甚至带有"西方中心主义"嫌疑。以美国为例，20 世纪上半期美国公众的中国形象是基于传教士激情，由《时代》杂志创办人卢斯媒体误导、美国著名作家赛珍珠小说强化，美国人按自己的理念创造出来的，实际上反映了美国人的希望和梦想，其背后是美国人对自身文化的认同，而不是基于同中国在语言、历史、文化上的相似性，并非真实中国的反映，因而详细考察中国的历史并不能解释这一现象本身。①

（2）对中国研究的现实关照不够

无论是海外华人学者，还是来华传教士和纯正的西方学者，对于中国的农村微自治研究，要么从历史学的角度侧重于研究晚清以来近代中国的农村社会政治生活及其变迁；要么从现实的角度侧重于行政村层面的村民委员会选举研究，对近年来中国农村推动的自治重心下沉到村民小组、自然村层面的微自治关注不足，这一方面可能是西方学术研究基于行为主义视角对民主选举的偏好使然；另一方面，虽然当代中西方学术交流比过去更加顺畅，但是西方学者囿于研究资料和实证调查的局限性，无法完全同步跟踪中国村民自治研究领域的最新动态和学术前沿。

（3）西方本土研究侧重于历史视角

美国、英国、日本等西方学者也有对各自国家农村基层自治组织的研究，其中部分研究成果已翻译成中文，例如日本学者吉村源太郎的《地方自治》，也有中国学者研究西方的地方自治体制，例如，陈日华的《中古英格兰地方自治研究》、孙宏伟的《英国地方自治体制研究》，外国人研究中国，中国人研究外国，这样交互研究，才能促进相互交流和加深了解。不过从目前的资料来看，主要侧重于梳理近代以来各国农村自治的传统，而对当代西方各国农村基层自治组织研究的专项成果很少，特别是翻译成中文的研究成果更少。这一方面可能与笔者资料挖掘和文献搜集不够有关；另一方面还可能与大多数西方发达国家已经完成了工业化，城市化率很高，因而农村基层自治组织研究不再是其关注热点有关。

---

① ［美］T·克里斯托弗·杰斯普森：《美国的中国形象》，姜智芹译，江苏人民出版社 2010 年版，第 2 页。

四 研究思路与研究方法

(一) 研究思路

本书总体遵循理论分析与实证调查相结合、应然研究与实然分析相结合的原则，按照"问题—对策"模式对村民理事会的组织变革和治理创新问题展开系统全面研究。如图1.1所示，本书主要基于"微自治"的视角，着眼我国农村基层治理现实情况，深刻剖析村民委员会等传统村民自治组织基层微自治能力的不足，全面探讨农村新型基层群众性微自治组织——村民理事会——基层微自治的优点，正确厘清村民理事会与基层政权和村"两委"等组织之间的关系，从组织社会学的角度系统研究村民理事会的"微组织结构组成、微组织运作管理、微组织制度建设、微组织功能发挥"等方面，对村民理事会的组织结构和治理绩效进行系统全面的实证研究和理论分析，从而优化农村基层微组织形式、创新农村基层微治理方式，从中总结村民理事会基层微自治的实行经验和适用前景。

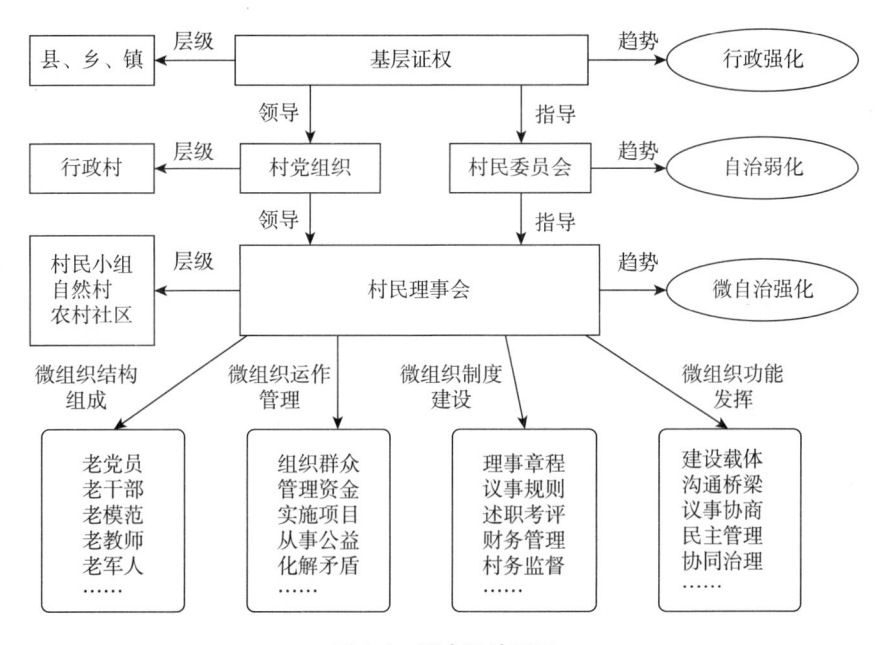

图1.1 研究思路图示

（二）研究方法

本书是在唯物辩证法的指导下总体采取规范研究与实证分析相结合的方法、纵向的历史研究与横向的比较研究相结合的方法，多维度透视和研究乡村社会治理的微组织形态和村民理事会的微自治问题。在具体方法应用上，注重运用文献研究法，梳理传统乡村社会治理的历史变迁和组织变革，跟踪分析当前村民理事会研究的最新研究理论成果；运用实验法、参与式观察法、案例研究法、访谈法等方法，实证调研村民理事会基层微治理的实际成效；运用比较法，全面分析国内外不同地区农村基层微治理的现状，并且比较新型群众性微自治组织——村民理事会与原有村民自治组织——村民委员会在农村基层微治理上的差异。

1. 文献研究法

"文献研究是一种通过收集和分析现存的，以文字、数字、符号、画面等信息形式出现的文献资料，来探讨和分析各种社会行为、社会关系及其他社会现象的研究方式。"[①] 从内容分析角度看，笔者通过查阅大量乡村治理和村民自治相关的著作、论文等理论文献，既注意梳理包括历代乡规民约和自治组织在内的传统乡村治理文献资料，又密切关注和跟踪该领域的最新研究前沿资料，同时注意从报纸、电视、网络等各种媒介收集整理村民理事会相关的新闻报道案例。此外，各地出台的促进村民理事会建设的实施方案、试点办法、自治章程、议事规则、议事流程、财务政策等制度规定，也属于需要重点关注的最新文献资料。国家和地方统计局以及民政部等相关政府部门发布的统计年鉴和年度公报，其中有不少涉及农村基层群众自治组织数量和人员数量等相关统计的数据，也可以进一步整理分析，用于纵向比较分析。

2. 实验研究法

严格的实验研究法一般是指在实验室的条件下，通过人为控制环境对变量之间的关系进行研究，而社会科学研究更多的是利用实地研究，而且无法像实验室那样精确控制和排除无关因素的影响，所以有的学者倾向于称之为准实验法。在乡村治理和村民自治领域能否开展实验研究？答案无疑是肯定

[①] 风笑天：《社会研究方法》（第四版），中国人民大学出版社 2013 年版，第 217 页。

的，特别是以徐勇为代表的华中师范大学中国农村研究院学术团队近年来极力提倡建构以现场实验为引导的田野政治学，强调实验者必须长时间置身于实验现场，"从实验项目的提出，到获得批准；从进入现场，到事先调查；从设计方案，到听取意见；从方案实施，到问题的处理；从实验结果，到对实验结果的检验，当事人都得亲力亲为"，并且近年来该团队围绕乡村制度变迁先后进行了"以农民参与为目标的'水月庵实验'、以农民组织为目标的'岳东实验'、以农民能力为目标的'南农实验'和以乡镇选举为目标的'杨集实验'"[①]，他们以自身的亲身参与经历验证了实验研究法在乡村治理领域的应用前景，积累了乡村治理的素材和经验，提供了可供借鉴的良好范例。

2014年以来中央"一号文件"多次反复提出要开展"以村民小组或自然村为基本单元的村民自治试点"，为此2017年5月民政部在全国11个省（区、市）遴选了24个试点单位（其中19个行政村、4个自然村屯、1个村民小组），其中全椒县石沛镇大季村入选安徽省唯一一个全国村民自治试点单位。2018年2月安徽省凤阳县遴选了小岗村作为唯一的县级试点单位。"纸上得来终觉浅，绝知此事要躬行"，笔者通过直接投标或者接受委托的方式，有幸作为项目负责人承接了安徽省全椒县大季村、凤阳县小岗村的村民自治试点项目，在多次开展实地调研的基础上，拟定村民自治试点方案，指导组建村民理事会，起草村民理事会工作清单，起草村民理事会奖补方案，制定村民自治操作手册，开展村民自治试点专题培训，具体指导村民理事会开展协商议事活动，提炼总结村民理事会典型案例，撰写中期评估报告和结项评估报告，宣传村民理事会建设成果，推广村民自治试点成果，并且最终接受上级部门、招标或委托单位以及第三方验收评估。笔者及其所在团队全程参与指导了两地村民自治试点工作，通过现场试验可以比较分析试点单位和非试点单位在村民自治上的异同，进一步研究村民理事会建立与否对村民自治实际成效产生的影响。毫无疑问，在指导全椒和凤阳等地开展村民自治试点的过程中也伴随着参与式观察法的使用，从而有目的地观察和记录民政干部、乡镇干部、村"两委"干部和村民理事会成员以及村民的态度和行为。参与式观察是研究者亲身体验和直接感性认识的过程，通过观察活动"研究者可以掌握有关研究对象的第一手资料，

---

① 徐勇、任路：《以现场实验为引导的田野政治学建构——基于华中师范大学四次政治实验的回顾与反思》，《广西师范大学学报》（哲学社会科学版）2021年第4期。

为构建自己的有关理论提供具体的论证基础"①,通过观察和实验所掌握的村民理事会资料,对本书的理论论证具有重要的支撑作用。

3. 案例研究法

美国学者罗伯特·K.殷认为案例研究法是一种经验主义的探究,它研究现实生活背景中的暂时现象,在这样一种情境中,现象本身与其背景之间的界限不明显,研究者只能大量运用事例证据来展开研究。②研究者所选择的案例应该具有典型性、真实性、个性化、创新性,案例研究重点关注的是经验性的问题,而不是纯理论性的问题,主要用于回答"是什么""为什么""怎么样"的问题,主要目的不是回答价值性的判断"应该是什么"的问题,但是案例本身不仅局限于描述性分析,而且也注重解释不同事例及其变量之间的关系。本书所使用的案例重点以 2017 年以来安徽省以村民小组或自然村为基本单元的村民自治试点单位以及安徽省铜陵市和凤阳县、湖北省秭归县、广东省蕉岭县、江西省赣州市等地调研的案例为主。

表1.4 安徽省6个村民自治试点单位基本情况

试点级别	序号	市县	试点单位	村民小组（个）	"两委"成员（人）	党员（人）	人口（人）	户数（户）	面积（平方公里）	集体收入（万元）
国家级	1	全椒	大季村	33	7	176	4227	1328	15.2	40
省级	2	宣城	绿宝村（胡家涝自然村）	23(3)	5	116(21)	3330(395)	1086(131)	21.7(7.1)	25
	3	肥东	一心社区	19	7	105	3129	876	10.4	11.8
	4	黟县	雉山村（卢村自然村）	12(4)	5	73(38)	1443(750)	508(212)	28.8	36.5
	5	桐城	桐梓村汪庄村民小组	44(1)	7	109(6)	4461(235)	1120(52)	5.7	50
	6	淮南	大郢村	11	7	75	2466	546	2.5	15

2017 年 8 月安徽省民政厅遴选了黄山市黟县宏村镇雉山村(卢村自然村)、

---

① 陈向明:《质的研究方法与社会科学研究》,教育科学出版社 2000 年版,第 232 页。
② [美]罗伯特·K.殷:《案例研究:设计与方法》(第 5 版),周海涛等译,重庆大学出版社 2017 年版,第 1—2 页。

淮南市毛集实验区毛集镇大郢村、合肥市肥东县店埠镇一心社区（属于农村社区）、安庆市桐城市孔城镇桐梓村汪庄村民小组、宣城市宣州区周王镇绿宝村（胡家涝自然村）被确认为省级村民自治试点单位（其中 2 个行政村、2 个自然村、1 个村民小组），笔者带领团队多次到国家级试点单位全椒县大季村和以上 5 个省试点单位进行调研或专题培训。根据调查，从表 1.4 可以看出 6 个试点单位的试点级别、村民小组数量、"两委"成员数量、党员人数、人口数、户数、面积大小和集体经济收入状况以及试点基本单元等基本数据（2018 年统计数据），存在较大差异，这表明安徽省在选择"以村民小组或自然村为基本单元"的村民自治单位建立村民理事会的时候，综合考虑了分布广泛性与对象代表性。安徽省 6 个村民自治试点单位，为我们提供了值得深入研究的典型案例。

4. 访谈法

访谈法是"调查员通过有计划地与被调查对象进行口头交谈，以了解有关社会实际情况的一种方法"[①]。访谈法的优点在于适应性广泛，可以控制整个访谈过程的主动权，有利于双向沟通交流，从而获得更深层次的有用信息；不过缺点也很明显，主要在于无法保持匿名性，被访谈对象可能顾虑重重，不敢不愿倾心交谈。此外，个别访谈所花费的时间成本较高。笔者采取半结构化的访谈方式，从村民理事会的成立背景、组织类型、组织构成、组织制度、组织管理、组织功能、组织关系等方面拟定了十几个问题的访谈提纲，主要针对村"三委"干部和村民理事会成员进行个别访谈或集体访谈，但是在具体访谈过程中也不完全拘泥于已有的访谈提纲，只要与村民自治密切相关的事项都可以纳入访谈内容。另外，村民理事会建设属于城乡社区建设领域的事务，具体业务主管部门为政府民政部门，因此笔者也同时对省、市、县、乡四级民政部门和乡镇分管民政工作的领导进行无结构化访谈，以期获得更多的全面、真实、可靠、详尽的资料与信息。

五 理论基础与研究框架

（一）理论基础

村民理事会表面上看似不起眼，只是改革开放以后中国农村基层诞生的

---

① 吴增基、吴鹏森、苏振芳：《现代社会调查方法》，上海人民出版社 1998 年版，第 123 页。

一种特殊类型的微自治组织，但是它的涉及面非常广泛，在当前我国农村基层治理中的作用无可替代。村民理事会涉及的理论基础广泛，可以从社会学、政治学、公共管理学、经济学、心理学等不同学科视角展开交叉综合研究。

1. 微自治理论

何为微自治理论？在微自治理论中，"微"是形式，"自治"是内容。"微"主要体现在以自然村、村民小组、农村社区为微单元的基层群众性自治模式创新。在"微"组织模式下，自治单元更小，自治更加有活力、潜力和内生动力。

"微"体现了村庄自治范围的不断下移，从行政村到村民小组、自然村、农村社区，从村委会的大范围管理，到村民小组、自然村、农村社区以及成员的小范围管理，整个村庄的自治机制下沉，真正地将自治落实和体现到每一个村民身上，村庄不再仅仅是基层政府实现行政功能的工具，而是以"微组织"为依托，更好地培育和提高村民的自治意识和自治能力、激发村庄自治活力。

"微"体现了村庄自治方式的不断细化，"微自治"改变了传统的村委会直接管理整个村庄的复杂化、粗放式的自治模式，转而成为以村民小组和村民理事会等微自治组织为载体的自治模式，"微自治"深入群众，进行精细化、具体化管理和自治，例如，成立红白理事会、乡贤理事会等组织对村庄具体事务进行针对性、专门化的治理，这一"微自治"使村民自治最小单元焕发自治活力，增强村庄自治的内生动力。

"微"表明村庄自治内容更加具体，在以村民小组、自然村、农村社区为自治单元、以村民理事会为自治载体的前提下，才产生了具有实质内容的具体自治活动和可操作性强的自治实践。例如，贵州省普安县江西坡镇以网格长和网格员开展"微服务"，依托"新时代农民讲习所"或"道德大讲堂"等载体推行"微教育"，推行诚信村民管理办法，实行"微管理"，以群众监督为主体强化"微监督"[1]，运用"微手段"推动深度自治。

"微"是手段，"自治"才是目的。引入"微自治"全新社会治理模式，以新型农村基层群众性微自治组织形态——村民理事会为研究对象，以传统

---

[1] 江小民：《村民小组"微治理"助力乡村"大振兴"——以普安县江西坡镇为例》，《理论与当代》2020年第2期。

乡村治理组织和治理机制为参照对象，敏锐地把握了当代中国农村基层治理的最新发展动态，反映了当前社会治理走向精细化的迫切需要。"微自治"使中国乡村治理摆脱行政命令的困扰①，开始迈向基层自治新征程，将村庄自治由悬空变为落实，切实发挥基层群众自治作用，是村庄自治功能试图摆脱行政事务束缚的新尝试。"微自治"改变政府管理方式，由强制性管理到自主性治理，由替民做主到人民自主，充分发挥基层微自治组织的主动性和自觉性，实现基层事务的自决和自主，创新了乡村治理模式。"微自治"切实落实基层民主自治，有利于丰富村民自治和农村基层治理的有效组织形式，同时也提高了基层微自治组织的自我创造力、自我革新力、自我监督力，是盘活基层内生力的有效举措。

肖立辉认为广西、广东、湖北、四川等地出现的村民理事会都属于"微自治"的范畴，并且他从"微自治"角度出发，重点介绍了村民自治中"微自治"的含义、产生的事实及"微自治"的必要性和自身价值等问题。② 邓大才、白雪娇以厦门海沧为例，指出以"微自治"为方法，尊重居民"微心愿"，培植社会"微组织"，着力建设"微机制"，大力推行"微行动"，推进互动共治在社区治理的落实，创新社会治理的微观内容。③ 赵秀玲认为"微自治"是以改革开放以来的村民自治为前提和基础，又是对它的超越与发展，主要表现在：自治范围不断下移；自治内容更具体；自治方式趋于细化；赋予自治主体以更大的空间和自由度，从而更好地发挥广大基层的民主自治功能。④

村民理事会这一微自治组织形态，在传统的乡村治理组织和治理机制的基础之上进行了创新发展，村民理事会运用微自治模式，紧扣"微组织结构组成、微组织运作管理、微组织制度建设、微组织功能发挥"等方面，为基层自治实践提供扎根的土壤，与村民委员会层面的自治活动形成互补，推动整个基层群众性自治模式创新。运用"微自治"分析模式和"精细化治理"理念深入分析村民理事会的组织变革和治理创新，并对村民理事会基层微自

---

① 赵秀玲：《"微自治"与中国基层民主治理》，《政治学研究》2014年第5期。
② 肖立辉：《"微自治"的有效性及有限性》，《中国社会报》2014年7月28日第002版。
③ 邓大才、白雪娇：《海沧跨越——在共同缔造中提升社会治理》，中国社会科学出版社2014年版，第418页。
④ 赵秀玲：《"微自治"与中国基层民主治理》，《政治学研究》2014年第5期。

治的动力、内容、方法、原则、阻力及其对策进行系统全面的实证研究和理论分析,对于研究目前农村基层治理问题和未来基层发展创新具有重要意义。

2. 共同体理论

"共同体"作为一种社会学概念得到广泛研究始于斐迪南·滕尼斯,他将整个人类社会结构与社会关系二分为两种类型:共同体与社会。通过对二者的深度比较分析,滕尼斯认为共同体是一种建立在自然意志基础之上的结合体,这种共同体是与生俱来的或者是原始的状态,例如血缘、地域、宗教,在共同体中,成员们拥有共同的传统风俗、价值观念、历史文化、生活习惯等,彼此之间相互信任、和睦共处、亲密无间,对共同体之外的社会有着清晰的边界感,是现实的和有机的,人与人之间相互协作以共同维系共同体的生存与发展。[1] 齐格蒙特·鲍曼认为共同体是温馨舒适的,在共同体内,成员间可以相互依靠。[2] 人不是孤立存在的,人具有社会性,总是以各种身份存在于各类共同体中,共同体对人的生活方式、思想观念、群体习惯、人际交往等方面产生深远影响。李国庆认为:"研究中国农村现代化问题,一个重要问题是要明确中国农村社会性质,这首先要研究中国农村社会的基本结构。"[3] 对于中国乡村是否是共同体,国内外学术界展开了不同的讨论,其中较具代表性的有欧美学界和日本学界。值得注意的是,欧美学界与日本学界的研究根植于两种截然不同的视角,黄宗智将二者归纳为形式主义与实体主义的取向之争[4],前者运用经济学分析方法,立足于市场关系;后者立足于乡村社会关系,下面将分别论述。

20世纪40年代,日本社会学界就中国是否存在村落共同体展开了激烈辩论,形成了以平野义太郎为代表和以戒能通孝为代表的两大对立派别。平野义太郎一派认为中国农村具有明显的共同体性质。平野通过对中国农村的调查发现,村落中存在村公会与公会组织,他认为这是一种自发形成的自治机构,是以寺庙为中心自然发展起来的共同生活组织,具有共同体性质。同样认为中国具有村落共同体的清水盛光指出,中国的村落存在自律性自治,即

---

[1] [德] 斐迪南·滕尼斯:《共同体与社会》,张巍卓译,商务印书馆2020年版,第18—24页。
[2] [英] 齐格蒙特·鲍曼:《共同体》,欧阳景根译,江苏人民出版社2003年版,第2—3页。
[3] 李国庆:《关于中国村落共同体的论战——以"戒能—平野论战"为核心》,《社会学研究》2005年第6期。
[4] [美] 黄宗智:《华北的小农经济与社会变迁》,法律出版社2014年版,第5页。

村民自治，村落的管理权在村民手中，而这种自治正是以村落共同体为基础的。戒能通孝与福武直一派通过对中国村落与日本村落的对比分析认为，中国农村是松散的结合，内部缺乏凝聚力，因此不能称为村落共同体，并指出以下几点原因：第一，阶级分化导致村民之间缺乏认同感和向心力，多数村民对村中事务置身事外。第二，村与村之间没有明确的地理边界，并不是封闭性的，甚至表现出较大的开放性。第三，缺乏村落公共财产以及集体活动，村民集体意识淡薄，更难以形成命运共同体意识。对于事实存在的村公会等组织，福武直认为，这类结社性组织一方面成员有限，并不包括全体村民；另一方面，这类组织的形成是其成员基于利益关系的理性选择，而非形成于对村落的认同感和归属感，处理的问题大多是个人事务，较少是村集体事务；此外，村民之间的合作往往是户与户之间，而不是以村落为单位进行的集体活动。因此，福武直认为中国农村社会结构仅仅是一种"生活共同体"，是一种生活互助单位。①

美国学者施坚雅跳出村落本身，从另一种研究视角提出了基层市场共同体的概念。他认为，农村社会范围并不是由村落边界决定的，单单一个村落不能构成村民生活的完整结构，而是由农民生活所在的基层市场范围决定的，在这个基层市场范围内，农民可以实现自给自足，正常的贸易需求可以得到满足。此外，在这个市场范围中，婚姻关系大致在这里缔结，宗族联系能够得到加强而不会随时间消逝，方言在此范围内最有意义，村民的娱乐活动也在这个市场范围内进行，可以说，基层市场才是构成中国乡村社会结构的基本单元。②

国内关于村落共同体的研究相对较少和较分散，费孝通提出"差序格局"等新名词来解释中国农村社会结构。③ 贺雪峰虽然没有明确论断中国是否存在村落共同体，但他提出了判断村落共同体的标准，即同时具有社会、自然和文化边界的村落基本具备共同体性质。④ 秦晖独树一帜地提出"大共同体本位

---

① 李国庆：《关于中国村落共同体的论战——以"戒能—平野论战"为核心》，《社会学研究》2005 年第 6 期。

② ［美］施坚雅：《中国农村的市场和社会结构》，史建云等译，中国社会科学出版社 1998 年版，第 40—53 页。

③ 费孝通：《乡土中国　生育制度》，北京大学出版社 1998 年版，第 27 页。

④ 贺雪峰：《论中国农村的区域差异：村庄社会结构的视角》，《开放时代》2012 年第 10 期。

论",他认为中国传统乡村、宗教是小共同体,而国家属于大共同体,正是由于这个大共同体的权力过大,干预了小共同体的发展,导致其没有得到充分发育而逐渐萎缩。①

通过以上研究成果可以看出,学界对中国乡村是否是村落共同体并没有一个统一的答案,但是无论何种研究,可以肯定的是,中国村落是在共同的血缘、文化、历史和习俗上发展起来的,村民朝夕相处、聚居在一定的范围内,存在着共同的利益、价值观以及对村庄的认同感,只是程度上存在着差异。因此,即便不能完全肯定中国乡村是否是村落共同体,至少也可以将其看作血缘共同体、地缘共同体、生活共同体。在这种共同体基础之上,村民间关系密切,在日常交往与协作中不断强化成员间的凝聚力和对村落的归属感,这些因素可以帮助村落共同体实现村民自治,在共同体内部可以实现很多国家权力无法实现的功能。

3. 集体行动逻辑理论和自主治理理论

1968年,英国学者哈丁(Hardin)发表了《公地悲剧》,阐述了个体理性行为与集体非理性行为之间的冲突,同时提出运用"相互强制"来解答避免"公地悲剧"的问题。② 此后,公共事务治理问题一直是西方学术界讨论的热点。自20世纪90年代集体行动理论被引介到国内以来,有关集体行动逻辑的探讨成为我国公共事务领域的重要内容。在农村基层自治这一行为场景中,农村的公共事务具有难以排他性与低竞争性,可将其视为公共池塘资源。公共池塘资源在早期指具有非排他性和非竞争性的公共物品,而后随着公共池塘资源内涵的不断扩展,公共事务治理即由传统的对自然资源等环境问题的关注,拓展到对诸如知识、宗教、网络、数字空间等非传统的公共事务。公共事务也就包含了除了私人物品之外的所有带有公共属性的物品,在农村村民小组、自然村等自治单元,公共池塘资源是农村的公共事务合集,即村民的集体利益。

曼瑟尔·奥尔森将传统的理性人作为集体行动的逻辑起点,认为个人在寻求自身利益时,个人的理性并不会导致集体的理性,同时因为"搭便车"现象的存在,有共同利益的行动者不一定能实现集体的行动,有可能会导致

---

① 秦晖:《大共同体本位与传统中国社会》(下),《社会学研究》1999年第4期。
② 刘正山:《公地悲剧的治理》,《金融博览》2019年第1期。

集体行动的困境。基于理性人的假设，相较于集体的每位成员都付诸努力后取得效益而言，一部分成员的努力便可以使得集体的利益有所增加，另有一些个人可以坐享其成，不付出努力便可收获相等条件的集体效益，如此便无法实现集体利益的最大化。当前中国的乡村基层治理中，一些村庄存在内部关联度不高、村民与村庄联系不强等问题，村民缺乏集体行动的意识与行为，仍然面临着"集体行动的困境"。基于此种困境，曼瑟尔·奥尔森认为："在任何一种情况下，规模是决定对个体利益自发、理性的追求是否会导致有利于集团的行动的决定性因素。比起大集团来，小集团能够更好地增进其共同利益。"[1] 他认为集体行动的效率与集体行动的利益集团的规模成反比，小集团更容易通过少数个人的付出收获集体的最大收益。此外，小集团中的个体关系更为紧密，通过对集团中的成员提供"社会压力"与"选择性激励"，从而改变成员的参与意图与行动的积极性，激励成员主动提供公共产品。对于村民自治来说，村庄内部的自组织力量，或者说"村庄的社会关联度"是促成村民集体一致行动能力的关键因素。规模小、利益联系紧密、组织认同度高的微自治组织更有利于解决集体行动困境中的公共物品供给问题。

针对个人的理性并不会导致集体的理性这一困境，大多数学者认为唯有采取"利维坦"式的国家权力控制或亚当·斯密的自由市场治理才可有效破解。2009年的诺贝尔经济学奖获得者埃莉诺·奥斯特罗姆一改以往"非公即私"的角度，通过对"公共池塘资源"的研究，提出自主治理理论，开创了解决公共事务治理的第三条道路，她认为自主治理也是走出集体行动困境的有效途径之一。国内较早接触奥斯特罗姆理论的毛寿龙教授曾将她的理论贡献概括为：在企业理论（科斯）和国家理论（诺斯）的基础上，提出了自主治理的理论，以及在市场理论（亚当·斯密）和主权理论（托马斯·霍布斯）的基础上，开发了多中心的公共经济的理论。

奥斯特罗姆的自主治理理论也被视为传统的集体行动理论的重大突破，为如何科学地解释公共事务治理提出了有力的理论分析框架。自主治理理论的核心问题是研究一群相互依赖的委托人如何才能把自己组织起来、进行自主治理，从而能够在所有人都面对搭便车、规避责任或其他机会主义行为诱

---

[1] ［美］曼瑟尔·奥尔森：《集体行动的逻辑》，陈郁等译，上海三联书店、上海人民出版社2006年版，第42页。

惑的情况下，取得持久的公共利益。[①] 基于奥斯特罗姆的自主治理理论的基本框架，以我国的乡村基层治理视角为切入点，将乡村的公共事务视为"公共池塘资源"，将村民小组、自然村、农村社区界定为"自治单元"，运用自主治理理论分析此场景下村民的集体行动与自治单元的有效性，克服"搭便车"难题，进而实现良性的乡村公共事务的科学治理。

奥斯特罗姆的自主治理理论提出了三个关键问题，分别是新制度供给问题、可信承诺问题和相互监督问题[②]，这三个问题也是自主治理制度设计普遍面临的三个难题。一是新制度供给问题。新制度供给将制度界定为公共产品与服务，其新制度的供给本身便是一场集体行动。在探索村民理事会的治理创新问题时，新制度的供给同样发挥着基础作用，问题的关键在于由谁作为制度的设计者，以及制度的创立、设计与实施是否会得到参与者们的认可，当参与者们选择制度时产生分歧，便将面临集体行动的二阶困境，降低人们共同进行集体行动的动力。通过多次博弈不断均衡集团利益的分配，最终达到相对平稳与和谐的利益架构，因此，在村民理事会的自治过程中，能否在村民集体中建立起共享的行为准则与信任互惠机制就尤为重要。二是可信承诺问题。可信承诺是指参与的成员如何使他人相信在无监督的情况下，仍然能遵守自身承诺、完成制度安排。承诺的可信度会伴随理性人在不同时期所做的选择而波动。在集体行动初期，当大多数人履行承诺、共同行动时，制度得以有效运行；但当后期个人不遵守规则后所获得的利益大于集体的利益时，便会产生违反承诺的行为，从而打乱制度的有序运行。这也与村民理事会的组织设计与制度架构相适应，村民理事会履行职责的过程也是小集团提供乡村公共事务的物品和服务的过程，如何保证参与主体遵守规则，实现集体收益最大化，需要监督机制的介入。三是相互监督问题。相互监督即群体内的成员对公共池塘资源的规则制定与有效运行进行相互督促与监管，借助激励与惩罚机制从而克服承诺失信问题。然而，集团内成员互相监督的成本较高，且当有一名成员不遵守规则面临惩罚时，惩罚所带来的负效益将由全体成员共享，集团内的成员很难进行有效的监督，少数成员也会采取"搭便

[①] ［美］埃莉诺·奥斯特罗姆：《公共事物的治理之道：集体行动制度的演进》，余逊达等译，上海译文出版社2012年版，第35页。
[②] ［美］埃莉诺·奥斯特罗姆：《公共事物的治理之道：集体行动制度的演进》，余逊达等译，上海译文出版社2012年版，第216页。

车"行为来规避风险。相互监督与可信承诺的联系十分紧密,实施监督可以了解集团内其余成员的规则遵守情况,提升了集团遵守承诺的可能性;同时,当可信承诺问题被克服,成员间的互相监督也随之加强,二者相辅相成、相互促进,共同服务于新制度的实施。乡村公共事务治理的核心是农民如何达成有效和稳定的合作。奥斯特罗姆的自主治理理论为农民的集体合作行为提供了一种有效可行的科学路径,为村民理事会这一微自治组织提供了一个更为全面的解释视角。

村民自治是村民共同处理乡村公共事务、实现群体利益的集体行动。村民理事会是乡村社会的民间自治组织,是由村民自主推选出合适的人员以组织群众、协商议事、管理资金、实施项目、化解矛盾等为主要目的的村民微自治组织。集体行动与村民理事会这一微自治组织的联系十分紧密,村民理事会由一部分确定的村民集体构成,以处理乡村公共事务为主要任务,为寻求自治单元群体利益最大化进行集体行动。运用集体行为逻辑理论和自主治理理论的分析框架,有助于更好地解释村民理事会的组织架构与制度安排。

4. 协商民主理论和全过程民主理论

民主本来的含义是"多数人的统治"和"人民的权利"。人民主权原则是现代民主制度的理论基石,公共权力人民授予是现代民主运行的实践基础。"权力属于人民建立了一条有关权力来源和权利合法性的原则。它意味着只有真正自下而上授予的权力,只有表达人民意志的权力,只有以某种得以表达的基本共识为基础的权力,才是合法的权力。"[1] 虽然民主的理想范式是直接民主——人民直接参与管理,但是现阶段在国家根本制度上现实的选择只能是间接民主——代议制,在代议制下权力的所有者与权力的行使者被迫分离,促使少数统治精英成为政治舞台上的主角,而权力的所有者——人民反而容易沦为配角,人民的权利经常受到有意无意的忽视,人民甚至成为被少数精英奴役的对象。在代议制下如何对少数精英的恣意行为实行有效的限制和保证大多数人的权利得到尊重,是千百年来对民主怀有好感的有识之士孜孜以求的目标。现阶段的参与式民主和协商民主虽然不能完全取代代议制民主,但是对代议制民主具有纠偏和补充作用,给人民通过合法途径直接参与民主

---

[1] [美]乔·萨托利:《民主新论》,冯克利等译,东方出版社1998年版,第37—38页。

生活提供了新的思路。"应当说,民主和参与本来就是不可分的","在民主的理想的传统中,'参与'是居于核心的地位"①,参与满足了公民直接民主的需求,也为公共权力套上了牢笼。"参与民主理论在20世纪后期的重要发展,是'协商民主'理论的兴起。协商民主是公共协商过程中自由平等的公民通过对话、讨论、审视各种相关理由而赋予立法和决策合法性的一种治理形式","协商民主既肯定公民积极参与政治生活,又尊重国家与社会间的界限,力图通过完善民主程序,扩大参与范围,强调自身自由平等的对话来消除冲突、保证公共理性和普遍利益的实现,以修正代议民主模式的缺陷与不足,也是对参与民主理论的最新诠释"。②

20世纪末,西方传统的自由主义理论受到质疑,伴随着对传统民主模式的反思与修正,协商民主理论逐渐兴起。1980年,美国学者约瑟夫·毕赛特首次将"协商民主"这一概念作为学术语言使用,此后协商民主理论作为公共事务管理的新范式,在社会学与政治学领域一直占据着一席之地。西方社会"协商民主"的出现是对代议制民主的不足之处的修订,是西方自由民主理论发展到一定阶段的必然产物。塞缪尔·P.亨廷顿作为现实主义者,将民主国家划分为西方的自由的民主和非西方的不自由的民主,但同时他也强调西方式的民主是西方文化的特有产物,并不具有普世价值,东亚的民主有着自己的政治传统。相较于西方社会,中国的协商民主理念则根植于中华民族宏大且深厚的和合思想中。春秋时期,孔子提出"礼之用,和为贵""君子和而不同",老子提出"保合太和""万国咸宁",儒家和合思想所追求的"求同存异"与"己所不欲,勿施于人"的目标同协商民主理论所蕴含的平衡、互补、求和理念一脉相承,为当代中国协商民主的发展累积了深厚的思想基础。人民群众是参与民主协商的主体,我国协商民主理论的发展根植于中国特色社会主义社会的基本国情中,以扩大基层民主的参与为核心,努力扩展参与主体的多元性,丰富协商形式的多样性,确保协商原则的公平性。协商民主作为社会主义民主的重要组成部分,近年来扎实的制度基础推动着我国社会主义协商民主的稳步前进。2013年,十八届三中全会强调"推进协商民主广泛多层制度化发展",标志着协商民主正式上升到国家战略高度。党的十

---

① [美]卡罗尔·佩特曼:《参与和民主理论》,陈尧译,上海人民出版社2006年版,第5页。
② [美]卡罗尔·佩特曼:《参与和民主理论》,陈尧译,上海人民出版社2006年版,第11页。

九大提出"发挥社会主义协商民主的重要作用,形成完整的制度程序和参与实践,保证人民在日常政治生活中有广泛持续深入参与的权利"。协商民主理论的发展与完善推进着我国基层协商民主实践的不断深入与探索,实践也证明,我国协商民主的发展绝不是对西方协商民主理论的复刻与照搬,而是在结合我国文化传统、历史命运、现实国情的前提下,形成的我国独特的、独有的、独到的民主形式。

基层协商构成了中国特色社会主义民主政治的重要内容。协商民主理论所倡导的民主、自由、平等等理念对我国农村地区的基层民主自治建设有着一定的启示与借鉴意义。在我国的基层自治领域,协商民主是以村(居)民会议、村(居)民代表会议、村(居)民理事会、恳谈会等形式展开,实行自我管理、自我服务、自我教育、自我监督的治理方式。乡村协商民主,即在乡村基层自治单元中,在村民委员会的指导下,由党员干部、农民代表、致富代表等具有奉献精神与影响力的人员组建为村民理事会、恳谈会、议事会等民主形式,通过平等对话协商等手段对农民进行自我管理的过程。在基层协商民主的发展过程中,常常伴随着工具理性与价值理性的矛盾性增长,基层民主协商的过程同样也是乡村自治的过程,协商过程中权力仍面向行政权威倾斜,官僚化特征仍然存在。我国学者多从工具主义来理解村民自治和基层民主建设,体现的多是实用理性而非价值理性。[①] 以马克斯·韦伯的"合理性"概念为分析工具,将"村民理事会"置于"工具合理性"和"价值合理性"框架中,对这一概念进行多维度认知,厘清村民理事会和基层政权以及村"两委"等组织之间的关系。工具理性强调对效益的追求,以工具崇拜和技术主义为生存目标,突出村民理事会的手段型意义;价值理性彰显人本主义色彩,注重人本身所代表的价值,强调目标实现过程中体现的公平、正义等内核要素。工具合理性与价值合理性价值观念在建设村民理事会的协同路径中不断冲突与融合,其力量此消彼长,在动态发展过程中经过合理性调适,最终实现工具理性与价值理性的统一。针对村民理事会这一微自治组织,应精准把握其"工具性"与"价值性"两种特质,以党的群众路线为前提彰显乡村协商民主的价值形态;同时,自由、民主、平等的协商理念为村民参与公共事务管理注入精神动力,形成程序规范且

---

① 肖唐镖:《乡村治理创新的动力、理念和空间分析》,《国家行政学院学报》2009 年第 2 期。

有生命力的农村协商民主。

从基层协商民主特征的视角来审视村民理事会的发展，有助于协调与整合乡村社会各方关系，实现村民集体的利益最大化，更好地构建乡村协商机制与平台。我国乡村协商民主可大致概括为包容性、平等性与协商性三个特征。第一，包容性。包容性指的是乡村村民主体可以在多大程度上通过对话、沟通、讨论参与公共事务管理。包容性要求所有处于自治组织中的村民都有权被纳入，而不受其年龄、种族、宗教、地位、教育经历等的限制。[1] 随着经济政治体制的改革与完善，社会的利益分化愈加明显，乡村社会的构成主体、合作形式、利益追求朝着多元化方向发展。治理有效的协商民主要求构建多元治理主体之间的制度性合作关系，村民理事会以"五老"人员为主要参与主体，与主体多元性的要求相契合。通过微组织制度与微治理运行机制的建设尽可能地扩大村民的有效参与，使协商民主的优势进一步彰显。第二，平等性。平等性作为协商民主的一个重要特征，不仅是指基层协商过程中各多元主体参与的机会平等，也指在参与的过程中各主体有权平等地发表意见与交换意见，不受个人经济条件与政治地位的影响。人民群众作为历史的创造者，人民不仅要有选举权，也要有管理国家和参与公共事务的平等权利。平等协商、相互尊重是扩大参与的前提与基础，村民理事会作为基层协商民主的重要组织形式，协商过程中的参与者都是平等且自由的，有利于广大人民群众提高自身参与农村微治理的意识和能力，真正直接行使自我管理、自我服务、自我教育、自我监督等当家作主的权利。第三，协商性。协商是一种民主的素养，也是协商民主的关键概念。帕特南认为，在一个聚集大量资本的共同体内，公民参与的目的之一就是要通过对话和协商，对政治决策产生影响。[2] 协商不同于程序化地简单提出议题、参与讨论，更是一种思想上的碰撞与交流，以解决问题与实现效益为最终目的。村民理事会将基层民主与公民协商统一起来，作为一个常设组织，满足了村民遇事可协商的需求；同时，组织内的成员较有影响力、值得信任，从村民与理事会双方角度而言，均善于且乐于进行沟通交流，传递合理诉求。

---

[1] 张梦涛：《中国特色协商民主发展研究》，硕士学位论文，兰州大学，2012年。
[2] 罗伯特·D·帕特南：《使民主运转起来：现代意大利的公民传统》，王列等译，江西人民出版社2001年版，第201—207页。

党的十八大以来，我们深化了对民主政治发展规律的认识，提出"全过程人民民主"的重大理念，并强调"全过程人民民主是全链条、全方位、全覆盖的民主，是最广泛、最真实、最管用的社会主义民主"。从西方民主理论和实践的流变来看，西方民主存在着诸如民主主体实质缺位、民主程序流于形式、选举民主窄化曲解、过程性民主环节缺失、选举民主与选后治理割裂等方面的问题。中国全过程民主理念的提出，实现了对西方民主理论的超越，是民主范式的重要创新，真正诠释了人民民主的科学内涵，体现了中国特色社会主义民主的优势。桑玉成认为全过程人民民主既是一种政治理念，也是一种制度规范，更是一种政治行为的遵循。[1] 谈火生认为"全过程民主"的"全"主要体现在民主的主体、参与的内容、覆盖的范围、民主的流程四个方面。[2] 郭建娜认为全过程人民民主的比较优势在于彰显了人民民主与国家意志、实质民主与程序民主、直接民主与间接民主、过程民主与成果民主有机统一的独特优势。[3] 村民理事会是实行民主选举、民主协商、民主决策、民主管理、民主监督的基层微自治组织，不仅从全链条、全环节、全方位体现了"全过程人民民主"的理念，而且使农村基层人民民主建设具备可操作性强的组织载体及其实践路径。

村民理事会组织变革和治理创新体现了平等、多元、参与、协作、对话、包容、透明、高效等社会治理基本原则和人民民主的本质要求，以基层协商民主理论和全过程民主理论作为分析村民理事会的理论基础，构建村级微自治组织的分析框架，推动农村协商民主与选举民主融合发展和全过程人民民主的实践发展，有助于深化对村民理事会相关问题的理论研究。

（二）研究框架

本书首先从分析传统乡村治理机制的历史变迁和村民委员会等原有村民自治组织面临的新挑战入手，深刻揭示当前农村基层微治理组织变革和治理创新的主要背景，然后紧密围绕"微组织结构组成、微组织运作管理、微组织制度建设、微组织功能发挥"等方面全面分析了村民理事会在组织变革和

---

[1] 桑玉成：《全过程人民民主：人民当家作主的必由之路》，《光明日报》2021年8月28日第07版。

[2] 谈火生：《"全过程人民民主"的深刻内涵》，《人民政协报》2021年9月29日第008版。

[3] 郭建娜：《全过程人民民主的内在逻辑、独特优势及实践指向》，《理论建设》2021年第6期。

农村基层微治理创新上的实践成效、主要障碍及其完善策略。本书由绪论、正文六章和结束语等几部分组成。

第一章绪论，主要介绍研究背景、研究的理论意义与现实意义；对自治单元、组织载体、村民理事会等核心概念进行界定；对国内外研究的现状进行梳理并做简要的评述；然后按照"问题—对策"模式介绍了本书的研究思路，介绍文献研究法、实验法、参与式观察法、案例研究法、访谈法等研究方法；从社会学、政治学、管理学、心理学等不同学科视角介绍了微自治理论、共同体理论、集体行动逻辑理论和自主治理理论、协商民主理论等理论基础，最后介绍了本书的大致研究框架。

第二章对中国农村传统自治组织及其人员构成的演变进行历史回顾，分析从先秦时期到近代以来农村什伍组织、乡里组织、保甲组织等演变逻辑及其与基层政权的关系；对新中国成立初期的乡（行政村）政权并存组织和人民公社化时期"三级所有，队为基础"组织形态进行梳理；最后借用徐勇教授的村民自治"三波段"理论分析改革开放以来以自然村为基础的自生自发组织、以建制村为基础的规范规制组织、建制村之下的内生外动的新组织三个发展阶段。

第三章主要从经济结构变化、政治民主发展、人口流动加快、居住空间重组、治理半径扩大等几个方面阐述村民理事会产生的背景。通过查阅相关文献和全国各地发布的政策及村民理事会建设的进度，回顾村民理事会的发展历程：1989—2006年为村民理事会的部分地区零星产生阶段；2006—2014年为局部地区试点和推广阶段；2014年以来为全国范围内试点和推广阶段。

第四章从单元微自治、群众自主性、上下沟通性、议事协商性、自我服务性等方面阐述了村民理事会的组织性质；根据村民理事会的形式名称和实质作用、乡村行政区划和居住状况、公共事务范围、公共事务职能等不同，分别介绍名实型理事会、纵向型理事会、交叉型理事会、职能型理事会的具体组织类型。

第五章基于微自治的视角，运用组织社会学相关理论构建"组织结构、组织制度、组织管理、组织功能"分析框架，应用分析村民理事会组织变革与治理创新的实践成效，具体从整合基层"五老"人员、实行民主选人方式、建立清晰角色结构、构建熟人治村模式等方面分析村民理事会的组织结构变革情况；从村民理事会章程、议事规则、财务制度、监督制度等方面分析村民理事会的制度建设成效；从组织动员群众、筹集管理资金、推动项目实施、从事公益服务、调解矛盾纠纷等方面介绍村民理事会的组织运作管理状况；从组织载体、自主治理、组织沟通、治理成效等方面分析村民理事会的组织功能发挥情况。

第六章分析村民理事会组织变革与治理创新的主要障碍，具体从年龄结构偏向老化、产生程序不够规范、家族宗族势力侵扰、组织关系不够明确等方面分析村民理事会结构组成的缺失；从章程总体不够完整、议事制度不够规范、财务制度不够健全、监督制度不够完善等方面分析村民理事会制度建设的失范；从群众组织动员不易、资金筹集管理困难、项目推进仍存掣肘、公益任务负担过重、矛盾化解调处乏力等方面分析村民理事会运作管理的困境；从微组织自治性不足、政府有效引导缺乏、激励机制不够健全、协同治理能力不足等方面分析村民理事会功能发挥的障碍。

第七章分析村民理事会组织变革与治理创新的完善策略，具体从优化内部人员结构、完善选举产生机制、防范不法势力侵入、理顺组织关系网络等方面优化村民理事会的组织结构组成；从完善组织制度文本、规范协商议事流程、健全民主决策制度、强化内外监督机制等方面加强村民理事会的组织制度建设；从创新群众动员方式、规范资金筹集管理、协力推进项目实施、合理设置公益任务、增强矛盾化解能力等方面加强村民理事会的组织运作管理；从推动组织赋权增能、加大引导扶持力度、健全正向激励机制、完善协同治理机制等方面促进村民理事会的组织功能发挥。

结束语进行全文总结，指出1980年代末期村民理事会的产生，有其内在的必然性和合理性，村民理事会在很大程度上弥补了村民委员会自治空间的不足，但是必须正确评价村民理事会与自治单元、治理成效和村民委员会之间的关系，全面科学辩证地认识村民理事会的组织特点、自治优势和治理限度及发展前景。

第二章　中国农村基层自治组织的历史回顾与演变逻辑

乡村社会在中国存在已久，一直就是中国社会的重要分支领域，是社会经济发展的基础。因此，中国自古以来就非常重视对乡村社会的治理，很早就开启了乡村自治的传统。纵观数千年来的中国乡村社会，乡村基层组织历来是王朝国家维护统治地位的重要基础，不同的历史时期国家对其重视程度、管理方式等都有所不同。从中国古代到近现代，在长达几千年的文明史过程中，中国农村传统自治组织跨度时间之长、变化之大，几乎每个王朝都采取符合自身管理的农村基层组织。然而，在千年治乱兴衰的历史演进过程中，不管是处于社会激烈动荡变化的时代，还是处于社会相对稳定的大一统环境下，中国乡村社会总是可以通过自身具有的强大抑制与整合能力而顽强地延续下来。中国农村传统自治组织有自身的演变逻辑，总的来说，是从先秦时期主要依靠宗族血缘关系到后来依靠宗教信仰与祭祀而存系，最后演化为依靠契约为纽带的地缘集合。综合农村基层组织产生的时间、实际效果、结构、规模以及其他相关因素的考虑，本书主要将中国农村自治组织的产生与演变划分为古代、近代、新中国成立初期、改革开放以来四个时期进行考察分析。

一　中国古代农村基层自治组织的产生与演变

（一）先秦时期农村基层自治组织

先秦时期是中国古代文明史上的重要时期，以现文字记载的中国古代第一个朝代夏朝建立为标志，将先秦中国分为原始社会时期和奴隶制社会时期，中国古代民间自治最早可以从这里算起。起初的原始社会时期，由于人类文明才刚刚起步，生产力水平较为低下，不具备官僚制政府（政权）出现的条

第二章　中国农村基层自治组织的历史回顾与演变逻辑

件，国家权力还没有产生。为此，在长期的演化过程中，人类社会只能依靠浓厚血缘特征的亲族关系维持共同的生活，逐渐形成"守望相助的小型自然群体"①，以此来抵御各种自然灾害和风险。进入奴隶制社会，公共权力产生，行政管理组织初具雏形，形成以氏族部落为主要形态的基层社会生活，这个阶段的农村社会更多的是依靠宗族管理、祭祀礼仪等进行自我管理和自我服务，"乡民不必依靠强力性的外来王法来维系关系，而是通过各种各样礼俗来维护乡村共同体内部的秩序"②，这个过程实际上已经有了某些方面的自治，只不过自治范围与领域相当狭小。

根据现有的史料，如从出土的甲骨文和陶文中可以表明，先秦时期产生的中国古代最早的农村基层组织，现代学者普遍认为主要是"丘"与"乡"。张怀通认为："丘是先秦时期的基层地域组织，它曾在古代社会经济生活和基层政权建设中发挥过重大作用，随着战国时期郡县制度的出现，郡、县、乡、里组成自上而下的各级政权机构，丘便从此退出了历史舞台。"③杨宽认为："（乡）来源很是古老，大概周族氏族制时期已经用'乡'这个称呼了，是指那些共饮食的氏族聚落。"④由此可见，在秦朝还未统一中国的时候，也就是在氏族社会时期，在食物、人口数量、地域等极为有限、近似于小国寡民的情况下，实际上已经产生了中国古代早先的农村基层组织形式，它主要是依靠血缘关系而非契约为纽带的地缘性集合体。

到春秋战国时期，连年战乱。在群雄并起、诸侯间争霸与兼并不断的大环境影响下，农村基层自治组织更加难以得到固定和统一，各诸侯国内基层组织的设置都有差别。董巧霞认为："关于乡作为基层组织最早出现的时间，目前还没有充足的证据可以说明，但从现有文献记载来看，乡制至少在西周时期已经存在。先秦乡制经历了从血缘组织到地缘组织的转变，其组织模式也由中央下辖的直属机构发展为郡县制之下的农村基层组织。"⑤因此，这里的"乡"并不能完全等同于当前作为我国最基层政权的乡镇政府，二者只是在某些方面有相似之处，它应该是我国古代较早的一种农村基层组织形式。

---

① 程凯华：《中国传统美德》，长江文艺出版社2002年版，第262页。
② 郭于华：《现代化进程中的中国农民》，南京大学出版社1998年版，第77页。
③ 张怀通：《先秦时期的基层组织——丘》，《天津师范大学学报》2000年第1期。
④ 杨宽：《古史新探》，中华书局1965年版，第280—309页。
⑤ 董巧霞：《先秦时期的基层组织——乡》，《历史教学》（高校版）2008年第8期。

（二）秦至隋唐农村基层自治组织

早在春秋时期已经出现分封制和郡县制并存的局面，所以，郡县制在春秋时期就已经开始萌芽。到秦始皇统一中国后，中国正式开启长达两千余年的封建社会。为了加强中央集权，秦朝废除了分封制，举国行郡县制，可以说郡县制在秦朝得以发扬光大。从此，县级行政组织对中国社会产生十分重要的影响，"郡县治，天下安"成为历代统治者治国的重要思想。"县制"从被创立以来，历经两千多年一直沿用至今。秦朝大一统后，将全国划分为三十六个郡，郡下设县，县以下则设立了乡级行政组织，"与乡同一级的行政组织是亭，是设在城区与农村交通要道上的基层管理机构"[①]，此外，还设有里、什伍等农村基层组织，如历史上的汉高祖刘邦就曾担任过泗水亭的亭长。所以，秦朝时中国农村基层组织形式丰富多样而非单一。

郡县制下的县是由中央直接管辖，直接听命于中央，属于中央派出的地方行政机构，其官员由皇帝直接任命，而乡则从属于郡县，其官员不是中央任命，而是听命于郡县政府，存有一定的自治权。因此，县下的乡里等没有法定的立法权与执行权等国家权力，间接造成在县以下更多的是地方自治，成为国家行政系统渗透有限和控制农村基层能力相对较弱的一环。久而久之，农村社会事务的管理更多只能依靠农村自身的力量进行，如维护农村社会治安、处理农村公共事务等主要靠乡村自治，而不是由国家行政系统所承担。与此同时，各种民间社会组织得以发育和成长，逐渐形成脱离于国家行政系统之外的民间社会治理力量，如宗族组织、乡绅乡治以及商人会馆等。在郡县制的大力推行下，秦朝时农村的血缘关系组织逐渐被地缘组织所替代，血缘关系不断松动，地缘关系则不断得到加强，农村基层组织发生了根本改变。

秦朝灭亡，汉朝建立后，汉承秦制，形成以县统乡、以乡统里的局面。魏晋南北朝时期的农村组织大多也沿袭了汉朝的制度，"南朝时'什伍'之制在形式上基本相沿不改，在北朝则有更张"[②]。从汉朝后期开始，由于连年动荡，战乱频繁，没有大一统的国家更加无力对乡村地区进行有效管理，农村

[①] 李四明：《秦汉时期的乡村基层组织治安管理探微》，《农业考古》2010年第4期。
[②] 吴海燕、冯殿羽：《魏晋南北朝"什伍"之制与乡村社会控制》，《郑州大学学报》（哲学社会科学版）2003年第2期。

基层组织混乱松散。"西汉以来的乡官体制已趋于没落"①,"农村乡里制度处于反复地瓦解和重建之中"②。

经过汉魏动乱后,国家权力无暇大力顾及与干预乡村社会,乡村社会势力借此在动乱中不断发展壮大。一直到隋唐时期,中国古代社会再次进入大一统时期,实现大一统后的国家和乡村地区原有的地主世家和士族豪绅相互利用、勾结起来,形成牢不可破的关系网,不断争取对农村基层社会的控制权。杨西云认为:"唐在基层实行'乡'、'里'二级建制的同时,辅之以村坊制。"③张国刚认为,"唐代在乡村社会设置了两类基层组织,一个是乡、里,另一个则是村、坊,基层组织管理从'县—乡—里'的结构到'县—乡—村'结构"④的转变,这说明以地缘关系为主的自然村形式下的农村基层组织已经出现。所以,就整体而言,秦汉至隋唐时期在农村基层实行的是乡、里、亭等制度,这一阶段的中国农村基层组织相对稳定,没有发生太大改变,一直处于相对松散状态。

(三)宋至明清农村基层自治组织

宋朝是中国历史上大转型、大变革与大发展的历史时期,与隋唐社会相比出现了许多新的变化。宋代的乡村基层组织在唐末五代旧制的基础上进行了一些因时制宜的调整、改革与创新,逐步构建起符合宋朝统治需要的乡村基层组织。宋代在乡村基层设立全新的保甲制取代原先的乡、里等农村基层管理组织。北宋初期在乡村实行乡里制,乡里是乡村基层组织,王安石变法后,开始推行保甲制。在战争的影响下,保甲制开始盛行,很快确立起保甲在乡村基层组织框架中的主导地位,乡里制则逐渐衰微,不断被虚化、瓦解,最终被废除。

保甲制从宋朝创建后就发挥了巨大作用,有利于国家加强对乡村社会的控制,尽管后来也几经存废,然而,一直到新中国成立后才彻底被废除。包伟民认为:"由唐入宋,传统的乡村管理体系发生大变化,基层组织地域化与

---

① 秦冬梅:《十年来国内魏晋南北朝乡村社会史研究回顾》,《南京农业大学学报》(社会科学版)2003年第1期。
② 汤勤福:《魏晋南北朝乡村聚落的变迁》,《中州学刊》2020年第8期。
③ 杨西云:《眼睛向下的研究视域——唐代县官群体与地方社会》,《历史教学》(下半月刊)2010年第8期。
④ 张国刚:《唐代乡村基层组织及其演变》,《北京大学学报》(哲学社会科学版)2009年第5期。

聚落化特征明显,乡里制等实际上由乡管以及后来的乡都体系所取代,宋代各地普遍推行乡都制,已是学界共识。"① 刁培俊认为两宋的乡村管理体制是从乡耆制转变到都保制。② 谭景玉也认为宋代的乡里制度已经由乡官制向职役制完成转变③,其实质就是以民治民,"意味着国家已由直接控制乡村变为通过乡村职役人来实现间接控制"④。因此,从乡里制到都保制,从乡官到乡役的实行,宋代农村基层组织的管理不断精细化。

元朝是秦汉以来第一个由少数民族建立统一的大王朝政权,因此,元代乡村基层治理也独具特色。元朝所统管的领土为中国历史之最,农村再采取宋朝的基层组织已然不合适。元代乡村基层单位发生了改变,进一步将农村基层组织细化,一直延伸到村社一级,由"南宋的乡、都保、大保、保的乡村组织系统转变到以自然村落为基础结成的乡村基层组织"⑤,史称"村社";实行社长制,明确社长的职责。村社制首先在北方村落推行,后来南方也大都实行村社制。村社是元朝农村基层行政组织乡、都的下级单位,这对拥有庞大疆域的元朝来说不失为一种行之有效的制度。

明太祖朱元璋建立明朝后,明初承袭宋元基层组织旧制,乡村基层实行都保制,洪武十四年,明代农村管理组织由初期的都保制改为里甲制,都保制被里甲制所取代后,没有立即被废除,只不过没有发挥原有的功能,实际上处于存而不废的状态。王裕明认为:"里甲制是明代乡村基层管理组织的制度创新,并不能将其简单地认为其是承元返宋。"⑥ 也有日本学者认为,明代里甲组织既有代表政府向农民征收赋税的半官方组织色彩,又具有"村落共同体"机能的自治组织性质,在乡村矛盾纠纷调解中发挥着重要的作用⑦。里甲制产生后,刚开始迅速适应明朝统治的需要,曾经是明朝卓有成效的基层组织,到明朝中后期,它不能满足国家有效管理乡村社会的功能,效果不佳,

---

① 包伟民:《中国近古时期"里"制的演变》,《中国社会科学》2015 年第 1 期。
② 刁培俊:《在官治与民治之间:宋代乡役性质辨析》,《云南社会科学》2006 年第 4 期。
③ 谭景玉:《宋代乡村社会"自治"论质疑》,《山东大学学报》(哲学社会科学版) 2008 年第 6 期。
④ 田晓忠:《论宋代乡村组织演变与国家乡村社会控制的关系》,《思想战线》2012 年第 3 期。
⑤ 仝晰纲:《元代的村社制度》,《山东师范大学学报》(社会科学版) 1996 年第 6 期。
⑥ 王裕明:《明代洪武年间的都保制——兼论明初乡村基层行政组织》,《江苏社会科学》2009 年第 5 期。
⑦ [日]中岛乐章:《明代乡村纠纷与秩序——以徽州文书为中心》,郭万平等译,江苏人民出版社 2012 年版,第 114 页。

弊病百出。里甲制逐渐被取消，逐步推行更加实用、效果更好的保甲制。由于里甲制在明朝时期经历了产生、兴盛、衰弱等过程，而没有被彻底取代，所以也有学者认为"明朝后期是里甲制与保甲制并行时期"[①]。

清王朝是中国古代最后一个统一的封建王朝，处于中国近两千年封建社会的终结与中国向近现代历史过渡的十字路口，其乡村治理和宋元时期相比，自然又有了一些变化。清王朝取得全国政权后，清承明制，清初基本沿用了明朝后期盛行的里甲、里社作为农村基层组织，同时在"汉族聚居的内地设置乡约"[②]，加强了清政府对乡村的控制，维护了乡村社会稳定。到清代的雍正时期，为改变国家财政严重不足的问题，雍正开始对赋役制度进行大刀阔斧的整顿与改革，全国大力推行摊丁入亩的赋役制。在此情况下，为谋求对农村基层的有效控制，清王朝"实施更为有效的乡里组织形式"[③]，里甲制不断衰弱、退化和没落。到乾隆时期，清政府完全废除里甲制，保甲制得到全面推行与强化，保甲的职能不断扩大，成为清朝重要的农村基层组织。因此，清王朝前期是里甲制盛行时期，后期则是以保甲制为主导。虽然清代较为重要的乡村基层组织还有乡约、乡里、社仓等，但与保甲制相比，"清代的乡约职能狭窄，重在教化，官方控制强，实际上是国家的御用工具"[④]，二者地位、性质不同。

正如有学者所说，"从秦统一中国到清朝灭亡的两千年里，中国农村基层组织基本也是千年一贯制"[⑤]。从秦统一后的两千余年封建社会，中国乡村地区长期以来被国家权力渗透较弱；相反，自治色彩和意识浓厚，自治功能强。虽然自秦汉以来，封建社会在中央采取君主集权制，地方则实行郡县制，在这样一套严密制度下，行政系统毫无疑问是高度集权化的。然而，中国自古又有"皇权不下县""天高皇帝远"的说法，即皇权只到县衙，"因为过去中央所派官员到知县为止，县以下并不承认任何行政单位"[⑥]，县长期以来是国家最基层的政权，所以国家权力系统与基层的乡村社会实际上是分开的。

[①] 唐文基：《试论明代里甲制度》，《社会科学战线》1987年第4期。
[②] 段自成：《论清代乡约职能演变的复杂性》，《求是学刊》2013年第2期。
[③] 刘彦波：《论清代的摊丁入亩与地方基层组织的变迁》，《江汉论坛》2005年第9期。
[④] 陈绍方：《清代地方乡村治理的传统特征》，《晋阳学刊》2006年第3期。
[⑤] 李守轻、邱馨：《中国农村基层社会组织体系研究》，中国农业出版社1994年版，第51—52页。
[⑥] 费孝通：《乡土重建》，华东师范大学2019年版，第37页。

正是封建专制制度下形成的自治弥补了国家在乡村地区权力的弱化与控制的不足,才保持了中国古代乡村社会在长达两千年的时间内处于相对有序与稳定状态。华伟和于明超认为:"历史上早期的地方自治产生于国家行政系统之外,因此可以被视为一种'群众性自治组织',但不是全体居民的自治组织,而是绅士或商人的自治组织。"[①] 徐勇也认为:"传统时期的自然村落就是一个自治单位。在形态上,村落自治的单元是自然村落、聚落、院落、坝、岗、湾、冲或屯等,自治的主体是自然村落内生出来的权威人士(如绅士)。"[②]

显然,从国家权力产生以来,国家权力就一直介入古代中国的乡村社会,只是介入的方式与力度在不同的王朝有所不同。以县域为界限,县级行政组织及其以上的地方国家权力意识浓厚,依靠一套从上到下的规则、制度,农村基层则长期处于统而"不治"的状态。然而,乡村基层组织并没有完全脱离国家政权而存在,只是乡村基层组织赖以生存的基础主要在于乡村社会自身内生动力,而非依靠外部国家政权的强大力量自上而下地主导与推动,自治具有稳定、单一、原始与自然等特征。

二 近代以来农村基层自治组织的产生与演变

(一)清末时期农村基层自治组织

19世纪中后期,进入清王朝统治末期的中国面临的内忧外患不断,面临农民起义与列强入侵的双重危机。在西方列强坚船利炮的猛烈攻击下,中国被迫打开了国门,中国传统乡村社会结构开始发生激烈变化。处于风雨飘摇状态的清王朝为了延续统治,加大国家权力向基层渗透的力度,清政府在乡村地区尝试推行乡村自治运动。清末基层组织在保甲制的基础上进行创新求变,设置乡约、团练等农村制度,其中的保甲制在国民党政府统治时期一度被沿用。

清末时期中国农村的宗族、乡绅等团体势力经过历史长期的演化,实力已空前强大,有的甚至可以独霸一方,成为国家管理乡村社会不可忽视、不

[①] 华伟、于明超:《我国行政区划改革的初步设想》,《战略与管理》1997年第6期。
[②] 转引自李华胤《乡村振兴视野下的单元有效与自治有效:历史变迁与当代选择》,《南京农业大学学报》(社会科学版)2019年第3期。

可或缺的依赖主体。所以,清末县以下广大乡村社会的治理是"以保甲制为载体、以宗族组织为基础和以士绅为纽带的乡村自治"①。清末新政时期,清政府在1908年颁布了《城镇乡地方自治章程》,这是清末一部明确地方自治的法律,很多县根据该章程在乡村设立了乡和镇等基层自治组织,"虽然这种乡村自治模式的设想最终未能实现,却为后世提供借鉴"②。

另外,由于国门洞开,西方先进的思想和制度等也开始进入中国。为救亡图存,只有主动求变,才能求得生存,在结合中国传统乡村治理与近代西方民主思想的基础上,魏源、谭嗣同、张謇、康有为、梁启超、孙中山等当时的地主阶级改革派、资产阶级维新派与革命派对近代西方地方自治思想与制度进行引介,谭嗣同与张謇分别在湖南与江苏南通进行了较长的地方自治实践活动,这些农村自治实验和探索开启了近代中国民间自治序幕。客观地讲,清末乡村自治运动最后虽然以清王朝的覆灭而告终,但其试图以国家法律的形式去推动地方自治却是重大突破,这对后来中国乡村自治产生了深远的影响。

(二) 北洋政府时期农村基层自治组织

1911年的辛亥革命推翻清王朝,结束封建帝制,建立中华民国,中国社会迎来了历史性的重大转型。常规来说,当社会转型升级,发生根本巨变,旧制度被瓦解时,农村基层组织自然也将开启崭新的历史而"更上一层楼"。然而,辛亥革命至新中国成立的这段时间,整个中国社会一直处于战火连绵、动荡不安的状态。受此影响,中国农村基层自治虽然不断地变化,形式丰富多样,但并没有朝前更进一步,而是进入前所未有的动荡时期,主要变化是国家力量(权力)开始大力介入,农村自治受外力推动与影响明显。从相关文献和史料看,目前学界对北洋政府时期的乡村治理研究还较为薄弱,有待加大研究力度。

北洋政府统治时期,军阀割据、政局不稳,国家处于四分五裂、各自为政的状态。因此,农村基层组织千变万化,朝令夕改,许多农村基层组织存在时间很短。农村自治主要是各地方军阀在自己所辖地区开展颇具特色的乡

---

① 于建嵘:《清末乡村皇权、族权和绅权的联结》,《探索与争鸣》2003年第3期。
② 李金勇、魏青松:《晚清农村基层体制改革及其启示》,《人民论坛》2012年第11期。

村治理，历史上以阎锡山在山西主导和推行的村治最为典型。"山西村治"设有相对完备的机构与制度作为支撑，包括"村民会议、村公所、村'宪法'、息诉会、村监察委员会与村财政"①等众多配套制度，这一模式史称"村本政治"，"一度成为民国政府推行的样本"②。实事求是地看，改革开放后形成的村民自治制度与山西的村治有本质区别，但也对其进行了很多有价值的借鉴，某些地方确有山西村治的影子。1914年北洋政府颁布《地方自治试行条例》，决定取消县一级的自治，转而实行区、乡一级自治，区、乡为农村基层自治组织。从1918年开始，"北京、奉天、山西省、河南省等地陆续出台了如《市自治法》、《乡自治法》和《县地方设区暂行条例》"③等规章制度，北洋政府统治时期的乡村基层自治进一步得到推动发展。

（三）国民政府时期农村基层自治组织

国民党统治时期的中国只是表面上完成统一，正值日本侵略中国，农村基层组织一度相当混乱。中华民国初期，国民政府在中国农村大都沿用清末的镇乡里制，一直到20世纪三四十年代，中国大地上出现了许多不同主体领导的乡村自治运动。第一，民间以梁漱溟、晏阳初和黄炎培等为代表的进步学者分别在山东、广东和河北以及四川等地开展了轰轰烈烈的乡村建设运动。主要办法是通过兴办乡村教育，开启乡村民智，实现村民自我管理与教化，他们的运动得到当时地方上国民政府将领的回应与支持。第二，在国家层面，"国家政权主导的最具代表性的是南京国民政府的县自治运动"④。北洋军阀被推翻后，国民政府"在1929年将村、里改为乡、镇，1939年颁布《县各级组织纲要》后又推行'新县制'，将区划分以15到30个乡（镇）"⑤，实行"县、区、乡镇以及闾邻多级自治"⑥。在相关法规陆续出台后，一直到国民党政权倒台，广大乡村地区出现如长老会、妇女会和少年团等许多基层民众

---

① 孟令梅：《民国初期山西村治述评》，《晋阳学刊》2001年第5期。
② 冯俊锋、唐琼：《清末民初中国乡村治理再考察》，《四川大学学报》（哲学社会科学版）2017年第5期。
③ 魏光奇、丁海秀：《清末至北洋政府时期区乡行政制度考略》，《北京师范大学学报》（社会科学版）2004年第2期。
④ 章元善、许仕廉：《乡村建设实验》（第二集），中华书局1935年版，第52页。
⑤ 李守经、邱馨：《中国农村基层社会组织体系研究》，中国农业出版社1994年版，第153页。
⑥ 王兆刚：《民国时期乡村治理的变革模式及启示》，《江西社会科学》2016年第1期。

自治性的组织。第三，在日本军国主义占领的农村地区，日伪当局也采取了很多措施。日伪政府在广大农村地区实行"保甲制、街村制和屯、牌、班、组等一系列农村基层制度"①，从而加强了对乡村的控制。第四，以中国共产党为主要代表的革命政党主导的乡村治理。中国革命的成功从农村起步，因此，中国共产党很早就认识到村治的重要性，历来非常重视农村基层社会治理。中国共产党在新民主主义革命时期创立乡级政权，将其作为农村的基层政权，在自己控制的根据地、解放区建立农民协会、贫农协会等农村自治组织，它们是中国共产党在农村地区最早实现的农村自治的雏形。通过发动群众、尊重群众、组织群众积极参与本地农村管理，坚持"群众团体是合法的，给他们有充分的自由权利，政府不能去干涉他们的工作与生活"②的原则，人民群众自主管理农村的热情空前提高，这些都为以后取得政权、治理农村积累了宝贵经验。

三 新中国成立初期农村基层自治组织的建立和发展

（一）新中国成立初期乡（行政村）政权并存组织

新中国成立后，中国共产党基于农村人口占中国人口大多数的基本国情，需要保持农村地区的稳定，开始着手加强农村基层组织建设与管理创新，逐步废除了国民党政府推行的保甲制度，建立了乡（行政村）基层政权，实质是"村社合一"。从新中国成立到改革开放初期，中国乡村体制几经发展，大致经历乡（行政村）政权并存与人民公社体制两个阶段。1949年到1958年是乡（行政村）政权并存时期；1958年到1983年是人民公社化时期，新中国在乡村实行人民公社的"政社合一"体制，长期以人民公社代替乡政府，其中，1978年到1983年处于政社分离的探索期，短暂地实行过人民公社和乡镇并存。

根据1950年12月中央人民政府政务院公布的《乡（行政村）人民代表

---

① 朱宇：《19世纪中叶至20世纪中叶中国乡村治理结构的历史考察》，《政治学研究》2005年第1期。

② 魏宏运：《抗日战争时期晋察冀边区财政经济史资料选编》（总论编），南开大学出版社1984年版，第410页。

会议组织通则》和《乡（行政村）人民政府组织通则》等文件指示精神，全国各地农村普遍建立了乡（行政村）基层政权，我国农村基层政权逐渐成形。1954年《中华人民共和国宪法》虽然以根本法的形式明确了乡级建制，但是，1953年土地改革完成后在全国兴起的农村合作社具有明显的政治色彩，行政村（村社）不仅没有被废除，还代替了原有自然村的一系列功能。也就是说，从新中国成立伊始，大致到1958年人民公社化运动开始，包括合作化时期，在近9年时间内，新中国在农村村一级建立了对应的一级政府，称作"村政府"，它是国家正式设置的一级行政组织，其工作人员属于国家公务员的范畴，由上级任命产生，与上级政府之间是领导与被领导的关系。

（二）人民公社化时期"三级所有，队为基础"组织体系

1958年人民公社化运动举国开展，我国正式进入"政社合一"时代。"人民公社的实质是国家基层政权与乡村社会经济组织的重合，公社既是国家政权，又是乡村社会组织生产和生活的机构。"[①] 经过多年探索，我国农村逐渐形成了"三级所有、队为基础"的农村集体所有制、经营管理体制及基层组织体系。"三级所有、队为基础"指的是人民公社的生产资料和产品分别归公社、生产大队和生产（小）队三级集体所有，并与此相适应，建立三级管理机构，以生产（小）队为基本生产组织单位、核算单位和土地等生产资料所有权单位。华伟和于明超认为："经过土地改革，中国的行政系统深入到村一级，普遍建立了村公所，在人民公社时期又演变为政社合一的生产大队。村级建制是国家行政组织的末梢，几十年来发挥了重要的行政功能。"[②]

1983年人民公社化运动的结束，标志着村级政权正式退出历史舞台。人民公社制度的废除与瓦解是村民自治制度产生的主要原因。当人民公社退出广大农村地区以后，国家在乡村又需要一个同人民公社功能接近，但性质不同的自治机构或组织来保证国家对乡村的有效管理，以填补国家废除人民公社后在乡村地区留下的制度真空、治理真空、秩序真空。当时的社会治安、社会福利、土地管理、公共设施等诸多农村公共事务处于无人问津的状态，在这样的背景下村民自治制度应运而生。

---

① 彭勃：《乡村治理：国家介入与体制选择》，中国社会出版社2002年版，第98页。
② 华伟、于明超：《我国行政区划改革的初步设想》，《战略与管理》1997年第6期。

当下行政村作为村民自治组织的主要载体,不再属于国家基层政权范畴,其工作人员不属于国家公务员的范畴,由村民通过民主选举产生,与上级政府之间是指导与被指导的关系。新中国成立初期的"行政村"是在特定历史环境下产生的,主要形式是通过如土地改革、合作化运动与人民公社化运动等国家发动的各种政治运动得以强化,存在不久后很快就退出了历史的舞台。它与当下的"村民委员会(行政村)"不同,二者在组织性质、人员组成、产生方式和隶属关系等方面存在迥然差异,具有本质区别。

四 改革开放以来农村基层自治组织的建立和发展

(一)以自然村为基础的自生自发组织

1978年的改革开放是新中国历史上的一次重大转折,它为村民自治制度的产生提供了必要的前提条件与历史机遇,中国农村基层组织开始发生天翻地覆的变化。在一定程度上,村民自治制度与改革开放相伴而行又与其命运相关,没有改革开放,就不会有人民公社的解体,最后就不会产生村民自治制度。20世纪70年代末的中国在广大农村进行了政社分开的探索,1983年中央"一号文件"《当前农村经济政策的若干问题》提出实行家庭联产承包责任制;同年10月,中共中央、国务院联合发出《关于实行政社分开,建立乡政府的通知》,要求各地在1984年年底完成建立乡政府工作,全面废除人民公社,标志着新中国在农村地区实行"政社合一"体制的实践基本结束。此后,历史上长期形成的自然村就成为我国农村最基本的组织,但是国家暂时还找不到并且也来不及在农村主导和建立一种成型的自治组织,有些地方的农民走在国家"前面",已开始逐步探索以自我管理和自我组织方式进行农村治理。1980年,广西河池市宜州区屏南乡合寨村果作屯的村民在全国首创了"村民委员会"组织,合寨村因此被称为"中国村民自治第一村",从而被载入史册。当时的果作屯属于自然村的性质,果作屯建立的村民委员会属于村民自发建立的自治组织,后经中央政府的充分肯定和加以推广,并且逐渐扩大其职能和适用地区,从而成为农民对村级公共事务进行自我管理的普遍性自治组织。

1982年我国修订颁布的《中华人民共和国宪法》首次提到"村民自治制

度"，并赋予村（居）民委员会"基层群众性自治组织"的地位。村民自治制度的形成与发展是废除人民公社后中国农村基层治理的伟大制度创新。它从一开始的定位就是村民"自治性的组织"，而非国家行政组织。此时的村民自治还在探索起步阶段，村民委员会自身如何运作？如何处理村民委员会与乡镇政府之间的关系？如何自治以及自治范围与权限大小怎么样？当时还存在诸如此类的问题亟待解决。此时的村民自治制度尚未定型，村民委员会的产生不够规范，自治能力存在严重不足。经过20世纪八九十年代《中华人民共和国村民委员会组织法》试行和几经修订并正式颁布施行，村民自治制度才逐渐迈入规范化、法制化、稳定化与制度化的轨道。

（二）以建制村为基础的规范规制组织

经过几十年的发展，村民自治制度稳中求进，得到国家的肯定与支持，继续在农村基层治理中发挥了更加重要的作用。1998年国家出于方便对原有村庄的改造与管理，修订并颁布新的《中华人民共和国村民委员会组织法》，规定将先前的自然村由国家统一规定和进行管理，这意味着自然村的地位不复存在。建制村取代自然村，标志村民自治进入以建制村为基础开展的自治阶段。

虽然建制村下的村民委员会这一组织是由村民海选产生，是直接民主的一大创举，但是由于国家不断加大对村级公共事务介入的力度，村民自治承担了大量的行政任务，加之村民自治缺少自我发育，导致村民自治的意识与自治的能力不断减弱。这样，建制村下的村民自治制度就遇到了是"行政化"还是"自治"的矛盾，自治能力受到抑制，出现了"体制不利于自治、外力制约自治，陷于制度空转与难以落地"[①]的尴尬局面，难以有效发挥自治功能，有的人甚至一度对村民自治的价值产生怀疑甚至悲观情绪。

（三）建制村之下的内生外动的新组织

进入21世纪后，在行政任务指派下，村民自治缺少原有的活力，国家逐渐意识到村民自治能力不足的问题，明显需要来自村民自治外部力量的推动。为了充分释放村民自治的活力，确实增强村民自治的意识，国家不断鼓励各

---

① 徐勇、邓大才等：《中国农村村民自治有效实现形式研究》，中国社会科学出版社2015年版，第15页。

地培育新的村民自治形式。有条件、能力较强的某些地方政府因地施策,出台了很多积极扶持措施,引导村民自主探索村民自治的有效实现形式,比较典型的是"广西在'美丽乡村'建设运动中下沉干部到农村,湖北则在全省农村逐步推行网格化管理"①。这些形式最终都寻求政府管理与村民自治有效衔接的方式,尽可能减少"乡政"与"村治"的矛盾,力争将村民自治作用发挥到最优水平。

党的十七大将村民自治制度最终纳入国家政治制度之中,成为定型化的国家基本政治制度之一,这意味着建制村之下的村民自治组织在实践中得到国家的进一步认可,自治组织的地位得到巨大提升,自治组织的作用更加显著。党的十八大以来,随着国家治理现代化和基层治理现代化被提上重要日程,乡村治理进入自治、法治、德治"三治"相结合的时代。进入新时代,随着社会治理重心向基层下移,国家加大对基层治理的重视和资源倾斜程度。在这样的背景下,国家和社会对村民自治提出了更高的要求,成为国家推进基层治理现代化的重要基础,服务于国家对农村地区有效治理的整体战略,是国家推进乡村治理体系和治理能力现代化的重要可靠的制度平台。

毫无疑问,村民自治制度是改革开放以来中国农村改革最成功、最伟大的创新与实践成果之一,它从制度上解决了几千年来中央政府难以对农村基层进行有效、有力管理的千古难题,一直受到众多相关领域学者的广泛关注,他们为此倾注了大量心血,进行了大量的学术研究。如前所述,徐勇等学者将 1949 年以来的村民自治划分为"三个波段":"以自然村为基础的自生自发的第一波段;以建制村为基础的规范规制的第二波段;第三波段是建制村之下的内生外动的新阶段。"② 蒋永穆等人则认为改革开放以来中国乡村治理主要可以分为"'乡政村治'阶段(1983—2016 年)和'三治结合'阶段(2017 年以后)"③ 两个阶段。范瑜认为,村民自治经过"萌芽、实验、普及

---

① 徐勇、邓大才等:《中国农村村民自治有效实现形式研究》,中国社会科学出版社 2015 年版,第 16 页。
② 徐勇、赵德健:《找回自治:对村民自治有效实现形式的探索》,《华中师范大学学报》(人文社会科学版)2014 年第 4 期。
③ 蒋永穆等:《新中国 70 年乡村治理:变迁、主线及方向》,《求是学刊》2019 年第 5 期。

阶段后，未来将走向深化与融合的'大村民自治'时代"①，主要是自治能力的大，而不是其规模的大。总之，这些研究观点虽然并不完全相同，但是都得出了很多富有参考价值的研究成果。

时至今日，村民自治制度经过四十多年的发展早已进入了制度化轨道，《中华人民共和国村民委员会组织法》的颁布与不断修订完善是其行稳致远的根本保障。村民自治制度从最初的农民自主探索实践到后来得到广泛认可，它本身伴随着我国民主法制建设的不断完善，一定程度上既满足了农民参政议政的愿望，也实现了国家权力对乡村地区的强大影响与农民自主管理本地事务之间的平衡。尽管村民自治制度才走过四十多年的时间，仍旧有很多突出问题亟待解决，但是就其本质而言，作为一种源于农民自我创造的国家基本政治制度，未来还需要农民在社会实践中不断探索完善。实践证明，村民自治极大地适应了中国特色社会主义政治体制的需要，满足了现实社会发展的需要，而且能够不断与时俱进，显示出了强大的生命力，未来将继续为农村社会稳定与发展提供源源不断的能量。

---

① 范瑜：《村民自治：改革开放以来的实践历程与展望》，《经济研究参考》2008 年第 32 期。

第三章 村民理事会的产生背景与发展历程

一 村民理事会产生的背景

随着20世纪80年代末期以后,特别是农村税费体制改革以后农村经济社会转型的加快,村民委员会等原有村民自治组织面临着日益行政化倾向、自治制度空转、公共服务能力不足等自治的窘境,与村民小组、自然村、农村社区等微自治单元的现实需求日益脱节,村民委员会已经无力应对日益复杂的农村基层治理所带来的新挑战。新型农村基层群众性微自治组织——村民理事会的产生和推广有其天然的合理性和必要性,村民理事会是新时期农村基层治理组织变革的重要产物,是社会治理重心下移背景下农村基层微治理创新的重要成果。

(一) 经济结构变化

改革开放以来我国逐渐打破了公有制一统天下的局面,经济结构逐渐多样化,从国有经济、集体经济等公有制经济"一枝独秀",到"三资"经济、私营经济、个体经济、股份制经济等"百花齐放",但是公有制经济的主体地位仍然没有改变。我国三大产业结构和就业人员结构发生了翻天覆地的变化,农业、工业、服务业三大产业规模持续扩张,农业在国民经济的比重进一步下降,工业化水平大幅度提高,服务业在国民经济中的比重持续上升。随着经济体制放开搞活,农民获得了土地经营自主权,农村生产力明显提高,农民的就业方式也逐渐多样化,农民收入稳步上升,我国农村已经完成了从温饱向小康的跨越式发展。近年来随着农村产业结构优化升级、农村"三权分置"改革、农村剩余劳动力从农业向工业、服务业等其他产业转移就业的趋势进一步加强。

经济的发展带来国家财政税收和集体经济收入的增加,国家财政转移支付能力的增强,工业反哺农业、城市带动乡村、乡村支撑城市、城乡融合发展趋势更加明显。随着国家财力和集体经济实力的增强,对农村的各种惠农政策和项目的支持力度也进一步加大,农村公共基础设施和农村人居环境得到进一步改善。在过去的新农村建设到现在的美丽乡村建设过程中,惠农政策如何落地,项目下乡如何实施,资金如何使用监管,工程质量如何保证,长效机制如何建立等与群众利益密切相关的问题,都需要广大村民去积极参与和监督。江西省赣州市、安徽省望江县等地的村民理事会,当初都是依托新农村建设项目成立和运作起来的,继而在更大区域范围和更多领域内进一步推广。

经济结构的巨大变化对农民利益的表达方式、农民的动员方式、农村基层的组织方式等都产生了直接的影响。陈明认为:"伴随着市场化进程的快速与深入推进,中国农民已经基本摆脱各种外在的组织束缚,退回到家户内部。具有中国农村历史制度底色的家户主义,比以往任何时候都体现得更加具体、更加明显。"[1] 从人民公社解体以来,伴随着以家庭联产承包责任制为基础的统分结合的双层经营体制的建立,国家权能主义退却的同时,国家和集体对农民的组织动员能力和影响力也明显减弱,农民呈现出一盘散沙式的原子化状态。家户成为农村的基本单位,经济理性主义驱使家户利益成为村民行为的出发点,正所谓"利益动机驱使着人们去忙碌、去经营、去竞争"[2]。因此,单纯的说教和传统的动员方式,使得集体行动难以被共同采取,集体利益难以被共同关注,农村存在着农民个体的经济理性与集体的非理性二律背反的奇特现象。

(二) 政治民主发展

按照马克思主义的基本观点,经济基础决定上层建筑,经济对政治具有决定性作用。实际上,很多学者对于经济发展水平与政治民主化之间的关系认识并不一致,一般更倾向于认为两者之间存在正相关关系。美国学者塞缪尔·P. 亨廷顿认为一般学者提出社会经济能够促进政治民主化的理由主要有以

---

[1] 陈明:《村民自治"单元下沉"抑或"单元上移"》,《探索与争鸣》2014年第12期。
[2] 桑玉成:《利益分化的政治时代》,学林出版社2002年版。

下五个方面：第一，政治民主化程度通常随着社会上"社会经济地位"的变化而变动，一般来说"在一个国家中，具有较高的收入、教育程度及职业声望等的公民，往往具有较强的'政治功效感'、较高的'政治兴趣'以及较多的'政治知识'等主观态度，从而较常从事政治参与行为，而较低的收入、教育程度及职业声望等的公民，则较少具有此类的主观态度，因而较少参与政治生活"。第二，政治民主化程度时常随着社会组织或团体的涌现而提高。"组织成员通常远比非组织成员更容易介入政治，一个国家的社会经济发展，不但增加各色各样的组织，而且吸引更多公民介入各种组织，因而提高了政治参与的程度。"第三，政治民主化程度时常随着社会团体间的冲突或紧张而提高。"一个国家的社会经济发展，可能增加新、旧社会团体间诉诸政治行动以维护权益的可能性，从而提高了政治参与的程度。"第四，政治民主化程度往往随着政府职能的扩充而提高。"一个国家的社会经济发展，可能会扩大政府的活动范围，进而影响相关公民和团体的利益，促使他们参与国家政治生活。"第五，"一个国家的社会经济发展孕育'公民'概念，从而提高政治参与的程度，促使各个个体超越地方性、阶级性或宗教性等的区隔，进而增强国家认同感"。[1]

  从总体和长远来看，经济的发展对政治民主化的进程起到正面积极作用，然而两者之间也并非存在简单的线性相关关系，其间还受到多种因素的影响。一方面，经济的发展促使人们的受教育程度提高、民主参政议政的意识和能力增强；另一方面，经济的发展又促使公民过分追求个人经济利益的最大化，而忽视公共福利的增进，其中与公民利益是否密切相关，是影响公民政治参与积极性的关键因素。村民自治制度作为基层群众性自治制度已纳入中国特色社会主义政治制度体系之中，是中国政治民主发展的重要标志和重要体现。村民自治制度实行40多年来，我国农村基层民主建设取得了长足的发展，民主选举、民主决策、民主管理、民主协商、民主监督的意识逐渐深入人心，基层党组织领导的充满活力的村民自治机制基本形成，村民当家作主的权利基本得到保障。然而，当前村民自治过程中仍然存在诸多问题和不完善的方面，主要表现在：村民流动性大，外出务工人数多，村民（代表）会议和党员会议难以达到法定召开人数，村"两委"换届选举组织困难；部分村民政治冷漠，参与公共事务积极性不高，民主决策流于形式，民主管理比较薄弱，

---

[1] 郭秋永：《当代三大民主理论》，新星出版社2006年版，第155—159页。

民主监督存在诸多盲点。不仅行政村层级在基层民主建设方面存在诸多不足，在自然村、村民小组、农村社区等微自治单元同样存在着村民参与不足、村民自身组织化程度低、农村公共事务关注度低等诸多问题。

（三）人口流动加快

刘豪兴认为："人口结构是一个国家或地区人口内部不同特征与要素的构成及其相互之间的比例关系，人口结构反映社会发展状况，同时反映人口的社会位置以及彼此之间的关系，对人口变化和社会发展具有全面影响。"[①] 近年来随着我国经济社会的快速发展，人口结构随之发生变化，人口流动趋势更加明显，流动人口规模进一步扩大。从表3.1可以看出，2001—2020年我国农村人口结构、年龄结构和数量规模发生了很大变化，全国总人口呈现逐年增加态势，农村常住人口呈现逐年减少态势，城镇常住人口呈现逐渐增加态势；虽然户籍人口城市化率低于常住人口城市化率，但是两者都呈现逐年上升趋势；人户分离人口、流动人口、外出农民工人数虽然在近10年变动趋势不明显，但是总体基数较大；0—15岁人口数量总体呈现下降态势，16—59岁人口数量呈现逐年下降态势，60岁人口呈现逐年上升态势。以上数据统计表明，我国农村城市化率提高加快，但是农村人口外流现象较为严重，特别是青壮年劳动力外出人口较多，人口出生率下降，农村人口老龄化趋势加剧，这也正印证了人们的常识判断，在经济欠发达的中西部农村，除了"三留守"人员，几乎很少见到青壮年男性劳动力，这给农村基层治理带来严重的挑战。农村基层自治组织建设面临的问题不仅仅是"如何挑人"的问题，而是从根本上面临"没人可挑"的窘境。

表3.1　2001—2020年中国农村人口结构和年龄结构的变化

年份（年）	农村常住人口（万人）	城镇常住人口（万人）	总人口（万人）	户籍人口城市化率（%）	常住人口城市化率（%）	人户分离人口（亿人）	流动人口（亿人）	外出农民工（亿人）	0-15岁（万人）	16-59岁（万人）	60岁（万人）
2001	79563	48064	127627	-	37.70	-	-	28716	-	-	-
2011	65656	69079	134735	-	51.30	2.71	2.30	15863	22164	94072	18499

---

① 刘豪兴：《农村社会学》（第三版），中国人民大学出版社2015年版，第99页。

续表

年份（年）	农村常住人口（万人）	城镇常住人口（万人）	总人口（万人）	户籍人口城市化率（%）	常住人口城市化率（%）	人户分离人口（亿人）	流动人口（亿人）	外出农民工（亿人）	0–15岁（万人）	16–59岁（万人）	60岁（万人）
2012	64222	71182	135404	–	52.60	2.79	2.36	16636	22287	93727	19390
2013	62961	73111	136072	–	53.73	2.89	2.45	16610	23875	91954	20243
2014	61866	74916	136782	–	54.77	2.98	2.53	16821	23957	91583	21242
2015	60346	77116	137462	–	56.10	2.94	2.47	16884	24166	91096	22200
2016	58973	79298	138271	41.2	57.35	2.92	2.45	16934	24438	90747	23086
2017	57661	81347	139008	42.35	58.52	2.91	2.44	17185	24719	90199	24090
2018	56401	83137	139538	43.37	59.58	2.86	2.41	17266	24860	89729	24949
2019	55162	84843	140005	44.38	60.60	2.80	2.36	17425	24977	89640	25338
2020	50979	90199	141178	–	63.89	–	–	16959	25338	89438	26402

数据来源：根据国家统计局公布的年度公报等数据整理而成，"–"表示这部分统计数据暂缺。

根据2021年5月11日发布的第七次人口普查数据显示："居住在城镇的人口为90199万人，占63.89%；居住在乡村的人口为50979万人，占36.11%。与2010年相比，城镇人口增加23642万人，乡村人口减少16436万人，城镇人口比重上升14.21个百分点"，"人户分离人口为49276万人，其中，市辖区内人户分离人口为11694万人，流动人口为37582万人，其中，跨省流动人口为12484万人。与2010年相比，人户分离人口增长88.52%，市辖区内人户分离人口增长192.66%，流动人口增长69.73%"，"平均每个家庭户的人口为2.62人，比2010年的3.10人减少0.48人"。[1] 由此可以看出，随着我国工业化、城镇化、信息化的发展，农村人口向城镇人口横向转移的速度加快，人口外流数量增长迅速，人口外流规模进一步扩大，由此带来农村空心化、农户兼业化、家庭空巢化、农民老龄化现象进一步加剧。

此外，当前农村基层治理人才短缺不仅仅是因为青壮年劳动力外流和人口的横向流动，也是因为人口的纵向流动机会增多、人口素质进一步提升、

---

[1] 国家统计局：《第七次全国人口普查公报》，http://www.xinhuanet.com/fortune/2021 – 05/11/c_1127432608.htm，2021年5月11日。

农村青年精英流失进一步加剧。随着人们收入水平的提高、农村居民的生活质量明显提升，大量农村青少年通过高考跳农门、外出经商务工、出国留学等方式实现了纵向流动和代际跨越式的发展，这些新生代年轻人在外事业有成以后，不愿意再回到农村和重复祖辈的农村生活。与城市相比，农村在各个方面仍然存在着较大的差距，这样导致农村很难吸收原籍优秀青年人才回流。

（四）居住空间重组

对于传统意义上的空间，很多人可能更多从自然意义、地理意义和物理意义上进行理解。法国社会学家列斐伏尔反对自然空间的观念，他强调空间的社会意义，认为"空间是社会性的，它牵扯到再生产的社会关系，亦即性别、年龄与特定家庭组织之间的生物——物理关系，也牵涉到生产关系，亦即劳动及其组织的分化"[1]。德国社会学家齐美尔也强调两种不同维度的空间：第一种维度的空间是物理意义上的空间，主要体现在空间为事物提供了场所，空间通过改变条件性因素而制约事物发展；第二种维度的空间为心灵及互动视角下的空间。[2] 总之，不少空间社会学学者是从物理空间（自然空间）和社会空间双重角度来全面认识空间的内涵。从以上双重角度来看，空间重组不仅仅是物质空间的生产过程，也是社会空间中的人际关系重构和社会秩序再调整的过程。

农村经济发展、产业布局、规划调整、社会变迁、人口流动等因素，都会导致村民居住空间发生巨大的变化。当前全国各地在项目资金支持下开展的美丽乡村建设，其实也是乡村空间重构的过程，其具体内容包括"重塑和培育乡村组织核心、重构乡村居民点、优化乡村产业空间、完善乡村基础实施配套、加快乡村公共设施配套、加强乡村生态环境保护、重视乡村文化保护、改善劳动力及土地要素流动和空间分布等等"[3]。在征地拆迁和合村并组以及人口外流背景下，农村居住空间的变化主要体现在以下两个方面：一是居住空间的过稀化，意即农村从散居化走向空心化。农村从过去未受商品化、市场化侵袭状态下的正常散居状态，转向受到商品化、市场化过度影响状态

---

[1] 参见包亚明《现代性与空间的生产》，上海教育出版社2003年版，第48页。
[2] 参见刘少杰《西方空间社会学理论评析》，中国人民大学出版社2020年版，第4页。
[3] 张泉等：《城乡统筹下的乡村重构》，中国建筑工业出版社2006年版，第97—99页。

下的大规模人口外流状态，农村只剩留守人员住在荒无人烟和了无生气的村庄，这直接造成农村基础设施难以提升改造，农村公共服务难以有效覆盖，农村基层人才难以招募，留守老人难以照看和慰藉，留守儿童难以受到良好教育等一系列问题。二是居民空间的重新过密化，意即农村从散居化走向聚居化。村民由于村庄整治、项目建设、库区移民、灾害移民、合村并组等，从过去的分散居住状态，整体搬迁到居民安置点集中居住，这又可能造成农民人际关系走向陌生化、生产生活出现不适应、邻里矛盾纠纷增多、物业管理难度加大等问题。村民居住空间的重组，不仅带来诸多个人问题，而且还会产生诸多社会问题，这些问题仅仅依靠个人和上级政府都难以解决，必须通过加强村民自身组织化建设来共同解决。

对于村民自治单元的选择，把行政村自治大单元划分为村落自治小单元[①]，其实也是对村民居住空间的重组过程。有的人认为村民自治的基本单元选择应该与自然村的类型和村民聚居的形态有关，有"一村多组、一组一村、一组多村"等几种情况，村民自治试点单位应该因地制宜，根据实际情况来决定是以"自然村"为基本单元，还是以"村民小组"为基本单元。自然村和村民小组多是长期自发形成的居住类型和自治单元，近年来有的地方村民集中居住社区（类似于城市商品房小区）也可以成为新的村民自治基本单元。

2017年凤阳县小岗村在开展"以村民小组、自然村、农村社区为基本单元"村民自治试点的时候，按照"地域相近、产业趋同、利益共享"等原则，统筹宗族感情、利益基础、发展需要等因素，以小岗村原有19个自然村、23个村民小组为基础，对原有行政村的居住结构和组织形态进行重新构建，共分为八个自治片区：（一）小袁村民组、小杨村民组、小吴村民组；（二）大周东村民组、大周西村民组、小周村民组；（三）上李前村民组、上李中村民组、上李后村民组；（四）程圩村民组、马缪村民组、石马金村民组；（五）下李东村民组、下李西村民组、庞桥村民组、小殷村民组；（六）西缪村民组、蒲塘村民组、后范村民组；（七）小严村民组、小韩村民组；（八）大严村民组、小岗村民组。此后考虑到村民陆续搬迁到集中居住区的实

---

① 夏静、蔡钧庭：《湖北秭归："幸福村落"建设带来幸福生活》，《光明日报》2019年7月1日第04版。

际情况，小岗村适当调整了村民理事会的设置格局，对已经集中安置居住的3个新型农村社区，分别建立小岗片区村民理事会、严岗片区村民理事会、石马片区村民理事会，对仍然处于散居的5个村民小组基本保持不变。

（五）治理半径扩大

1. 村民委员会的合并和行政村规模的扩大

近年来我国农村集中居住和行政村合并趋势越来越明显，从表3.2可以看出，1983—2021年全国村委会的数量、村委会成员的数量、村民小组的数量总体呈现下降的态势，居委会的数量总体呈现上升的态势，这其中有部分年度的统计数据有所起伏。需要说明的是，1978—1982年没有相关数据，原因在于当时农村主要的基层组织还是人民公社，一直到1983年人民公社体制还没有完全解体，所以农村基层群众自治性组织还处在初建和发展阶段，所以总体数量为377200个，到1985年农村基层群众自治性组织已经完全建立和正常化，所以首次超过100万个，1990年达到最高峰值110万多个，随后几乎呈现逐年下降态势。据中组部统计显示，截至2021年12月31日全国城乡基层建立党组织的有"114065个社区（居委会）、491129个行政村"[①]。

村民委员会总体数量减少，一部分是行政村合并的原因，还有一部分是因为征地拆迁、移民搬迁等原因，其中部分村民委员会通过"村改居"形式变成了"社区居委会"，所以社区居委会数量反而总体呈现上升的趋势。虽然村民委员会（行政村）的数量总体呈现下降的态势，但是其所下辖的村民小组数量下降的幅度相对较小，其中最主要的原因在于，当前我国绝大多数农村集体产权属于村民小组所有，而不属于村民委员会（行政村）所有，村民委员会（行政村）拆并可以直接通过行政命令实现，但是由来已久的村民小组集体资产和资源却无法简单通过行政命令在行政村范围内实现重新分配，否则会引发村民内部的矛盾。从管理学的角度，管理层次受到组织规模与管理幅度的影响较大。在组织规模已定的条件下，管理层次与管理幅度成反比关系，管理幅度越大，管理层次越少；反之亦然。在乡镇、行政村、村民小组三级管理层次中，一方面，村民委员会（行政村）总体数量的减少，有利于乡镇缩小管理幅度，减少村级人员经费开支和优化资源配置；另一方面，

---

① 中共中央中组部：《中国共产党党内统计公报》，《人民日报》2002年6月30日第03版。

村民委员会（行政村）总体数量的减少，使村民委员会（行政村）管理结构呈现扁平化形态，导致每个村民委员会（行政村）管辖的村民小组数量增加，服务的半径增大。按照《中华人民共和国村民委员会组织法》的规定，村民委员会成员一直由3—7人组成。从表3.2也可以看出，随着村庄合并，村民委员会（行政村）治理半径增大，管辖村民小组数量增多，村民委员会成员数量却没有相应增加，甚至呈现数量下降的态势，"一增一减"将会导致村干部人数更加捉襟见肘。2016年10月1日中共中央办公厅、国务院办公厅《关于以村民小组或自然村为基本单元的村民自治试点方案》中甚至提出可以重新"合理调整村民委员会设置格局"，从一个侧面反映出在过去一段时间内行政村存在过度合并、管辖半径过大、人口数量过多、公共服务供给能力不足等问题。"大行政村"作为村民自治的基本单元总体上不合时宜，仅仅依靠村民委员会作为村民自治的组织载体和形式也过分单一，这在很大程度上严重影响了村民自治的有效实现。

表3.2 1983—2021年全国基层组织建设状况统计表

年份（年）	年度基层组织数 总数（个）	村民委员会（个）	村民小组（万个）	社区居委会（个）	年末成员数（万人）总数	村民委员会	社区居委会
1983	377200	311681	–	65519	–	–	–
1985	1029571	948628	–	80943	414.5	379.6	34.9
1990	1100086	1001272	–	98814	452.5	409.4	43.1
1995	1043576	931716	–	111860	448.5	400.5	48.0
1996	1042002	928312	–	113690	446.8	397.5	49.3
1997	1023719	905804	–	117915	428.6	378.8	49.8
1998	952029	832987	–	119042	409.4	358.6	50.8
1999	916298	801483	–	114815	401.4	351.3	50.1
2000	840083	731659	–	108424	363.4	315.0	48.4
2001	791867	699974	–	91893	362.8	316.4	46.4
2002	767364	681277	–	86087	333.8	294.2	39.6
2003	740917	663486	–	77431	358.8	319.1	39.7

续表

年份（年）	年度基层组织数				年末成员数（万人）		
	总数（个）	村民委员会（个）	村民小组（万个）	社区居委会（个）	总数	村民委员会	社区居委会
2004	722050	644166	-	77884	334.6	292.1	42.5
2005	709026	629079	-	79947	311.1	265.7	45.4
2006	704386	623669		80717	287.3	243.0	44.3
2007	694715	612709	-	82006	282.7	241.1	41.6
2008	687698	604285	-	83413	276.0	233.9	42.2
2009	683767	599078	-	84689	277.1	234.0	43.1
2010	681715	594658	-	87057	277.3	233.4	43.9
2011	679133	589653	476.4	89480	277.3	231.9	45.4
2012	679628	588475	469.4	91153	279.2	232.3	46.9
2013	683167	588547	466.4	94620	280.7	232.3	48.4
2014	682144	585451	470.4	96693	280.2	230.5	49.7
2015	680535	580856	469.2	99679	280.9	229.7	51.2
2016	662778	559186	447.8	103292	279.3	225.3	54.0
2017	660709	554218	439.7	106491	280.8	224.3	56.5
2018	649888	542019	449.1	107869	279.4	221.5	57.9
2019	642693	533073	419.3	109620	277.6	218.0	59.6
2020	612000	502000	376.1	113000	268.9	207.3	61.6
2021	605016	491748	-	113268	-	-	-

数据来源：主要根据国家统计局和民政部等网站相关资料整理而成，"－"表示当年这部分统计数据暂缺。

中国南方许多行政村都是由几个甚至十几个自然村组成，包含多个村民小组，特别是山区村民居住得非常分散。由于利益相关度不大，村民对其他村民小组（自然村）的事务关注程度远远低于对本村民小组（自然村）事务的关注程度，现有的村民自治形式凡涉及行政村重大事项都需经村民会议或村民代表会议通过，会议程序烦琐，决策成本较高，导致村民参与行政村自治，特别是"与己无关"问题的讨论表决时积极性不高。另外，现在农村外出务工人员多，留守的大多为老人、妇女、儿童，参与"大"村治理的意识较弱、能力不足。例如，宣城市宣州区周王镇绿宝村胡家涝自然村属于丘陵山区地貌，面积7.1平方公里，林地面积9400亩，耕地面积60余亩，共有村民131户、395人，其中党员21名。胡家涝自然村距周王镇4.5公里，距绿宝村村部8.5公里，由洋口、新冲和胡家涝3个村民小组组成。该自然村在十几年前曾经单独设置过村民委员会，但是后来与其他行政村合并，组成新的绿宝行政村，目前村民到绿宝村村部办事要绕道跨越周王镇中心主干道和其他两个行政村，来往极为不便，同时，村委会对其公共事务管理和提供公共服务也同样存在困难。

近代日本明治时期也曾经对具有自治性质的町村进行了大规模的合并，据统计到1886年12月末，日本全国的町村数约为71753个，其中只有名称而无人居住的达到801个，户数在百户以下的有48420个，约占全国町村总数的七成以上。这些小的町村合并的原因主要在于无法实现经济上的自立自足，而且还会加重日本政府的财政负担。[①] 中国近年来在推行行政村合并政策，也有一大部分原因是减少行政成本。然而，日本政府推行强制合并的政策也引起了很多民众的不满，因为每个町村的共有财产和公共事业发展的进度都不一样，强制合并难以摆平内部错综复杂的利益关系，"町村合并后，旧町村的自立性依然很强，行政村下的各部落产生很强的对立，影响着市町村自治的顺利实施"[②]。近代日本的町村强制合并所导致的副作用值得中国借鉴和吸取经验教训，这要求我国在推行合村并组时应谨慎对待，慎重推行。

2. 村民委员会的行政化倾向和村民小组、自然村自治能力的不足

徐勇等人认为："以行政村为村民自治单位，在很大程度上是基于治理的需要的考虑，而在实际中遭遇了极大困难和体制性障碍，如行政抑制自治、体制不利自治、外力制约自治。"[③] 村民委员会是村民自我管理、自我教育、自我服务的实行民主选举、民主决策、民主管理、民主监督的基层群众性自治组织。自从1982年《中华人民共和国宪法》把村民委员会作为基层群众性

[①] 郭冬梅：《日本近代地方自治制度的形成》，商务印书馆2008年版，第199页。
[②] 郭冬梅：《日本近代地方自治制度的形成》，商务印书馆2008年版，第203页。
[③] 徐勇、邓大才等：《中国农村村民自治有效实现形式研究》，中国社会科学出版社2015年版，第1页。

组织制度定位以来,很长一段时间以来我国农村的村民自治几乎都是围绕村民委员会(行政村)来进行制度设计和实际运转的。乡镇人民政府与村民委员会之间是指导和被指导的关系,而不是领导和被领导的关系,然而由于村民委员会在"人、财、物"等方面严重依附于乡镇人民政府,又承接了乡镇政府下派的大量行政事务,所以具有较为强烈的"半官半民"色彩。一旦在执行上级意志与代表村民利益之间产生冲突,村民委员会囿于体制束缚,不得不屈服于行政的压力。因此,村民委员会的日益行政化,导致村民意志无法充分体现,已经抑制了村民自治的有效实现。

自从村庄经过大规模合并后,村庄已经由过去规模较小的"熟人村庄"变成了大规模的"半熟人村庄"。在传统的"熟人社会",村民共同体意识较强,村民之间相互信任度较高,非正式制度执行成本较低,更有利于采取集体行动,从而减少了乡村治理的成本。在"半熟人社会",随着组织规模的扩大,组织人员的增多,人际关系的陌生化,采取集体行动更加困难。当前,村民委员会(行政村)内部利益关系协调困难,难以达成有效共识,公共服务有效覆盖面不足,特别是自然村、村民小组面临公共事务无人管、公益事业难办等问题,与当前村民自治单元的过大、自治组织的过载有着密不可分的关系。然而,大规模地重新调整和缩小村民委员会、重新大规模地扩张村民委员会数量也不现实。在保持现有的村民委员会格局基本稳定和少数微调的前提下,划小村民自治基本单元,再造农村微自治组织形态,采用村民理事会可破解乡村"集体行动的困境",从而重新利用熟人社会资本,缓解微自治能力的不足。

"要挖掘中国农村历史制度原型,就必须将研究视角从以建制村为单元,下移到自然村或者更小的共同体内部,以农民为主体,从微观生活与交往情境中寻找行为逻辑与历史机理。"[①] 实际上,村民小组或自然村才是传统意义上的真正的熟人社会。"村民小组是由合作化时期的初级社、人民公社时期的生产队演变而来的。它是农村集体土地的最重要的所有者和管理者,不仅负责农村承包地的发包、调整和收益分配,而且负责提供与农民生活密切相关的公共服务,还是农村最基本的人情单位和交际娱乐单位。行政村的合并,已使村民大会和村民代表大会难以组织,村民小组会议、村民小组理事会议

---

① 陈明:《村民自治"单元下沉"抑或"单元上移"》,《探索与争鸣》2014年第12期。

将成为村民制度化参与村庄公共管理的唯一正式渠道,成为村'两委'收集民意、执行政策的最重要途径。"①《中华人民共和国村民委员会组织法》第二十八条规定"村民小组长由村民小组会议推选",这表明村民小组长是村民小组自治组织的主要负责人。由于村民居住得相对分散,以及公共意识的逐渐淡漠,以单个的村民小组而非以组织化形态存在的村民理事会,既不能有效承接基层政府和村委会的工作,也不能有效整合村民利益诉求和有效服务广大村民,这反映出现有的村民小组、自然村层次的组织自治能力明显不足。

二 村民理事会的发展历程

(一)部分地区零星产生阶段(1989—2006年)

村民理事会到底最早产生于什么时候?在全国什么地方最先产生村民理事会?目前官方并没有统一的说法,学术界对此认识也不尽一致。

从中国知网、维普等期刊网以"村民理事会"为"篇名"进行模糊查询来看,最早关于村民理事会的专门研究成果都是出现在2006年,为周波、陈昭玖发表的《探析新农村建设长效发展的一个有益载体——村民理事会》。马克思认为:"不是人们的意识决定人们的存在,相反,是人们的社会存在决定人们的意识。"② 社会意识是对社会存在的反映,作为对村民理事会研究的理论成果也是学术界对客观存在的该村民自治组织的一种主观反映。一般而言,社会意识通常落后于社会存在,因而学术界对村民理事会的研究也相对滞后,村民理事会的实际产生时间应该早于2006年。实际上,周波、陈昭玖在文中提到的"江西省玉山县临湖镇坊头村"早在2004年就成立了村民理事会。

项继权、王明为认为全国最早建立村民理事会的时间是2002年,最早建立的地区是安徽省望江县;江西、山东、湖南、福建和广东等省市建立村民理事会的时间可能都晚于安徽省望江县。③ 事实上这种观点有待商榷,望江县可能是安徽省最早建立村民理事会的地区,但它并非全国最早建立村民理事

---

① 王习明:《关于农村基层治理体制创新的整体设计》,《中国乡村发现》2010年第1期。
② 《马克思恩格斯选集》(第二卷),人民出版社2012年版,第2页。
③ 项继权、王明为:《村民理事会:性质及其限度》,《福建论坛》(人文社会科学版)2017年第9期。

会的地区。笔者参与的安徽省人民政府发展研究中心课题组曾经在2011年11月到望江县长岭镇后埠村和鸦滩镇望马楼村等地进行村民理事会的专题调研。从当时望江县政府提供的村民理事会专题汇报材料来看，该县的确早在2002年就依托自然村、村民小组和大屋场探索建立村民理事会[1]，截至2011年，望江县3298个村民小组有95%以上的村民小组均建立了村民理事会，村民理事会几乎覆盖到每一个自然村。

从中国知网以"村民理事会"进行"全文"模糊查询来看，在所有文献全文中提到"村民理事会"的时间还可以进一步往前追溯。崔从义在1998年提到"河北省滦南县南套乡崔董各庄"村"两委"为了倡导婚事简办，减轻农民负担，成立了村民理事会，代为撰写婚联。该村村民理事会由村支书、村长、妇联主任、团书记和离退休教师中的对联爱好者组成[2]。从该案例中可以看出，河北省至少在1998年就成立了村民理事会，该村民理事会依托建立的自治单元并不是村民小组、自然村，而是建立在行政村之上，其性质和功能也并非综合性事务的理事会，有点类似于"红白理事会"，以服务红白喜事和推行移风易俗为主。

程翠英在《农村村民委员会建设调研与思考》一文中提到，早在1996年甘肃省榆中县甘草乡三墩营村就由村中有威望的人组织建立了村民理事会，对村委会换届选举和村日常工作进行长期监督[3]。由于我国在当时并未推行与村"两委"并列的村务监督委员会[4]，此时的村民理事会以行政村为基本单元建立，发挥了类似村务监督委员会的职能，与当前倡导的以村民小组或自然村为基本单元建立的微自治组织——村民理事会可能只是凑巧名称相同，但是其所依托的自治层级和主要功能还是存在较大差异。

杨书曾、吴金珩在《村务公开、民主管理》一文中提到，早在1996年河南省遂平县为了推行村务公开、财务公开，当年就在全县行政村建立了228个党员议政会、568个村民理事会和228个民主理财小组，对村务公开工作进

---

[1] 陈干全等：《打造基层民主和管理创新的新平台——关于望江县依托村民理事会兴办农村公益事业的调研报告》，http://dss.ah.gov.cn/public/content/115760391，2013年9月10日。
[2] 崔从义：《村民理事会代撰婚联受欢迎》，《对联》1998年第4期。
[3] 程翠英：《农村村民委员会建设调研与思考》，《发展》1997年第10期。
[4] 2004年6月18日浙江省武义县后陈村建立了全国第一个村务监督委员会，它是从村民财务和村务监督小组演变过来的。2010年新修订的《中华人民共和国村民委员会组织法》正式把村务监督委员会写进法律，在行政村层面正式构建了村"三委"组织体系。

行全方位监督,取得了良好的效果。① 该县当时建立的村民理事会可能也是以行政村为基本单元、以村务监督和财务监督为主要职能。

梁坚义、张军在《村民理事会:一个期待规范的"草根组织"》一文提到,早在1994年湖北省阳新县就发文以行政村为基本单元推广建立村民理事会,但是当时没有实际开展什么活动,也没有真正发挥实效,直到2004年新农村建设全面铺开以后才逐渐发挥作用,这时已下沉到自然村和村民小组建立村民理事会,截至2010年,虽然全县已建立520多家村民理事会,但是真正实际运作的也只有100多家。②

刘道远等在《太平村的新支书》一文中提到,早在1992年江西省南城县上塘镇太平村就已建立村民理事会。③ 太平村时任村支书邱时历通过带领村民建立村民理事会,制定并严格执行村规民约,解决了村干部人心涣散、农村土地山林管理难、计划生育开展难、民事调解有困难等问题。当时太平村的村民理事会也是依托行政村建立,属于综合性事务性质的村民理事会。

时任湖北房县县委宣传部部长童开典在1991年就指出,为了解决农村婚丧事大操大办和农民攀比浪费之风以及加强农村精神文明建设,该县当年就已建立170个村民理事会,并制定了《移风易俗理事会条例》以及婚丧事简办规定,在全县20个乡镇推行集体婚礼,并把推行集体婚礼列入乡镇党委宣传委员目标责任管理之中。④ 房县当时的村民理事会也是建立在行政村层级,不过仍然属于办理红白专项性事务性质的自治组织。

郭志、蔡一润在《建立村民代表会议制度是农村改革的必然选择》一文中提到河北省赵县早在1990年之前就已在全县农村建立了村民理事会,解决农民组织难、开会难、议事难等问题。⑤ 当时河北省赵县的村民理事会也是建立在行政村层级,并由村民理事会衍生出规范运作的村民(代表)会议。

截至目前,笔者所能找到的关于村民理事会最早建立时间的文献是范厚

---

① 杨书曾、吴金珩:《村务公开、民主管理》,《调研世界》1998年第3期。
② 梁坚义、张军:《村民理事会:一个期待规范的"草根组织"》,《黄石日报》2010年7月11日第002版。
③ 刘道远、肖月芳、刘书华:《太平村的新支书》,《老区建设》1992年第6期。
④ 童开典:《学习领会"七一"讲话精神 占领思想宣传阵地》,《湖北社会科学》1991年第10期。
⑤ 郭志、蔡一润:《建立村民代表会议制度是农村改革的必然选择》,《人民代表报》1992年9月9日第3版。

新在1989年发表的《增强农民投资意识的思考》一文，该作者根据湖北长阳土家族自治县统计局1987年对该县10个村100个农户的收入和消费调查数据，说明增加农业投资的必要性和对策，指出增强农民投资意识的对策之一在于需要"建立村民理事会，帮助农民筹办婚丧事宜，继续提倡勤俭节约，注意投资发展生产"[①]。从该文可以看出湖北省部分县区的农村可能早在20世纪80年代末期就已建立村民理事会，不过这时的村民理事会仍然是类似于今天"红白理事会"的专项性自治组织。

从以上对早期关于村民理事会的学术研究成果和相关新闻报道案例来看，村民理事会应该在20世纪80年代末期就已经在我国农村部分地区零星出现，湖北省可能是全国最早产生村民理事会的省份，此后江西、河北、河南、安徽等地也零星产生了村民理事会。之所以说是"零星"出现，发展并不成熟，主要原因在于：第一，从村民理事会产生的地域来看，从80年代末期至90年代末期，全国只有中部地区以及河北地区等少数省份有村民理事会的相关报道，而且在这些已经建立村民理事会的地区也并非在省级层面有相关政策出台并在全省普遍推广，只有少数县区出台了县级层面的制度规范并在全县推广，而且推广力度不尽相同，扶持力度各有差异，实际发挥的作用也千差万别，有的地区空有村民理事会之名，真正实际发挥作用的村民理事会并不算多。对于全国大部分地区来说，村民理事会并未普遍建立，不过由于村民理事会适应了广大村民当家作主和协助政府与村"两委"开展工作的双重需要，具有较强的适应性和生命力，所以在全国渐有星火燎原之势。第二，从村民理事会建立的自治单元来看，早期的村民理事会几乎都是依托行政村建立，下沉到自然村、村民小组等微观单元的并不多见，而且有些村民理事会的成员也包含村"两委"干部，两者之间相互交叉任职的现象并不罕见，或者说此时的村民理事会仍然具有较为浓厚的村"两委"主导痕迹。第三，从村民理事会的性质与功能来看，其主要以民主理财、民主监督、红白喜事等专项性事务为主，涉及村级全面性综合性事务的村民理事会并不多见，实际上，此时的村民理事会与民主理财小组、村务监督委员会、红白理事会等自治组织之间并没有严格的界限。

---

① 范厚新：《增强农民投资意识的思考》，《中南财经大学学报》1989年第6期。

（二）局部地区试点和推广阶段（2006—2014年）

21世纪初期以后村民理事会在湖北、安徽、江西、福建、河南、黑龙江、吉林、广东、广西、四川、云南、贵州等地的广大农村地区得到进一步试点，并在地级市和县级层面获得推广以后，在这些省份的局部地区得到较快发展。

安徽省首次对村民理事会的法律地位进行了正式立法确认，在2013年8月6日安徽省人大常委会修订通过的《安徽省实施〈中华人民共和国村民委员会组织法〉办法》第25条中新增加了"支持各村民小组成立村民理事会"等相关条款。这是安徽省以地方立法的形式对"村民理事会"这种新型村民自治组织形态做出的鼓励性、引导性要求，其目的是通过立法的形式鼓励全省各地积极探索村民自治的有效载体，做实村民小组自治，支持村民理事会有序健康发展。[①] 安徽省从省级层面对村民理事会进行立法，这在当时全中国还是第一家，对安徽省乃至全国的村民小组自治和村民理事会建设都具有重大的推动作用。

此阶段借助全国农村社区建设和美好乡村建设的政策利好，在整合各种涉农项目和资金的基础上，不少地区主要以改善农村基础设施和农村环境整治为目的，以中心村或自然村为基本单元成立了村民理事会。由于有了涉农项目和资金支持，农村基础设施硬件建设也迎合了广大村民的需求，建立村民理事会得到地方政府和广大村民的支持，该阶段全国各地村民理事会的数量明显增加。不过此时很少见到从省级层面出台相关政策支持并在全省（市、自治区）范围内大规模试点和推广村民理事会，总体来说，在省级决策层面还是比较慎重，大多是以地级市或县为单位出台相关政策并推广。如前所述，即使在2013年安徽省人大常委会地方立法中写入了村民理事会，但是实际上整个地方立法过程并不是一帆风顺。笔者在对具体负责起草该项法规草案的相关工作人员进行访谈时得知，把村民理事会列入其中，当时在具体审议的过程中也有一些反对的声音，但是在他们的补充解释和力推之下，该项法规草案才最终获得通过。

以安徽省铜陵市为例，该市村民理事会的发展路径具有代表性，大致经

[①] 阚家安：《安徽省立法引导村民理事会发挥积极作用》，《中国民政》2013年第11期。

历了部分村自发试点—县级正式推广—市级正式推广的过程。铜陵市是在安徽省比较早建立村民理事会的地区，其中铜陵县①九榔、五峰等村在美好乡村建设中率先自发成立了村民理事会，然后得到铜陵县政府认可并出台了正式的文件，随后在全县范围内予以推广。铜陵县民政局、铜陵县美好办于2013年2月5日印发了《村民理事会组建工作指导意见的通知》，要求当年3月20日之前在全县23个美好乡村试点示范村普遍建立村民理事会。铜陵市民政局于当年2月18日向郊区、狮子山区民政局印发了《关于推广铜陵县组建村民理事会工作法的通知》，要求在全市33个美好乡村中心村（2014年实际建成32个）全部成立村民理事会。由于铜陵市属于皖江丘陵水网地带，地势相对平坦，但是人口密度不大，单个村民小组所辖人口相对较少，为了扩大公共设施的受益面和公共服务的覆盖范围，铜陵市在美好乡村建设中成立的村民理事会依托的基本自治单元为自然村或中心村，几乎没有以单个的村民小组为基本单元建立村民理事会。一般来说，行政村的驻地就是一个人口聚居相对集中、交通相对便利的中心村，中心村大多是历史上自发形成的自然村，全市在布局规划建设中心村时，基本上考虑以现有自然村为基础申报和开展美丽乡村建设。实际上中心村与自然村几乎处于重合状态或者说两者之间差别不大。当然了，也有近年来因为土地整治、村庄拆迁等行政干预原因在原址扩建或易地重建基础上成立的村民理事会。据当地政府统计，截至2014年年初，铜陵市32个美好乡村中的自然村或中心村已经组建了47个村民理事会，其中铜陵县24个、郊区21个、狮子山区2个。理事会成员共计261名，其中村民代表165名、德高望重的宗族前辈25名、社会能人30名、老村干部41名。在47名理事长中，党员有35人，占74.5%。②

（三）全国范围内试点和推广阶段（2014年至今）

从表3.5可以看出，2014—2018年中央"一号文件"都是涉农文件，其中涉及村民自治主题的几乎都是推行"以村民小组或自然村或农村社区为基

---

① 2016年1月安徽省铜陵市行政区划进行了调整，其中铜陵县改成义安区，狮子山区和铜官山区合并组成铜官区，枞阳县由安庆市划归铜陵市管辖，至此铜陵市下辖三区一县：铜官区、郊区、义安区、枞阳县。

② 腾讯微博：《铜陵的未来很美好：对话铜陵市委副书记、市长侯淅珉》，http://www.ahwang.cn/content/2014-03/13/content_1356064.html，2014年3月13日。

本单元的村民自治试点",中央推行村民自治试点政策借助的主要组织载体是村民理事会。2019—2022年中央"一号文件"中"三农"问题的主题和重心有所转变,从重点关注村民自治试点转向力推"党建＋三治融合""党建＋乡村治理""农村社区协商"等主题,不拘泥于强调自治的作用,同时注重发挥法治和德治的作用;不拘泥于强调村民作为主体在乡村治理的作用,同时强调多元主体参与乡村共治;不拘泥于强调村民理事会作为自治载体的作用,同时强调自治组织体系建设,发挥村民会议、村民代表会议、村民议事会、村民理事会、村民监事会、村级协商委员会、道德评议会、红白理事会等多种自治组织的协同共治作用,这表明此后我国推行村民自治视野更加开阔,制度设计更加全面,实际运行效果更有望得到提升。

表3.5　2014—2022年中央"一号文件"相关内容整理表

年份（年）	"一号文件"名称	村民自治相关政策话语精选	关注主题	基本单元	试点进度	关注载体
2014	《中共中央 国务院关于全面深化农村改革加快推进农业现代化的若干意见》	探索不同情况下村民自治的有效实现形式,农村社区建设试点单位和集体土地所有权在村民小组的地方,可开展以社区、村民小组为基本单元的村民自治试点。	村民自治	农村社区、村民小组	可以试点	村民理事会等
2015	《中共中央 国务院关于加大改革创新力度加快农业现代化建设的若干意见》	在有实际需要的地方,扩大以村民小组为基本单元的村民自治试点,继续搞好以社区为基本单元的村民自治试点,探索符合各地实际的村民自治有效实现形式。	村民自治	农村社区	继续搞好	村民理事会等
				村民小组	扩大试点	
2016	《中共中央 国务院关于落实发展新理念加快农业现代化实现全面小康目标的若干意见》	依法开展村民自治实践,探索村党组织领导的村民自治有效实现形式。深化农村社区建设试点工作,完善多元共治的农村社区治理结构。在有实际需要的地方开展以村民小组或自然村为基本单元的村民自治试点。	村民自治	农村社区	深入试点	村民理事会等
				村民小组或自然村	根据实际需要试点	

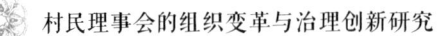

续表

年份 (年)	"一号文件" 名称	村民自治相关政策 话语精选	关注 主题	基本 单元	试点 进度	关注 载体
2017	《中共中央 国务院关于深入推进农业供给侧结构性改革加快培育农业农村发展新动能的若干意见》	完善村党组织领导的村民自治有效实现形式，加强村务监督委员会建设，健全务实管用的村务监督机制，开展以村民小组、自然村为基本单元的村民自治试点工作。深化农村社区建设试点。	村民自治	农村社区	深入试点	村民理事会、村务监督委员会等
				村民小组、自然村	开展试点	
2018	《中共中央 国务院关于实施乡村振兴战略的意见》	依托村民会议、村民代表会议、村民议事会、村民理事会、村民监事会等，形成民事民议、民事民办、民事民管的多层次基层协商格局。积极发挥新乡贤作用。推动乡村治理重心下移，尽可能把资源、服务、管理下放到基层。继续开展以村民小组或自然村为基本单元的村民自治试点工作。	村民自治；治理重心下移	村民小组或自然村	继续开展	村民会议、村民代表会议、村民议事会、村民理事会、村民监事会
2019	《中共中央 国务院关于坚持农业农村优先发展做好"三农"工作的若干意见》	建立健全党组织领导的自治、法治、德治相结合的领导体制和工作机制，发挥群众参与治理主体作用。加强自治组织规范化制度化建设，健全村级议事协商制度，推进村级事务公开，加强村级权力有效监督。指导农村普遍制定或修订村规民约。	党建+三治融合；村规民约	行政村	建立健全加强、推进	村级协商委员会、村务监督委员会、村民理事会、村规民约等
2020	《中共中央 国务院关于抓好"三农"领域重点工作确保如期实现全面小康的意见》	行政村是基本治理单元，要强化自我管理、自我服务、自我教育、自我监督，健全基层民主制度，完善村规民约，推进村民自治制度化、规范化、程序化。扎实开展自治、法治、德治相结合的乡村治理体系建设试点示范，推广乡村治理创新性典型案例经验。	乡村治理试点；党建+三治融合；村规民约	行政村、农村社区、村民小组、自然村	健全完善、扎实开展	村级协商委员会、村务监督委员会、村民理事会等

续表

年份（年）	"一号文件"名称	村民自治相关政策话语精选	关注主题	基本单元	试点进度	关注载体
2021	《中共中央 国务院关于全面推进乡村振兴加快农业农村现代化的意见》	加强党的农村基层组织建设和乡村治理。开展乡村治理试点示范创建工作。持续推进农村移风易俗，推广积分制、道德评议会、红白理事会等做法。	乡村治理试点；党建+乡村治理；移风易俗	行政村	加强开展、持续推进	道德评议会、红白理事会等
2022	《中共中央 国务院关于做好2022年全面推进乡村振兴重点工作的意见》	健全党组织领导的自治、法治、德治相结合的乡村治理体系，推行网格化管理、数字化赋能、精细化服务。推进村委会规范化建设。深化乡村治理体系建设试点示范。开展村级议事协商创新实验。	乡村治理试点；党建+乡村治理；村级协商	行政村	健全、推进、深化	村民委员会、村务监督委员会、村级协商委员会

2017年1月中共安徽省委办公厅、安徽省政府办公厅印发的《关于以村民小组或自然村为基本单元的村民自治试点实施方案》，进一步强调要加强村民小组或自然村党组织建设，充分发挥村民理事会在群众自治中的作用，将其内容整合为健全村民自治组织载体、明确村民理事会的协商功能、强化村民理事会的自治功能、加强村民理事会的组织能力建设等几个方面。

再以铜陵为例，截至2019年1月，铜陵市共有375个行政村，共布点规划中心村245个，已建成省级中心村140个、市级中心村155个、特色自然村8个，全市所有的中心村均成立了村民理事会，建立健全理事会章程等相关制度。[①] 从2014年成立初期的47个村民理事会，到2019年的245个村民理事会，实现了全市村民理事会全覆盖，正是在地方政府的大力推动和扶持下，村民理事会才能发展迅速。

2020年1月17日湖北省人大通过的《湖北省乡村振兴促进条例》第40条规定："依托村民会议、村民代表会议、村民议事会、村民理事会、村民监事会等，创新民事民提、民事民议、民事民办、民事民评的多层次基层议事

---

① 铜陵市美丽乡村办等：《幸福美丽新铜陵建设的"魅力板块"》，https：//www.sohu.com/a/287792271_120054959，2019年1月9日。

协商形式。"① 《湖北省乡村振兴促进条例》是国内首个乡村振兴法，此后山东、浙江、四川等省陆续推出各自版本的征求意见稿，并将陆续完成正式立法程序。由此可见，湖北省通过地方立法的方式把"村民理事会"界定为村民协商议事的重要形式，同样具有样本意义。

然而，也有学者总结了 2014—2019 年中央"一号文件"，指出以村民小组或自然村为基本单元的村民自治试点呈现出明显的阶段性特征：第一阶段主要以广东清远为代表，在"村民自治重心下移"背景下实行重新调整村民委员会规模的地方自主试点，但是这种模式由于基层自治组织调整幅度太大，地方财政难以负担，其他地方自治试点并没有因此效仿；第二阶段中央政策层面将广东清远的"以村民小组或自然村为基本单元分建村民委员会"转向"以村民小组或自然村为基本单元建立村民理事会等组织"试点，这种模式相对简便可行，因此其他地方自治试点效仿较多；第三阶段由于前期推动仍然存在诸多问题，中央政策层面由顶层推动设计转向政策反思和中断②，不过地方实际操作层面仍然没有停止继续推进"以村民小组或自然村为基本单元"的村民自治试点。

---

① 湖北省第十三届人民代表大会第三次会议主席团：《湖北省乡村振兴促进条例》，http://www.hubei.gov.cn/zwgk/hbyw/hbywqb/202001/t20200118_2005364.shtml，2020 年 1 月 18 日。

② 韩瑞波：《政策试点与村民自治的有效实现形式》，《理论与改革》2020 年第 3 期。

第四章 村民理事会的组织性质与组织类型

虽然村民委员会和村民理事会都属于村民自治性质的公共组织,但是与村民委员会相比,村民理事会在组织性质、组织结构和组织功能等方面都发生了重要的组织变革。组织变革是"公共组织为了适应组织内外环境的变化,通过对组织的结构、文化、战略、运作方式、人员等进行调整和完善的过程,使组织更具有适应环境变化的弹性,从而获得更加持久的生命力和竞争力"[①]。村民理事会作为基层性、群众性、内生性、自治性、自主性微观组织,扎根一线、紧依群众,集多重优势于一身,能够适应当前农村基层治理复杂形势的需要。农民的创造力是无穷的,村民理事会作为农民自我创造的,具有很大弹性、韧性和适应性的微自治组织,在现实生活中已经演化成多种组织类型,能够灵活应对当前农村基层治理的各种困难和挑战。

一 村民理事会的组织性质

《中华人民共和国村民委员会组织法》把村民委员会界定为村民自我管理、自我教育、自我服务并实行民主选举、民主决策、民主管理、民主监督的基层群众性自治组织。从组织性质来看,村民理事会完全具备基层群众性自治组织的一般特征,但是又具有自身特征。村民理事会的自治层级从行政村下沉到村民小组、自然村、农村社区,体现了单元"微"自治性;村民理事会由村民自主推选产生并实行民主管理方式,真正体现民主选举精神和全过程民主理念,因此村民理事会的群众基础更好,社会信任度更高;村民理事会既上联村"两委",又下联每家每户,更接地气和善于沟通关系;村民理事会内部可以避免长官意志的影响,决策和管理更多体现协商元素;村

[①] 叶先宝:《公共组织行为学》,清华大学出版社2014年版,第393页。

民理事会的服务距离更近和服务效率更高,自我服务更多体现就近、快速、高效的特点;村民理事会既有成员内部的相互监督,又有身边群众的外部监督,监督更具有可及性和有效性。然而,也有学者认为村民理事会从组织性质来看,既是经过民主推选程序产生的自治组织,又是一个在党委和政府主导下具有较强行政功能对村"两委"具有较大依附性的组织[①],它兼具自治与行政的双重属性,与村民委员会相比,村民理事会的自治属性大于行政属性。

(一) 单元微自治组织

村民理事会作为新型基层群众自治载体,在村"两委"的领导和指导下,以村民小组、自然村、农村社区为基本自治单元,村民自主推选出有能力、有威望且有影响力、组织力、领导力、带动力的党员干部、农民代表、致富能手以及老党员、老干部、老模范、老教师、老军人等群众代表,在宣传国家政策、组织基层群众、管理集体资金、实施村庄项目、化解邻里矛盾等方面发挥自主效用。

村民理事会这一新型自治组织具有单元微自治组织的典型特征。单元微自治组织是在微自治理论指导下,结合"微"形式,整合"自治"内容,运用"微"手段,达到"自治"目的,体现了基层群众自治模式的创新。其"微"体现了村庄自治范围的不断下移,体现了村庄自治方式的不断细化,表明了村庄自治内容更加具体,主要体现在村民理事会中的自治主体更加"微"、村民理事会承担的自治内容更加"微"、村民理事会依托的自治机制更加"微"、村民理事会下的自治效果更加"微"等方面。

首先,村民理事会中的自治主体更加"微"。村民理事会改变了过去由村"两委"为最小自治单元的自治形式,村"两委"治理半径过大,难以深入基层、深入群众,管理的事务也做不到更细致和具体,对有些村民真实担心、真实忧虑的事情不能及时、有效地排忧解难,而村民理事会开始以村民小组、自然村、农村社区为基本自治单元,自治单位更小主要体现在单个自治单元里人员更少、管理的事务更细、自治单元更加贴近群众,将整个自治机制下

---

① 周仁标:《村民理事会的功能、性质与发展趋向——基于对安徽省全椒县的调查》,《行政与法》2016 年第 7 期。

移，使基层自治越来越落实到村民自己身上，村民通过建机构、选理事，搭建村民"理事"平台，进而立章程、严程序，制定村民"理事"规范，从而抓自治、促发展，发挥村民"理事"作用①，最终真正实现村民高效的自我管理、自我服务、自我教育、自我监督。

其次，村民理事会承担的自治内容更加"微"。过去基层群众性自治组织的自治动能相对微弱，主要还是扮演着基层政府行政角色的一部分，为完成基层政府的任务、实现基层政府的业绩而被迫削弱自治功能。然而，通过村民小组、自然村等自治单元微型组织的运作管理，真正将村民理事会的自治功效发挥出来，使基层自治内容更加细化、具体化和专业化。它通过组织成立"微小组"以及成立村民志愿组织（如村庄红白理事会、新乡贤理事会等），来协助村"两委"组织群众、协商问题、管理资金、实施项目、化解矛盾。如全椒县 H 村地处山清水秀的风景区，但存在街道房屋陈旧、乱搭乱建、脏乱差等问题，破坏了景区的对外形象，于是村民理事会与村民签订协议，对 H 村建筑按徽式风格进行改造，开展维修破旧道路、拆除露天厕所、废弃猪圈和鸡棚以及对涵沟进行护坡美化等工作，棘手问题与村民集体研究、共同决定，通过努力使景区更加美丽整洁。②村庄理事会下的自治内容和事务更加细化具体，符合单元微自治组织的实质特性。

再次，村民理事会依托的自治机制更加"微"。这里的"微"体现在自治机制上主要有小而精的意思。村庄的运行机制由过去的旧三级机制（村"两委"—村民小组—村民）到如今的新三级机制（村"两委"—村民小组或村民理事会—村民），村民理事会嵌入村民小组之中，村民小组长几乎都兼任村民理事会成员，有助于推动自治机制的下移和细化。如此一来，当村"两委"在农村基层治理上面临着人力、物力、财力的短缺和有效"抓手"缺乏的问题时，村民理事会的建立在很大程度上填补了在村民小组、自然村层次微观自治组织体系的空缺，村民理事会的集体协商议事机制有效解决了村民小组长唱"独角戏"的问题，同时村民理事会一般都有各自的运作章程和会议制度，在村务参与、资金管理、决策执行等方面一般都有较为详细的

---

① 毛鑫：《村务理事会，理好村民事》，《党的生活》2017 年第 8 期。
② 周仁标：《村民理事会的功能、性质与发展趋向——基于对安徽省全椒县的调查》，《行政与法》2016 年第 7 期。

规定，从而形成了较为细致严密的微自治机制。

最后，村民理事会下的自治效果更加"微"。毋庸置疑，从村民理事会的自治效果来看，村民理事会的出现与创新发展使得基层治理更加贴近基层群众生活，更加便于群众自治。过去一些需求难以实现，或者说难以高效和高质量实现，而现在有了村民理事会，村民的大小事务更大程度上可以自己决定、自我管理、自我教育、自我服务。村民理事会作为一个小而精的微型组织，更加接地气，也更加有人气，大到村庄整治（如环境治理）、村庄建设（如建桥、修路以及厕改等）和村庄治理（如邻里纠纷解决、村庄产业发展、村庄文化振兴等），小到村民文娱生活和精神需求的满足，均可通过村民理事会在自治的基础上实现。村民理事会从对村庄经济发展、政治开明、文化自信做出贡献到对村民精神生活丰裕、文化生活丰富、政治生活活跃做出贡献，实实在在地为民服务、替民分忧，提高了基层群众自治效果。

村民理事会作为单元微自治组织必然也具有单元微自治组织的优势和长处。李勇华、黄允强认为"村民理事会"的建立，迅速扭转了僵局，打开了工作局面。试点村的面貌焕然一新，取得了意想不到的巨大成效，形成了全国闻名的"赣州经验"。[①] 诸秋南、诸晓毅认为村民理事会是农民自治管理的组织和制度的创新，是社会主义新农村建设的有效载体，它实现了由"政府主办型"向"群众自发型"的转变。[②] 张艺、陈洪生认为村民理事会赢得了村名的信任并培育了农村制度信任，借用村民的认同感和归属感建立了互惠机制，同时村民理事会还提供了农民参与网络的平台，实现了农村民主管理。[③] 可见，诸多学者肯定了村民理事会作为单元微自治组织的功效。

总而言之，作为单元微自治组织的村民理事会主要有以下几点优势与创新发展之处。村民理事会是农村基层治理的有效载体，村民理事会的建立有助于村民提高自身参与基层公共事务治理的意识和能力，真正直接行使自我管理、自我服务、自我教育、自我监督的当家作主权利，增强建设美丽乡村

[①] 李勇华、黄允强：《"新农村建设理事会"：中国传统村治的成功借用与改造》，《学习与探索》2007年第3期。

[②] 诸秋南、诸晓毅：《村民理事会在建设社会主义新农村中的作用探讨》，《职业时空》2011年第5期。

[③] 张艺、陈洪生：《村民理事会：以社会资本理论为分析视角——以江西省幸福社区为例》，《甘肃行政学院学报》2008年第3期。

和美好家园的自信心和自豪感。对于基层党组织和基层政府来说,有利于优化农村基层组织设置,扩大党的基层组织和群众自治组织覆盖面,创新农村基层治理方式,促进农村政治清明、社会和谐和经济发展,实现政府管理和基层民主的有机结合。在农村公共事务和公益事业等问题上,村民理事会在基层党组织和基层政府的带领与主导下,顺应民意,带领农民群众、引导群众主动成为农村基层公共事务治理的行为主体、管理主体和监督主体,有效地解决农村发展所面临的问题,是"社会主义新农村建设的有效载体"和农村基层治理的有效组织形式。[1]

村民理事会是官民合作治理的有益纽带,村民理事会作为新型的农村基层自治组织,在政府与农民群众之间起着沟通联系的重要作用,它既上联政府,又下接群众,使党和政府的路线、方针、政策与农民群众的愿望、利益、要求形成有效互动,是"政府与农民群众沟通的有益桥梁和纽带"[2]。对于政府,它主要是传达农民群众的意志,更好地加强政府对农民群众意向的把握;对于农民,它有利于调动农民群众的积极性与参与性,同时它也是农民向政府表达自我意志的有益途径,从而推动社会主义美丽乡村建设和官民合作协同治理。

村民理事会也是信任危机治理的有效制度,村民理事会基层治理功能的有效发挥和治理能力的显著增强,促进了农村广大人民群众对它的信任和依赖。村民理事会通过组织群众积极参与生产发展、环境整治、治安管理、村务监督等工作,提高了村民理事会的威信和在村民心中的信任度。

村民理事会还是农民参与治理的有效途径。村民理事会是农民群众对农村自我发展和建设的制度依托,是完善农村基层自治组织的新型制度,是农民自我管理、自我监督的有效途径,进一步推动了农民民主管理和建设的发展。村民理事会是来自农民又服务农民的新型自治组织,其代表了农民群众的意志和愿景,充分调动了农民群众参与社会主义美丽乡村建设的积极性、主动性和创造性,是农民参与基层治理的有效途径和渠道。

村民理事会作为单元微自治组织的具体表现形式,借助单元微自治组织的机制优势和单元微自治组织的效率优势,在村民代表的影响和带动下,通

---

[1] 诸秋南、诸晓毅:《村民理事会在建设社会主义新农村中的作用探讨》,《职业时空》2011年第5期。

[2] 周波、陈昭玖:《探析新农村建设长效发展的一个有益载体——村民理事会》,《农业经济问题》2006年第11期。

过组织村民群众参与村庄治理，从而在村庄生产发展、村务管理、环境整治和社会治安综合治理以及其他大大小小的村庄事务方面发挥了重要作用。为中国乡村治理提供新的模型和未来发展模式，为中国乡村全民自治打下基础、提供土壤，为中国乡村建设的宏伟蓝图添上精彩的一笔。

（二）群众自主性组织

根据现行宪法和有关法律的规定，基层群众性自治组织是在城市和农村按居民居住地区设立的，由居民群众进行自我教育、自我管理、自我服务的组织，即城市居民委员会和农村村民委员会。基层群众性自治组织的成员由主任、副主任和委员若干人组成，由村（居）民选举产生。居民委员会和村民委员会根据需要设立人民调解、治安保卫、公共卫生等委员会，主要任务是办理本居住地区的公共事务和公益事业，调解民间纠纷，协助有关部门维护社会治安，开展精神文明建设，向政府反映居民群众的意见、建议和提出要求。由此可见，基层群众性自治组织，即城市居民委员会和农村村民委员会，涉及村（居）民自治的四个方面，分别为民主选举、民主决策、民主管理和民主监督。

群众自主性组织具有基层群众性自治组织的职能，又不完全等同于基层群众自治组织，它是在基层群众自治性组织的领导和管理之下产生的更微观层次的群众性、自主性的新型组织。这一组织同时具备了群众自我管理、自我教育、自我服务、自我监督的特点，从而也必然实现群众民主选举、民主决策、民主管理和民主监督的人民民主权利，并且在"全链条、全环节、全方位"真正贯彻体现了社会主义全过程民主的基本要求。

村民理事会的诸特点正是群众自主性组织的真实写照。村民理事会成员由群众自己选举出来，群众自己信得过，所以更能代表群众去宣传国家政策、组织基层群众、管理集体资金、实施村庄项目、化解邻里矛盾。村民理事会原则上由3—7名成员组成，设理事长1名、副理事长1—2名、理事若干，具体人数由各自然村结合实际确定，提倡村民小组长兼任村民理事会理事长。理事会成员由村"两委"提议、村民（代表）酝酿、村民（代表）大会选举产生。[①]安徽省铜陵市九榔村建立"党小组＋村民理事会"参与乡村治理的模式，

---

① 易恢节：《建立村民理事会，创新治理新模式——落实村民理事会制度的回龙圩样板》，《永州日报》2021年6月16日第007版。

在村民发生家庭矛盾和邻里矛盾时,党小组成员和村民理事会成员都可以参与到矛盾的调解中,改变了过去由村委会出面调解村民之间矛盾的方式,矛盾解决更加高效快捷。九榔村村民理事会成立以来,党员干部带头,热心的理事会成员参与,妥善地处理了许多村民纠纷,为乡村社会的安定团结做出了突出的贡献,也赢得了广大村民的一致认可。①

村民理事会通过民主选举组成后,在内部事务的决策方面也具有民主性特征。在处理农村事务的过程中,一般先由党小组经过充分考虑后提出建议,再交由村民理事会进行讨论,讨论结果由村民代表大会表决以后再执行,并通过村民理事会和监督机构进行监督。这样一种经由村民理事会的决策流程,充分保证了决策的科学性和可行性,同时也体现了决策的民主性。在实施决策部署的同时,也通过多种程序来保障决策落到实处,保证了事务平稳有序的推进,同时在工作任务的分配方面相对合理,既保持了进展的相对迅速,也能收获更为明显的效果。②召开民主协商会议、决定村庄重要事项、开展各项公益服务,提高效率、反映民意,这种决策过程为村庄事务的开展、村庄管理工作的进行提供科学、民主的决策前提。

村民理事会内部事务管理更加民主。在基层群众自治的过程中,管理的民主更能体现人民民主。村民理事会通过党小组和村民小组,在老党员、老教师、退伍军人等德才兼备的乡贤的带领下,汇集村民群众的意见,在村庄的大事小事上充分征求村民群众的建议,从而切实实现人民群众自己管理自己,实现多数人管理多数人的民主化管理。例如,湖南省浏阳市大瑶镇杨花村实行在村党组织领导下的片区自治,积极发动片区村民对新坝主次渠道进行清淤疏通,解决了几年来村组之间互相扯皮的问题。此外,片区还发动村民筹资筹劳和动员社会组织出资对新坝及泉塘进行全面整修,以旧貌换新颜,保障了水源,提升了水质,得到片区村民的肯定。③民主管理使村民意见得到汇总、筛选、分类和提炼,使村民理事会的决策能够一针见血,行动能够一

---

① 陈悦:《村民理事会参与乡村治理研究——以铜陵市九榔村为例》,硕士学位论文,安徽农业大学,2020年。

② 陈悦:《村民理事会参与乡村治理研究——以铜陵市九榔村为例》,硕士学位论文,安徽农业大学,2020年。

③ 韩瑞波:《替代抑或协助:村民理事会运作的差异化分析——基于广东英德和湖南浏阳的案例比较》,《深圳社会科学》2021年第2期。

锤定音，减少出现村民意见不合、村民之间矛盾激化、村民与领导班子撕裂的现象。保证村民理事会中村民代表协同工作，保证各组织协同运转、高效运作，保证民意的上传下达、深度落实。

村民理事会中的民主监督职能也能更好地保障选举民主、决策民主和管理民主。民主监督是民主的保障，体现在村民理事会中就是通过事务公开、财务公开等透明化管理，确保群众了解村民理事会的运作现状，知悉村庄具体事务的发展态势，把握村庄集体资金的运转与流向，使基层群众能够放心、安心、顺心，真正敢于将村庄大事小事交由村民理事会来处理，将信任和依赖交到村民理事会手中。诸如浙江省宁波市海曙区高桥镇民乐村在组建村民理事会的过程中，考虑村级各个组织的有效整合，在成员的安排中还把村级财务监督小组、村级工程建设招投标小组等的成员吸收进来，以发挥他们在村级财务和工程建设上的监督作用。[①] 这样一来，基层群众可以对村庄的财务和事务进行监督，减少出现信息不对称问题，减少村庄村民代表的不作为、乱作为现象。通过"能人理事、贤人监事"，村民理事会真正健康、长久发展，真正强化基层群众自治。

由此可见，村民理事会作为群众自主性组织，在基层群众自治组织的配合和引导下，承担村"两委"的智库作用，真正做到集民智、汇民意，实现村民选举民主、决策民主、管理民主、监督民主，从而切实实现人民民主权利，更好保障村民自治的实现。

（三）议事协商性组织

村民理事会作为我国基层民主的微自治组织，是在村民委员会的指导下，由党员干部、农民代表、致富能手以及"五老"组成的以宣传政策、组织群众、协商议事、管理资金、实施项目、化解矛盾为主要目的，通过平等对话协商实行自我管理、自我服务、自我教育、自我监督的基层治理机制。议事协商的关键在于"发现问题、讨论问题并解决问题"，议事协商不仅是村民理事会致力于实现的主要目的之一，同样也是基层协商民主的重要渠道与途径。村民理事会作为乡村基层自治的重要"共治载体"之一，为农村村民搭建了可供多方参与、沟通协调、平等协商的机制平台，使"群众的事情由群众商量"能够有组织依托、有程序遵循、有制度保障。

[①] 张逸龙、钱健：《民乐村民理事会"理"出民主自治样板村》，《宁波通讯》2018年第13期。

议事协商性是村民理事会的组织性质之一，也是协商民主与农村基层民主相结合的最直观体现。协商民主突出体现在基层自治领域自由、民主、平等的协商理念，农村基层民主突出包容性、平等性与协商性特征，协商民主与我国农村的基层民主所倡导的价值理念相一致。首先，在行动条件方面，二者都强调参与者地位与权利的平等。平等是协商的前提与基础，只有参与主体不唯身份背景、政治地位、权利附加等条件论，尊重农村基础协商过程中各主体参与机会的平等，也尊重协商过程中各主体平等发表意见与交换意见的权利，才会扩大农民的有效参与。村民理事会作为基层协商民主的重要表现形式，协商过程中的参与者都是平等且自由的，有利于切实提升广大村民参与农村微治理的意识和能力，真正直接进行自我管理、自我服务、自我教育、自我监督。其次，在行动过程方面，二者都认同只有全体成员或成员代表共同议事、讨论形成共识才能使决策更具合法性。在农村基层民主视角下，协商的过程正是民主实践的直接体现。村民理事会以村民需求为导向，通过召开村民理事会议，对本村的村务管理、项目实施、政策研究等村民关心的问题进行讨论，实现"村民事，村民议"，达成村级议事协商共识。村民理事会由村集体中有影响力、带动力的老干部、老党员等组成，这些人员的工作能力较强，与村民之间熟悉程度与信任程度高，产生的凝聚效果更好。通过村民理事会的"牵线搭桥"，村民的协商过程更加规范，协商形式更为丰富，协商成果更具合法性。最后，在行动目标方面，二者都以实现公共利益的最大化为目标。协商民主是村民共同商议处理乡村公共事务，实现群体利益的集体行动，农村基层民主的核心是使农村达成平等、稳定、互助的有效合作机制。在农村基层民主的治理过程中，在村民集体中建立起共享的行为准则与信任互惠机制尤为重要。村民理事会由固定的村民集体构成，以处理乡村公共事务为主要任务，为寻求微自治单元群体利益最大化进行集体行动。协商民主的形式与我国民主集中制的组织原则相符，在国家的政治组织和政治生活中，凡是符合群众多元参与和利益多元互动的场景，都应积极推动实行协商民主，让群众参与讨论、协商，使协商真正能够成为使中国特色民主政治获得充分合理化与现实性的内在机制与政治资源。[①] 民主集中制强调民主

[①] 林尚立：《协商政治：中国特色民主政治的基本形态》，《毛泽东邓小平理论研究》2007年第9期。

基础上的集中、集中指导下的民主，就村民理事会议事协商性的组织性质而言，是多元参与和民主协商相统一的体现。村民理事会作为村庄内部自发形成的产物，均衡了组织主导与群众主体之间的关系，一方面它给予多元主体平等机会参与村级的公共事务管理；另一方面它拓展了村民进行民主协商的渠道与方式。村民理事会作为农村基层协商的一种民主形式与治理机制，贯彻了民主集中制的组织原则，构建了更加开放、灵活、平等、自由的新型乡村治理结构与结构。

中共中央、国务院在关于《乡村振兴战略规划（2018—2022年）》中指出："深化村民自治实践。加强农村群众性自治组织建设。完善农村民主选举、民主协商、民主决策、民主管理、民主监督制度。"村民理事会是在村庄这一微自治单元中通过自由平等的对话、协商、审议等方式，建立起的多方参与、形式多样、内容完备的特定平台。具体说来，可以从以下几方面理解。（1）从协商的主体来看，议事的代表需要具有广泛性与平等性。协商民主以多方主体的参与和协商作为决策的基础，提倡多元化的平等互动。在一个自治共同体之中，各行动主体为了实现利益最大化而组织起来，通过集体行动进行自主治理。每一个主体的地位平等，且享有平等地追求利益的权利，如此才能实现决策的合法化。基层协商治理由过去的单一行政管理，逐渐转向乡镇行政组织、基层自治组织、广大村民三方共同参与治理的格局，协商主体的范围不断扩大，涵盖的角色愈加丰富，参与主体的平等地位不断得到维护。江苏省泗阳县积极推行村级议事协商制度，通过"小村说事日"和"小板凳议事会"平台，促进乡村不同主体之间的沟通协商，从而有序、合理地表达主体的不同意见以及个人诉求。[①] 村民理事会的构成主体中，以有影响力、号召力的老干部、老模范、老教师等"五老"为主，代表着乡镇的伦理权威，具有广泛的民意基础，弥补了村民的信任不足问题，大大降低了集体行动的成本，保障了微自治集体的利益。（2）从协商的形式来看，村民理事会注重议事形式的规范性与多样性。规范的议事协商形式是基层民主得以顺利开展的前提条件，协商民主依托村民理事会形成民事民意、民事民办、民事民管的多层次基层协商格局。从村民理事会的人员组成与产生程序上看，村民理事会的人员由全体村民或部分村民代表通过规范的程序选举产生，是

---

① 张耀西、庄耀中：《江苏泗阳有个"小村说事日"》，http://www.dxscg.com.cn/xczx/201912/t20191224_6452816.shtml，2019年12月24日。

民意汇聚的基础。从其职能与运作而言，村民理事会有其固定的职责要求，具体可归纳为宣传政策、组织群众、协商议事、管理资金、实施项目、化解矛盾等。理事会内部设立专门处理各类事务的小组，通过大事"一事一议"的方法，一事一议论，一事一解决。理事会协商的议题需要广泛听取群众的意见，并严格规定议题讨论、答复、审查的时间。同时，在协商过程中，需要有专人或专门的机构对过程与结果进行监督，遵循协商原则的一致性。鞠俊俊、邓谨以陕西省镇安县聂家沟村"回汉村民议事会"为例，将"回汉村民议事会"划分为村民小组议事会和村级党员议事会，二者针对不同的村民群体处理不同范围内的公共事务，从而改进基层工作方法，缓解干群关系。[1]
（3）从协商的环境来看，协商环境具有民主性与先进性。基层民主的议事协商环境可分为内部环境与外部环境，内部环境侧重于集体的制度设计，外部环境强调集体所处的社会关系网络。就内部环境而言，协商民主是实现党的领导的重要方式，任何一种形式的民主要想切实发挥效能，必须用规范的程序与规则保持其稳定性。村民理事会的内部环境的建设首先要加强农村党组织的领导，将协商治理与行政式治理有效结合；其次，进一步明晰理事会与乡村各主体之间的合作与分工关系，理顺村民委员会、村民理事会、村民三者之间的关系；最后，推进理事会的制度创新，在改革探索的过程中不断发现问题、改进问题、解决问题，为村民理事会创造更为民主与先进的制度环境。就外部环境而言，费孝通认为："中国社会是乡土性的，人民被束缚在土地上，地方性的限制所导致的'熟悉'成为乡土社会的重要特征。"村民理事会的运作便是处在"熟人社会"之中，通过"熟人"的优势，发挥"熟人社会"的凝聚力量、道德力量、约束力量，为农村基层民主提供良好的外部环境。李勇华以新农村建设"赣州经验"为例，认为赣州作为一个具有浓厚中国乡土传统的地区，赣州村庄的历史文化传统为村民理事会的成果提供了环境条件。[2]

除此以外，以"民主选举、民主决策、民主管理、民主监督"为自治形式的基层协商民主也在不同程度、不同方面体现了村民理事会的议事协商性质。第一，民主选举中的协商。村民理事会的成员多由党员与村民代表民主

---

[1] 鞠俊俊、邓谨：《积极探索乡村协商民主实践——以陕西省镇安县聂家沟村"回汉村民议事会"为例》，《中国经贸导刊》2016年第14期。
[2] 李勇华：《新农村建设理事会：我国村庄治理的制度创新——新农村建设"赣州经验"解析》，《探索》2007年第2期。

推荐和选举产生,作为村级自治单元的常设组织,其人员构成具有相对稳定性。相较于村民代表大会代表的广泛性,理事会的人员组成侧重于"五老"人员,其影响程度与号召力较强,且人数少,易于组织与管理。第二,民主决策中的协商。我国乡村自治组织议事过程中大多采取"一事一议",凡与本村发展利益相关或村民十分关心的问题,先由村民提出,再由村民理事会通过会议进行充分协商、讨论后,达成意见共识,再上报村委会决策,从而增强决策的合法性。第三,民主管理中的协商。管理式协商与决策式协商相较而言,前者更强调村民对待不同意见的整合与沟通,从而促进公权力的行使。村民理事会通过培育参与主体的协商意识,健全村民理事会程序与组织建设,使得村民、自治组织、村委会实现良好互动,推进村民平等地参与公共事务的管理。第四,民主监督中的协商。针对乡村事务功能软弱化、服务群众空洞化等实际问题,在乡村自治过程中,对村级事务、乡村干部进行自我监督有利于营造风清气正的氛围,同时,理事会的自我监督推进了村民监督意识的重塑。

村民理事会是议事协商性组织,开展协商议事是其主要职能之一,主要体现在对自治单元财务开支、公益建设、产业发展等进行民主协商;对公共事务管理、公共矛盾解决、公共设施建设提出意见建议;向村级党组织或村委会反映村民利益诉求和公益要求;对村级党组织和村委会管理的重大事项进行民主监督。从表4.1可以看出,2018年安徽省6个村民自治试点单位开展了多次的协商议事,参与协商的主体较多,协商议事主题涉及广泛,村组两级都进行了协商议事。例如,肥东县一心社区要求在所有自治片区开展的"三重一大"事项,均需由该片区理事会成员参与审议。2018年该社区修缮办公场所,所在地的理事会全程参与、认真监督,既保证了工程质量和进度,又节约了资金。桐城市汪庄村民小组对评定低保户等涉及群众切身利益的事项,规定由村民小组理事会组织召开户代表会议决定,保障了村民的参与权、知情权、决策权和监督权。

表 4.1　2018 年安徽省 6 个村民自治试点单位协商议事统计表

(单位:次)

试点单位	全椒县大季村	黟县卢村	淮南市大郢村	肥东县一心社区	桐城市汪庄村民小组	宣城市胡家涝自然村
协商议题	58	10	10	127	12	3

续表

试点单位	全椒县大季村	黟县卢村	淮南市大郢村	肥东县一心社区	桐城市汪庄村民小组	宣城市胡家涝自然村
召开议事会	58	4	6	72	12	12
参与村级协商	16	6	6	103	6	7
组务公开	55	12	6	6	12	6

(四) 上下沟通性组织

村民理事会是连接基层政府、村"两委"与农村群众关系的纽带，一方面将村民的需求与意见向上传达；另一方面可以推动上级政府政策的贯彻落实，是政府向农村提供公共服务可借用的另一只手。①

从理论上来说，村"两委"是行政村一级村民自治的核心，负责组织农村社区建设，制定本村经济发展规划等，村民委员会是村民实施自我管理、自我服务的自治组织。但在实际操作上，村"两委"同时也兼具国家行政管理的职能，需要将政府工作推行到村落。因此，村"两委"事实上具有了准行政身份，并且在工作中，自治性渐渐让步于行政性，自治的有效性受到了很大的限制。另外，由于村"两委"成员数量有限，而村内事务繁杂，在处理村务时，最大的一个问题就在于如何协调各方的利益差别，尤其是个人利益与集体利益的冲突，村民的利益诉求既有个人与小家庭的私人利益，也包括村集体利益，即便是共同利益，也存在需求差异，在各式各样的利益诉求下，村"两委"干部不论是精力还是体力上总是面临着心有余而力不足的窘境，难以面面俱到。在乡村治理中，村民是乡村的主人，他们不仅生活在其中，更是乡村建设的参与者，乡村治理只有紧紧依靠村民，尊重他们的意见与需求，才能实现乡村振兴，建设美丽乡村。村民们如果没有一个良好的、畅通的向上沟通渠道，乡村治理就是在纸上谈兵，空洞且脱离实际。

从成员身份上看，村民理事会成员来自普通村民，他们是共同体的代表，他们与村民们的关系更为紧密、联系更加密切，对村民的利益诉求更为了解，对于村民来说，村民理事会是"自己人"，是值得信任的组织，并且在一定程度上代表着"公"，跟"上面"说得上话；从组织地位上看，村民理事会不

---

① 祝德：《农村非政府组织公共性释放路径探究》，《湖北社会科学》2008年第4期。

是村"两委"的下属机构，与基层政府更不构成上下级关系，是独立的民间组织，对村"两委"与基层政府来说，村民理事会代表着村民的利益和立场，与他们有着共同的目标——推动乡村建设发展，因而也是值得信赖的合作伙伴。魏程琳认为，对于村民来说村民理事会是一个"小公"的单位，代表的是全局的利益，对因为私利而影响全局发展的村民，村民理事会会采取规训等方式使其配合，而对于村"两委"与基层政府来说，村民理事会是一个"大私"的单位，会为全体村民争取利益。[①] 因此，村民理事会是将基层政府、村"两委"与原子化的农民连接在一起的纽带，面对差异化的利益诉求与各种意见，村民理事会将其整合后反映到政府机关中，能更有效地解决村民关切的问题。此外，村民理事会还能够配合村"两委"在村子中宣传党和政府的方针政策，政府文件对于多数文化程度不高的村民来说往往晦涩难懂，由于对政策理解不透彻、不到位，新政策的推行会面临很大的阻力，村民理事会成员基本上由老教师、老党员、老干部等组成，他们对政策的理解比多数村民要更深入，能够用通俗易懂的语言带领村民们解读国家政策，可以起到更好的效果，有利于解决政策实施的"最后一公里"难题。在政策实施过程中，会产生新的问题、新的诉求，村民理事会可以及时将这些声音反馈到政府部门，通过不断调整政策实现政府与村民的良性互动。

江西省崇仁县马鞍镇汤溪村有着丰富的地下温泉储水量，为开发汤溪温泉作为当地特色旅游项目，就需要征用汤溪村的土地，汤溪村征地理事会的成立使得崇仁县国土资源局的征地工作开展得更为顺利。在成立征地理事会之前，征地工作组成员已经召开了村民大会，在会上作现场宣讲，解答相关问题，并在会后将解答的问题印成小册子供村民学习，但是由于当地村民第一次接触征地工作，且有大量在外务工人员无法参加村民大会，难以理解征地政策的具体情况，再加上邻里矛盾和家族派系之间的矛盾，工作组成员分身乏术，征地工作一时难以展开。在此情况下，工作组再次召开村民大会，决定由联合户主大会代理讨论相关的问题以及签订有关合同，这样就解决了在外务工人员回家难的问题。联合户主大会在多次讨论后，决议成立汤溪温泉开发村小组理事会，由村民推举产生。理事会成立后，理事会成员

[①] 魏程琳：《集体行动困境突围：新农村建设中的理事会——基于赣南 C 村个案调查》，《中共宁波市委党校学报》2012 年第 6 期。

第四章　村民理事会的组织性质与组织类型

就核定土地面积、清算地面附着物等征地问题积极与村民商讨，解答村民困惑的土地征收相关问题，调解村民利益矛盾，提出解决方案，与国土局工作组对接，解决了退耕还林、宅基地纠纷等众多棘手的问题，征地工作最终顺利展开。[①]

村民理事会在监督村"两委"工作以及协调干群关系方面也发挥着积极作用。村"两委"成员在村子中是特殊群体，他们既是村子中的一员，也是村庄的"掌权者"，他们生活在村中，权力运行在村中，人际交往关系也基本在村中，尤其是复杂的宗族关系，在处理村务时，很容易产生贪污腐败、假公济私的问题，即使村干部是秉公办事的，但在涉及利益分配的事情上一旦无法达到部分村民的期望，也可能会引起村民的猜疑，认为其行为徇私舞弊，会直接影响到政府在群众心里的形象，降低政府公信力，恶化干群关系。

村民理事会通过参加或旁听村"两委"会议、审查财务等方式，与村"两委"有着直接的工作接触，相对于普通群众而言，更能发现村"两委"在工作中可能存在的诸如贪腐、不作为、乱作为等问题，便于及时纠偏矫正，同时对村干部的行为也能起到警示作用，促使村干部依法依规用权，防止不当行为的发生。村"两委"在把村务委托交由村民理事会代理协商调解后，也能从复杂的利益关系中脱出身来，以更加客观公正的态度做出决策，让村民有充分的知情权、管理权，切身感受到自己参与到了村务管理中，从而更加信任村"两委"，愿意支持配合村干部的各项工作。

在村民自治过程中，另一个导致村民不愿与村委会沟通、不信任村干部的原因是其对公权力的抵触。如上指出，我国的村委会虽然是由村民选举产生的自治性组织，不属于行政单位，但在实际工作中，行政性已经超越了自治性，赵晓峰就认为村民委员会的合法性实际上来自上级政府的授权，而非村民的选举[②]，在过去由村干部与村民直接对话沟通的模式中，不仅村民们将村民委员会看作国家权力机关，就连某些村干部也这样认为，在面对村民时趾高气扬，不愿放下身段，脱离群众，导致干群关系不断疏远，甚至处于对立状态。另外，在乡村建设过程中，难免有许多类似于拆迁安置、改厕修路

[①] 周盛明、袁小勇：《村民理事会让征地更和谐》，《中国国土资源报》2012年8月27日第011版。
[②] 赵晓峰：《农村宗族研究：亟待实现范式转换——基于赣州、岳平两地农村社区发展理事会建设实践的分析》，《甘肃行政学院学报》2012年第1期。

等涉及村民利益与资源分配的事,由于村民将村民委员会看作国家权力机关,在利益诉求上会有占公家便宜的心理,提出一些过高甚至过分的要求,在结果不如意时,就拒绝配合工作,村民委员会与村民的沟通工作也会陷入僵局。此时,村民理事会作为一个中介,能够有效调解双方之间的矛盾。村民理事会是一个公私结合体①,在面向村民时,能弱化政府强权的形象以及村民抵触的心理,让村民相信理事会是站在自己这边的,可以为自己争取到最大的利益,在处理复杂问题时,村民理事会可以做好前期的调解工作,避免村干部与村民因为一些繁枝细节的事产生矛盾,以免直接影响到后期工作的进展。当干群矛盾发生时,村民理事会还可以充当"调解员"的角色,使双方可以心平气和地站在彼此的角度考虑,化解干群矛盾。

(五)自我服务性组织

村民理事会是村民自治组织,村民自治最主要的任务之一就是实现自我服务。虽然政府每年都有专项的为民服务资金,但要满足村民多样化的偏好和日益增长的物质文化需求,仅靠单一主体是远远不够的,应若平指出,农村公共服务运行机制的构成主体应当实现从以政府为核心到以农民为核心的转变。② 自我服务是农民借助集体的力量,通过整合内部资源来实现个体无法实现的事业。赵晓斌认为农村自我服务机制是社会化服务体系的重要补充,是农民成立自己的组织,并以为农户服务为宗旨。③ 自我服务的实现能够带来乡村建设的良性循环,不仅能够提高村民的主体意识,培养集体精神与利他精神,还可以完善乡村的需求整合机制,调动村民自我管理的积极性与创造性,增强乡村发展的内生动力。村民自我服务需要借助组织的力量,村民理事会就是一种协助村民实现自我服务的组织。

村民理事会能够调解身边的矛盾,促进乡村和谐发展。乡村建设需要和谐友善的人文环境,村民们长期生活在一起,彼此常有摩擦纠纷,甚至可能积怨已久,虽然这些纠纷往往是一些"鸡毛蒜皮"的小事,但如果放任不管、不及时化解,就可能发展成大问题。村民委员会是依托行政村而建立的组织载体和村民自治组织,通常情况下,我国行政村是联合多个自然村组成的,

---

① 赵晓斌:《建立长效运行机制、完善合作经济组织》,《中国合作经济》2004年第8期。
② 应若平:《农村公共服务变革:从政府选择到农民选择》,《农业现代化研究》2006年第1期。
③ 赵晓斌:《建立长效运行机制、完善合作经济组织》,《中国合作经济》2004年第8期。

例如湖北省秭归县，在经过"合村并组"之后，行政村的数量不及原来的一半，每个行政村的管辖范围是原来的3—4倍，村干部的数量却没有因此增加。与经过长时间的历史积淀在一定的自然环境中聚居形成的自然村不同，行政村是一个典型的"半熟人社会"，村干部对各家各户的情况并不都十分熟悉。然而在处理村民矛盾纠纷时，最关键的一点就是梳理矛盾的源头，村干部在不了解矛盾原因的情况下，很难有效化解双方的矛盾，还可能进一步激化矛盾。此外，在相关政策要求下，村干部队伍越来越年轻化，还有一些是外地选拔来的大学生，除了对村民情况不熟悉外，还不能完全把握乡村的习俗和村民的心理，也缺乏相应的调解经验，这都加大了村干部调解村民纠纷的难度。

我国的自然村是典型的熟人社会，在熟人社会中，追根溯源、长幼尊卑的宗族文化，长期共同生活所形成的认同感与凝聚力，约定俗成的道德标准与礼仪秩序等，都散发出了一种内生力量，这种内生力量既有精神上的，也包括物质利益方面的，不仅使村民团结起来建设自己的家园，也对村民形成了强大的内在约束力。村民理事会就是在这种熟人社会中由村民选举产生的自治单元，村民们选举的是自己熟悉信任的人，选举出的代表也对村民非常熟悉。在调解村民矛盾时，村民理事会凭借着对问题根源的深入了解，在中立的立场上分阶段地对矛盾双方晓之以理，动之以情，再加上熟人社会中讲究的人情面子，以及理事会成员的威望和积累的交往经验，使一些村干部无法化解的矛盾都能得到解决。如果矛盾仍无法化解，村民理事会还可以动用矛盾当事人的亲戚朋友等人际关系，在熟人的劝导或指责下，在无形中形成群体压力，矛盾当事人不得不做出一点让步，促使矛盾解决。

以安徽省凤台县钱庙村村民理事会调解村民离婚事件为例。钱庙村村民钱某在父母的要求下与本地人张某成婚，但钱某在婚后却仍然与婚前交往的女孩来往，有越轨行为，家庭矛盾由此产生。张某与钱某母亲都找到村民理事会，希望由他们出面调解，双方各执一词，相互抱怨。理事会在结合事件具体情况进行分析后，拟定了解决方案：首先由理事会成员出面，联络张某娘家所在的村委会，使双方都能心平气和地接受调解；理事会委托钱家长辈对钱某及其父母做思想工作，要求他们对张某正式道歉；理事会布置专门的房屋作为调解场地，使当事人感受到被重视；理事会对每次的调解情况进行集体讨论，总结经验教训，并对会议内容进行记录和存档；给予双方自由讨论时间。最终，钱某父母代替钱某道歉，对张某的金钱物质方面的赔偿双方均无异议，双方签订协议互不再找。[①] 在此案件中，村民理事会秉持公平公正和负责任的原则，遵守了传统的伦理道德，对矛盾做出了妥善的处理，避免了矛盾的进一步升级。

村民理事会在改善农村环境和基础设施建设上也发挥着积极作用。农村生活环境与基础设施建设是关乎农民根本福祉的事，是乡村振兴战略的基本要求，2018年中央"一号文件"就明确指出，乡村振兴，生态宜居是关键。农村生活环境的改善是实现生态宜居的有力抓手，也是建设美丽乡村的主要内容。[②] 农村基础设施建设是乡村振兴战略要求中产业兴旺的"先行资本"[③]，能够直接或间接地促进农村经济增长。

在改善农村环境与基础设施建设中，以往存在的问题是，想对乡村进行建设，但启动资金不足，农村社区建设不能光靠国家的财政补贴；有些项目因得不到部分村民的支持而被拖延，比如在村中安装路灯需要向村民筹钱，有些村民认为自己晚上很少出门，除非政府免费安装，否则没有必要；还有一些村民担心自己交到村中用于建设的钱款会被村干部私吞而不愿意参与其中。不论是改善农村环境还是基础设施建设，村民始终应当是主体，却因主体意识淡薄等原因成了局外人。有了村民理事会后，理事会就起到了组织村民参与自我改善、自我建设的功能，在集思广益、充分听取群众意见后，厘清轻重缓急，有计划、有组织地解决这些关乎民生的事。一方面，积极向上争取帮扶，在乡村建设中政府仍然是主导者，在统筹规划、资金支持、技术援助等方面向村民提供支持；另一方面，向下筹集资金，并采用普及环保知识、宣传建设效果、舆论引导、精神奖励等方式号召村民自发参与，在村民理事会的带动下，村民愈发有了自己当家作主的感受，愿意为改善家乡环境、建设基础设施贡献自己的力量，并在建设过程中主动参与监督，如此一来，不但能够提高建设质量，还有利于降低建设成本。

在湖北省秭归县某村村民理事会开展了卫生环境评比活动，每季度在村

---

① 吴树新：《农村社会组织发育及其作用研究——以安徽省凤台县钱庙社区理事会为例》，《中国发展》2013年第1期。
② 于法稳：《乡村振兴战略下农村人居环境整治》，《中国特色社会主义研究》2019年第2期。
③ 曾福生、蔡保忠：《农村基础设施是实现乡村振兴战略的基础》，《农业经济问题》2018年第7期。

内进行"五星级卫生户"评选,卫生不达标的农户会在门前贴上"差"字,在这样的竞争机制下,村民的积极性被带动了起来,得到五星的村民珍惜这项荣誉;被评为"差"的居民,在熟人社会面子观下也不好意思继续落后,自然就形成了自觉维护卫生的浓厚氛围。[①] 在湖南省岳阳市港口村,为将一向贫穷落后的小村子建成美丽卫生村落,村党支部书记发起成立村民理事会。理事会成立后的一项重要工作就是实施村庄安居改造工程,要拆除"空心房"、建设集中建房点就要有人力物力资源,村民理事会常常跑各个部门以争取国家危改资金,联络乡友乡贤以寻求资助,挨家挨户与村民沟通以实现自筹,最终筹集资金300多万元,筹集义工1200多名,安居改造工程如期完成,港口村成为新农村建设典范。[②]

村民理事会还推动乡村文化建设,倡导文明新风。乡村文化是中国人民在长期的生活实践中凝聚而成的,包括世代传承的宗族文化,相沿成习的道德伦理与价值观,还有一些家风祖训等,这些文化已经深植于农民的血液中。时至今日,乡村文化仍然发挥着重要作用,是乡村振兴战略的重要内容。正如梁漱溟先生所言,中国文化以乡村为本,以乡村为重,所以中国文化的根就是乡村。[③] 在以往的乡村建设中,乡村文化散发出了强大的内在动力,以一种非强制性的方式规范村民的思想与行为,将村民凝聚在一起,维持着乡村社会秩序。但是随着现代化的推进、市场经济的冲击以及乡村文化资源的匮乏,乡村文化建设碰到了困境,许多传统的乡村文化渐渐脱离了时代,农民对乡村文化丧失了自信,文化活动形式单一也使农民缺乏参与兴趣,乡村文化功能与价值的发挥受到极大限制。要重振乡村文化,必须发挥农民的主体作用,但农民本身参与文化建设的积极性并不高,这时村民理事会就起到了推动作用。

传统文化中总有精华与糟粕,对于优秀文化需要将其发扬光大,并不断赋予其新的时代内容,成为地方特色,村民理事会通过开展各种实践活动,让村民在文化活动过程中切身体会文化所传达出的意义价值,体会乡村文化的底蕴与温度,从而增强村民对乡村文化的认同感和自信心。对于糟粕的部

---

① 杜姣:《村治主体的缺位与再造——以湖北省秭归县村落理事会为例》,《中国农村观察》2017年第5期。
② 张小弓等:《村民理事会"理"出乡村新风貌》,《岳阳日报》2019年4月9日第001版。
③ 梁漱溟:《乡村建设运动》,山东人民出版社2005年版,第612页。

分，由于村民教育水平有限，往往不易被察觉，需要村民理事会通过各种宣传教育活动潜移默化地进行整改，自觉抵制不良文化的侵蚀，改变落后思想，提高文化素养，例如利用宣传板、文化墙等方式做好宣传工作。除此之外，还要丰富村民的精神世界，村民理事会可以完善村内的文化基础设施，建设图书阅览室、文化馆等，文化建设离不开文化设施与活动场所。例如湖南省永州市回龙圩管理区某村民理事会为文明村风建设开展了各种活动，创立道德讲堂、设立农家书屋、开设法律知识培训班等，文明村风蔚然成风。[①]

二 村民理事会的组织类型

由于我国各地经济发展水平、地理地貌、人口分布、民族状况、居住状况、交通条件、集体产权、资产收益、宗族家族势力、历史传统、心理认同、村民信任程度等不尽相同，不同地方村民自治有效实现形式可能各不相同，自然村、行政村、农村社区、跨村、网格都有可能成为村民自治有效实现的单元。村民理事会在实际发展和运作过程中已经衍生出了多种组织形态，本身就构成了多层次、多类型的村民自治实现形式体系，具有很大的包容性、灵活性和适应性，充满强大的活力，满足了全国各地不同地区乡村治理复杂性的需要，提高了韧性治理的能力。

（一）名实型理事会

根据村民理事会的形式名称和实质作用是否相同，村民理事会可以从内容和形式的角度，分为名义型理事会和实质型理事会，笔者姑且把它们统称为"名实型理事会"。中国哲学史上一直有"名实之辩"，主要指的是语言（名）和事实（实）的关系之争。有的事物虽然只是名义上的语言表达方式不同，无论怎么变换语言表达方式，这些语言所指代的事物其实都相同或者非常相近。当然了，语言表达方式发生变化，也并不完全是玩文字游戏和没有意义，这在一定程度上也灵活适应了不同地区、不同场合的实际需要。村民理事会有"新农村建设理事会""农民理事会""村务理事会""村民小组

[①] 易恢节：《建立村民理事会，创新治理新模式——落实村民理事会制度的回龙圩样板》，《永州日报》2021年6月16日第007版。

理事会""村落理事会""屯理事会""乡贤理事会""项目理事会""宗祠理事会"其他类似名称。从狭义上说，只有名称与"村民理事会"完全相同，才能称为名义型理事会，这种类型的理事会当然属于本书重点研究的对象；从更广义上说，无论语言名称是否精确为"村民理事会"，只要从实质和功能上与"村民理事会"完全相同或者接近，都属于实质意义上的新型农村群众性微自治组织，这也可以纳入本书研究的范围。

在全国不同的地方，村民理事会的叫法不尽相同，各具地方特色。例如，在广西河池自然村理事会叫作"屯级理事会""屯理事会""屯务理事会"。"屯"这个词据说来源于历史上的"军屯""兵屯"制度，古代广西地区属于边境地区，中央王朝为了加强边疆统治，一般会派军队戍守，而这些戍边士兵也需要解决个人婚姻和家庭问题，才能安心戍边。广西的屯主要就是古代戍边士兵与当地土著女性居民成婚后，经过长时间繁衍后代而形成的一种自然村落。屯有大小之分，户数从几户到几百户不等，人口从十几人到上千人不等。据说这种屯大多以同姓居民为主，世代居住，同宗同源，宗族认同感和内聚力较强，文化较为保守。由于宗族影响力较大，对内团结统一，易于采取共同的行动，但是对外较为排斥。屯级成立村民理事会，必须充分考虑宗族家族势力的影响，充分发挥它的积极作用，同时又要避免宗族家族势力的过度干预，以免村民自治制度在基层"走样"。此外，黑龙江省不少农村地区的自然村落也习惯称为屯，不过当地成立的理事会一般并不称为"屯级理事会""屯理事会""屯务理事会"，还是习惯地称为"某屯村民理事会"，其中的"村民理事会"名称仍然完整地被体现出来。①

村落特别是传统村落，一般指历史上自然形成的人口相对集中居住的聚落，在南方的农村传统村落更倾向于聚族而居。在湖北省秭归县、江西省赣州市的不少自然村理事会被称为村落理事会，这与当地的地形地貌、历史文化传统和人口分布状况有很大关系。秭归县地处湖北西部、赣州市地处江西南部，都是处在交通相对不便的山区，其间山林绵延起伏，河谷纵横交错，不似平原地区人口非常容易集中居住而且村庄规模较大，山区人口由于地区阻隔而形成"大分散，小聚居"的特点，一个行政村都是由若干呈现散布状的自然村落组成，因此这些地区大多以自然村落为基本单元

---

① 王大波：《村民理事会新农村建设挑大梁》，《哈尔滨日报》2006年6月30日第1版。

建立村落理事会。

（二）纵向型理事会

根据乡村行政区划和居住状况以及涉及的公共事务范围不同，村民理事会可以从行政区划和纵向的角度，分为乡镇级理事会、行政村级理事会、组（自然村、社区）级理事会，也就是说与乡镇、村、组相对应，分别建立三级理事会，笔者把它们统称为"纵向型理事会"。乡镇级理事会、行政村级理事会、组（自然村、社区）级理事会涉及的人员组成和公共事务范围有所不同。只有涉及全乡镇范围内的公共事务和较大影响力的事务，才由乡镇级理事会解决，如果只是在小范围内涉及部分人的"小事情"，就不需要通过乡镇级理事会解决，只要通过行政村级理事会或组级理事会就可以解决。建立三级理事会，实行分级治理，既可以吸纳更多的村民参与公共事务，又可以实现治理的精细化，提高基层治理的绩效。然而，三级理事会也面临着与乡镇人民代表大会、村民（代表）会议、户主会（户代表会议）等已有正式组织的关系协调和职能分工的问题。此外，当前村民自治总体趋势是划小自治单元，使自治下沉到村民小组、自然村、农村社区，而乡镇级理事会反而扩大自治单元，把自治层次提高到乡镇，虽然两者改革的思路貌似相反，但是不能简单地认为两者相互矛盾，只要符合当地实际的村民自治有效实现的形式，就是适宜的形式。不过从总体来看，虽然乡镇、行政村也可以成为自治的"单元"，但是不会成为"基本单元"，构成村民自治的基本单元只能是村民小组、自然村、农村社区，实践已经证明这些基本单元因为地域更相近、利益更相关、村民之间更信任、参与自治的频率更高、达成集体共识和采取集体行动的可能性和成功性更高，而更有利于村民自治的有效实现。

在全国不少地方行政村和村民小组等成立了两级理事会，实行"村级和组级自治并存的'两级自治'"[1]。广东云浮市建立了颇具特色的"组为基础，三级联动"的村民自治机制，"强化村民小组的功能，在组、村和乡镇三级建立理事会，发挥广大村民群众的主体作用，扩展群众参与公共事务管理的渠道"[2]。

---

[1] 邓大才等：《蕉岭创制："四权同步"的基层治理模式》，中国社会科学出版社2016年版，第225页。

[2] 徐勇、邓大才等：《中国农村村民自治有效实现形式研究》，中国社会科学出版社2015年版，第217页。

从广东云浮市的实施经验和效果来看，村民小组仍然是村民自治的基本单元，更加注重发挥村民参与乡镇、村级公共事务的积极性，有利于实现政府治理和社会自我调节、居民自治良性互动，为乡镇简政放权改革和乡镇更高层次自治提供了新的思路。

（三）交叉型理事会

以上的乡镇级理事会、行政村级理事会、组（自然村、社区）级理事会与行政区划之间存在一一对应的关系，而跨村组理事会、一村组多理事会就打破了传统的行政区划限制和一一对应的关系，形成一种复合式的交叉结构。跨村组理事会是指村民理事会不局限在同一个行政村、自然村和村民小组内，多个行政村、自然村、村民小组、农村社区联合成立村民理事会。如图 4.1 所示，交叉型理事会既有自然形成的因素，也有行政划分的因素，还有近年来拆迁移民等集中安置因素，村民小组与自然村的范围不存在固定的谁大谁小问题，都有可能形成包含的关系，而且村民小组与自然村都有可能形成分散居住或集中居住状态。此外，有的地方虽然依托集中安置的新型农村社区建立了村民理事会，但是原有的村民小组仍然存在和继续发挥作用，原村民小组居民有可能在新社区内集中居住在相同或相近的楼栋，也有可能散居在新社区内不同的楼栋。

现在很多乡村公共事务已经不再局限在单一的村组内部，依靠单一的村组力量已经无法解决面临的复杂问题。例如，跨村组修建农村道路，需要协调不同村组的路线和用地，统筹人员和资金使用，才能确保集体利益最大化。建立跨村组理事会，既可以减轻上级乡镇政府统筹协调的压力，又可以克服当前行政村过大的弊病，还可以避免因重新调整村民委员会引发新的动荡。一村组多理事会是指同一个行政村、自然村、村民小组内部，成立多个理事会。从理论上说，同一村组内由于地域更相近、利益更相关、人员更熟悉，只要按照行政区划成立一个村民理事会就可以了，为什么还要成立多个理事会呢？这是否意味着自然村、村民小组还是不适宜作为村民自治的基本单元，需要进一步划小自治单元呢？一个村组成立多个理事会，不少是由过去村庄合并遗留下来的问题造成的。通过行政命令合并的村庄，多年磨合仍未成功，内部利益协调仍然困难，在很多问题上难以达成共识和采取集体行动，只好分片成立多个理事会。还有些村组之所以成立多个理事会，是由土地产权纠纷、资源收益分享矛盾、家族宗族势力影响、居住地比较分散等原因造成的。一村组多理事会的组织形态，虽然在一定程度上迎合了当前农村复杂的社会治理需要，但是也带来多个理事会之间的利益协调问题。从长远来看，在同一个村组内部这些分宗族、分片、分散的理事会也有重新整合的可能性和必要性。

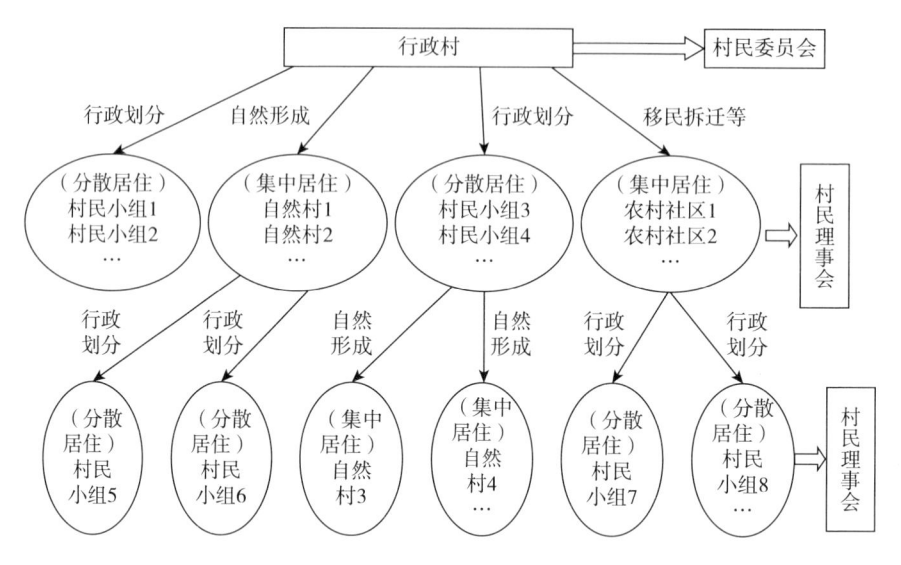

图 4.1 自治单元与交叉型理事会关系图

2017 年 5 月，中央组织部、中央农办、国家发改委、民政部、财政部、农业部六部委联合下文，批复确定全椒县石沛镇大季村作为安徽省唯一一个以村民小组或自然村为基本单元的村民自治试点单位（全国当时总共只有 24 个村民自治试点单位）。大季村按照"因地制宜、利益相关、群众自愿、规模适度"等原则，将全村 33 个村民小组划分为：9 个片（两个至三个村民小组）、1 个村民小组、1 个集中居住点（13 个村民小组拆迁后集中安置小区，属于农村集中居住社区，类似于城市商品房小区）作为基本自治单元，每个单元居住 30—80 户左右的居民，占地 1—2 平方公里的地域面积。该村 11 个村民理事会的组织形态非常丰富，集中体现了三种形态：既有一个村民小组对应一个理事会，也有跨两三个村民小组（仍然分散居住）对应一个理事会；既有分散居住的村民小组组成的理事会，也有集中居住的多个村民小组组成的理事会。由于遵循了因地制宜原则和村民的意愿，该三种村民理事会的组织形态奇妙地嵌入了同一个行政村之中，较好地适应了当前农村村民自治有效实现单元和组织载体的多样化需要。肥东县一心社区，将 19 个村民小组

（12个自然村）划分为6个片区，设立党总支1个、党支部3个，成立村民理事会6个，成员90名；淮南市大郢村，将11个村民小组混编为4个片区理事会，设立党总支1个、党支部4个，成立村民理事会4个，成员12名。然而，各村民小组无论是打破分散居住状态，还是形成新的集中居住状态，各个村民小组仍然实际掌握着各自集体经济收入、资产和资源，跨村组的村民理事会不具备支配权，导致不同村民小组之间实际整合困难和村民理事会作用的弱化。

从表4.2可以看出本次安徽省选取的6个村民自治试点单位，皖北、皖中、皖南各有分布，村情村况各不相同，包含山区、丘陵、平原3种地形，试点方式包含以自然村为基本单元试点、村民小组为基本单元试点、整村推进试点3种类型，既有传统行政村，也有新型农村社区，试点人口规模也有差别，整个试点内容丰富、类型多样、覆盖面广泛。6个试点单位大致根据"地域相近、利益相关、规模适度、群众自愿"原则，实际创新形成了以"自然村、村民小组和农村社区"为基本单元的三种试点类型以及同时嵌入同一行政村的试点模式，相应地形成了自然村理事会、村民小组理事会、农村社区理事会（有的地方把它们统称为片区村民理事会或者网格村民理事会）三种类型的村民理事会。

表4.2　安徽省6个村民自治试点单位的基本类型　（单位：个；人）

试点单位	全椒县大季村	宣城市胡家涝自然村	黟县卢村	肥东县一心社区	桐城市汪庄村民小组	淮南市大郢村
所处位置	皖中	皖南	皖南	皖中	皖中	皖北
地形	平原	丘陵、山区	山区	平原	平原	平原
试点基本单元	村民小组、自然村、农村社区	自然村	自然村	自然村	村民小组	自然村
试点范围	整村推进	单个自然村	单个自然村	整个社区推进	单个村民小组	整村推进
试点村民小组数量	33	3	4	19	1	11
组建村民理事会数量	11	1	1	6	1	4
村民理事会成员人数	55	5	5	90	9	12

地形地貌是影响自治单元划分和村民理事会类型的重要因素，例如全椒县地处皖中平原，人口居住相对集中，多以联村（多个自然村或村民小组）为基本单元建立村民理事会。湖北省秭归县的地形地貌以山区为主，人口居住比较分散，以散居村落为主，所以多以自然村为基本单元建立村落理事会。尤其值得一提的是秭归县积极推进农村基层治理体制创新，其杨林桥镇党委和政府引入当时正流行于城市的"社区建设"的理念，并首先在白鹤洞村进行农村社区建设试点，试点成功后便在全镇统一推行。2003年7月1日，杨林桥镇正式开始撤销运行多年的村民小组建制，组建农村社区。按照"地域相近、产业趋同、利益共享、规模适度、群众自愿"的原则，全镇14个村成立社区306个，互助组1034个，每个社区农户30户左右，每个社区成立理事会，设立理事长1人，理事2—4人，通过海选的形式共选举产生1028名理事会成员，从而构建了"村委会—社区理事会—互助组—基本农户"的新型农村社区自治组织形式。[①]

表4.3　湖北省秭归县杨林桥镇农村社区与村民小组的区别[②]

	村民小组	农村社区
数量	87个	306个
户数	97户/组	30户/社区
产生方式	村委会指派	村民投票选举
报酬	由村提留提取	无报酬或项目奖励
工作方式	行政命令方式	协商、恳谈方式
事务范围	上级任务为主	本社区事务
责任指向	向上级负责	对村民负责

从表4.3可以看出，正如徐勇教授总结指出："村民小组延续了人民公社时期生产队的运行机制和管理模式，行政色彩较浓厚。农村税费改革和合村并组以后，村民小组无法满足新时期农村公益事业发展的需要，而农村社区

[①] 徐勇：《农村微观组织再造与社区自我整合——湖北省杨林桥镇农村社区建设的经验与启示》，《河南社会科学》2006年第5期。

[②] 徐勇：《农村微观组织再造与社区自我整合——湖北省杨林桥镇农村社区建设的经验与启示》，《河南社会科学》2006年第5期。

与村民小组从服务户数、事务范围、产生方式、工作方式、责任指向和报酬的有无等方面都有很大的区别。"[1] 不过湖北省秭归县与安徽省全椒县的理事会模式还存在明显的差别，主要表现在：首先，从组织载体来看，秭归县白鹤洞村撤销了村民小组建制，重新构造了农村微观组织形态——农村社区，并以社区为依托建立村民理事会；全椒县大季村对农村微观组织没有采取大拆大建的方式，而是仍然保留了村民小组建制，并且将村民小组嵌入村民理事会之中，由村民小组长兼任村民理事会成员。其次，从人口规模和居住形态来看，秭归县白鹤洞村新建的农村社区仍然以分散居住为主，人口规模明显比村民小组小，大约为原村民小组人口户数的三分之一，以适应当地山区环境和人口分散居住的现实情况；全椒县大季村由于13个村民小组实行集中居住的形式，人口规模不仅没有缩小，而且明显扩大，也适应了平原地区环境和征地拆迁集中安置的需要。最后，从自治单元来看，秭归县白鹤洞总体思路是划小自治单元，建立唯一的自治单元——农村社区，增加社区内部凝聚力和集体行动能力，降低社区自治成本。此外，在农村社区下又专门增加建立了更微观的形态——互助组；虽然全椒县大季村的总体思路也是在行政村的基础上划小自治单元，但是建立了形式更加多样的自治单元——村民小组、自然村、农村社区，并以三种形式的自治单元为依托分别建立三种类型的村民理事会，并且完整地嵌入同一个行政村之中，由于多个村民小组集中居住形成新型农村社区，需要共同面对物业管理、环境整治、公共设施营建和维护等公共问题，从而也产生了集体行动的可能性和必要性。此外，在产生方式、报酬、工作方式、事务范围和工作指向等方面，湖北省秭归县与安徽省全椒县的理事会模式并没有明显的区别。

（四）职能型理事会

根据村民自治涉及公共事务的职能不同，村民理事会可以分为综合性事务理事会与专项性事务理事会。综合性事务理事会，如各地兴起的新农村建设理事会、美好乡村建设理事会、村庄建设理事会、村民事务理事会等，凡是涉及行政村、村民小组、自然村的基础设施建设、公益事业兴办、公共服

---

[1] 徐勇：《农村微观组织再造与社区自我整合——湖北省杨林桥镇农村社区建设的经验与启示》，《河南社会科学》2006年第5期。

务供给、行政协助办理事项等几乎所有公共事务都由其负责。专项性事务理事会，如各地设立的重建户理事会、项目理事会、宗祠理事会、红白理事会等，只有在涉及征地拆迁、抗险救灾、工程项目建设、宗族家族事务、婚事丧事等专门性事务才由其负责，其他事务一般并不涉及。综合性事务理事会与专项性事务理事会的组织形态不同，村民自治有效实现的单元也各不相同，综合性事务理事会、专项性事务理事会既有可能在单个行政村、村民小组、自然村内部建立，又有可能跨区域建立。例如，南陵县的小型农田水利设施建设是以行政村为基本单元成立项目理事会，而安徽省岳西县的农村道路桥梁建设基本以村民小组、自然村甚至几户、十几户为基本单元成立项目理事会。不同组织形态的理事会在功能发挥上各有优缺点，综合性理事会有利于整体规划和长远发展，但是因为内部事务涉及广泛，众多事务难以统一协调和采取集体行动；专项性理事会一般是因地制宜、因事制宜、因人制宜，因此人员内部认同度高，办事更加专业，简单灵活方便，易于采取集体行动，具有很大的适应性，但是因为人员具有相对排他性，事务具有分散性，难以在整体层面做到统一规划和利益协调。

近年来随着村民收入越来越高，一些不良社会风气在农村地区逐步显现，婚丧嫁娶大操大办，盲目攀比，修祖坟、修大墓、薄养厚葬、沉溺赌博、搞封建迷信、"等靠要"懒汉行为等，这些不良风气不仅加剧了村民负担，毒化了社会风气，更加大了基层治理难度。如何有效抵制不良风气影响，靠行政手段禁止有时既没有政策依据，又达不到预期效果，需要有合适的、有威望的人或组织带头倡导或者行业自律、监督执行。例如，安徽省黟县卢村自然村专门出台了"红白喜事12条"，在村党总支的领导下，充分发挥村民理事会和村民主体作用，发动村民自己议、自己筹、自己干、自己管，有效遏制红白喜事大操大办现象，推动了乡村移风易俗，促进了乡风文明建设。

2016年10月笔者在铜陵市义安区西联乡进行调研时，该乡干部介绍当地农村的项目理事会因事而设，基本上是一个项目就设一个理事会，共成立了水利协调理事会、水利提升理事会、美丽乡村建设理事会、道路建设理事会、卫生室建设理事会、易地扶贫理事会等12个理事会。项目理事会因事而设，事毕而撤，形式灵活，适应了乡村多种项目建设的需要。2013年11月义安区西联乡梨桥村被农业部评为"美丽乡村"创建试点村，该村

19个村民小组，以自然村为基本单元共设置了6个美丽乡村建设理事会①，利用上级项目资金支持积极开展美丽乡村建设，努力改造提升农村基础设施和整治环境，乡村面貌焕然一新，2019年被认定为第一批省级美丽乡村重点示范村。

2012年5月29日安徽省人民政府办公厅下发《关于开展农村公共建设管理体制改革试点有关问题的通知》，决定在全椒、金寨、南陵县开展道路桥梁、水利设施、饮水工程等农村公共建设管理体制改革试点，鼓励各地组建项目理事会。由村民代表大会或项目区村民代表大会票决、直选产生，群众代表须占理事会成员2/3以上，村"两委"主要负责人不参加理事会。村"两委"与项目理事会分工明确，主要负责监督理事会、协调用地拆迁、审查账务、制定管护制度等，但是并不直接插手项目招标、项目建设、财务开支和设施管护；项目理事会作为项目建设主体，受村民（代表）会议委托具体负责组织村民自建或者向有资质的建设主体招标，并对工程施工质量、财务开支项目、设施管护状况进行监督，但是项目理事会成员并不直接接触现金和经手出纳，只是作为报账人，向县规定的程序报账，在村内公示账目明细并接受村民（代表）会议质询和监督。②南陵县采取一个项目一个理事会的形式，项目立项时建立，项目结束时终止运行，可以提高资金利用效率，节省办事成本。项目理事会作为临时组织，每个项目理事会成员都不固定，可以充分发扬民主，调动民主参与积极性、防止成员利益固化，最大程度保障村民利益，但是项目理事会的多变性也给政策实施的连续性、人员参与的稳定性、项目后期的可维护性带来新的挑战。

乡贤理事会的性质和业务范围大致介于综合性事务理事会与专项性事务理事会之间。村民理事会与乡贤理事会的主要区别在于：首先，处理事务的范围不同。乡贤理事会虽然不完全算是专项性事务理事会或局限于某一特定业务范围，但是它的事务范围还是无法与处理综合性事务的村民理事会相比。其次，遴选的标准不一样。有的学者认为"村民理事会比乡贤理事会的成员

---

① 铜陵市义安区西联乡梨桥村共有19个村民小组、6个自然村，每个自然村所辖的村民小组数量并非都一样，一般是按历史上自然形成的居住形态来划分自然村，并以自然村为基础开展中心村项目建设。

② 安徽省人民政府办公厅：《关于开展农村公共建设管理体制改革试点有关问题的通知》，http://govinfo.nlc.gov.cn/lmzz/lssj/xxgk/ahs/201301/t20130125_3397389.html?classid=467，2013年1月25日。

更为广泛,不局限于品德和才学,还推崇经济带动能力等"[①],其实不少乡贤理事会,尤其是江浙地区的乡贤理事会也非常看重乡贤的经济带动能力和为村庄捐资捐款等从事公益事业的能力。再次,遴选的地域范围不一样。综合性事务的村民理事会要求经常与一线村民打交道,原则上要求村民在本地居住,便于开展工作,因此村民理事的成员遴选的地域范围比较明确,主要局限在本村或自治单元内居住的村民,其主要根据地缘关系建立。最后,乡贤理事会的人员遴选的地域范围相对灵活,无论是居住在本地的村民,还是祖居在本地现已迁居外地的乡贤,甚至只要是热心本村公益事业的外来人士都可以在遴选之列,乡贤理事会既有地缘因素考虑,又有血缘、趣缘等因素考虑。

有的地区部分专项性事务理事会经过前期试点、总结经验,吸收更多人参与,扩大管理事务范围,进而升级为综合性事务的理事会。例如,广东省蕉岭县三圳镇芳心村入选省级历史文化名村,是客家人所居地区,主要有徐、谢、刘、赖、戴、黄、郑、李、吴九大姓氏,其中戴姓属于该村最大姓氏。芳心村历来讲究宗族文化,每个姓氏都有自己的宗族,宗族势力影响较大。在2013年之前每个大姓宗祠都由各自理事会管理,由于宗族内部凝聚力较强、宗族长老威望较高,同姓族人之间关系熟络,所以宗祠理事会内部管理效果一直较好。为了整合村内资源、加强不同宗族之间联系和协调相互之间关系,集中力量开展村庄建设,时任行政村书记谢建祥在发挥宗祠理事会传统优势的基础上,把它们升级为综合性事务的村民理事会,在全村21个村民小组共建立了15个村民理事会[②],共同致力于促进产业发展、乡村治理和公共服务,促使政策传递更加及时,村民自治内生动力更足,社会信任和支持度更高,基层工作阻力更小,干部办事效率更高,农村环境改善更显著,干群关系更和谐。

[①] 项继权、王明为:《村民理事会:性质及其限度》,《福建论坛》2017年第9期。
[②] 曹菲、汤凯锋、李业坤:《"宗祠理事会"升级为"村民理事会"》,《南方日报》2016年2月24日第A09版。

第五章　村民理事会组织变革与治理创新的实践成效

从"微自治"和组织社会学的视角来看，村民理事会相对于传统的村民委员会，在"微组织结构组成、微组织运作管理、微组织制度建设、微组织功能发挥"等方面立足各地实际情况，自身特色比较鲜明，实践成效非常显著，推动了农村基层组织变革和微治理创新，契合了社会治理重心下移背景下村民自治深入化、微型化、民主化、便捷化、实用化的要求，体现了平等、多元、参与、协作、对话、包容、透明、高效等社会治理的基本原则，是新时代农村基层治理体系和治理能力现代化建设的重要成果。

一　村民理事会的微组织结构组成

（一）整合基层"五老"人员

随着经济结构、就业方式和收入方式的变化，经济欠发达地区的青壮年劳动力外出务工人数增多，农村留守人员多为老人、妇女、儿童，农村公共治理人才面临匮乏，农村要么"等靠要"从而丧失发展机遇，要么主动积极作为从而逆势而上。村"两委"一方面由于自治半径过大，人手短缺，无法为村民小组、自然村、农村社区提供有效服务；另一方面又未能有效解决农村"闲置精英参与不足和村级公共治理缺位的问题"[1]，所以农村同时在行政村层面存在精英不足和自然村层面精英闲置的悖论，建立村民理事会就是要吸纳村庄闲置精英特别是"五老"人员参与。按照组织社会学的"权变理论"思路，组织的最佳结构取决于一个组织的具体的环境条件、技术、目标

---

[1] 吴春来：《乡村振兴背景下的自治赋权与精英参与——湖北秭归县"二长八员"村落自治个案分析》，《北方民族大学学报》（哲学社会科学版）2020年第4期。

和规模等因素[1],也就是说组织的结构因环境、技术、目标的条件不同而改变。新制度主义组织流派认为任何一个组织都必须适应环境而生成,必须从组织和环境的关系角度去认识组织现象。[2] 在农村青壮年精英短缺的现实环境下,完全指望上级下派干部和青年人才回流也是不现实的,需要因地制宜和审时度势,盘活和利用好现有的老年人力资源,组建以"五老"人员为主体的特殊的微自治组织——村民理事会是为了适应农村特殊的环境而不得已为之,却又不得不为之的行为。

目前全社会对"五老"人员到底由哪些人员组成的认识并不一致,各地做法也有所不同。王明波、武力认为"五老"是指"老干部、老战士、老专家、老教师、老党员"[3],孔令刚、孙自铎以安徽省东至县东姜村为例,指出当地"五老"人员是指"老干部、老党员、老族长、老教师、老村民组长"[4]。综合各种观点大同小异,"五老"一般是指老党员、老教师、老模范、老村干、老军人等。"五老"人员虽然年龄偏大,但是仍有余力发挥余热,一般处于分散的闲置或半闲置的状态,缺乏有效的组织化参与农村公共事务的机遇。组建村民理事会,吸纳闲散"五老"人员参与,就是有效整合农村现有人力资源,发挥长者治理资源优势,落实乡村治理主体责任,从而提升基层治理和公共服务水平。

笔者曾经多次在安徽省6个国家级和省级村民自治试点单位进行调研,并对所有176名村民理事会成员的姓名、年龄、文化程度、政治面貌、身份、职责等进行过详细统计。从表4.1可以看出,全椒县大季村拥有11个村民理事会55名成员,肥东县一心社区拥有6个村民理事会90名成员,淮南市大郢村拥有4个村民理事会12名成员,由于这3个村的理事会人数较多,如果一一展示所占篇幅过大和不太方便,所以本书重点展示了剩下的桐城市汪庄村民小组、黟县卢村自然村、宣城市胡家涝自然村三个人数较少的村民理事会相关统计数据。从表5.2至表5.6可以看出,这6个村24个村民理事会的成员具有以下特征:第一,理事会成员年龄的确偏大,平均年龄几乎都超过60

---

[1] 周雪光:《组织社会学十讲》,社会科学文献出版社2003年版,第71页。
[2] 周雪光:《组织社会学十讲》,社会科学文献出版社2003年版,第106页。
[3] 王明波、武力:《"五老"参与乡村治理的可行路径探析》,《领导科学》2019年第10期。
[4] 孔令刚、孙自铎:《乡村精英在村庄治理中的作用——"五老会"参与乡村建设案例研究》,《江淮论坛》2012年第1期。

岁，超过60岁的有113人，超过80岁的有8人，低于40岁的只有4人；第二，与普通村民相比，理事会成员文化程度相对较高，以初中学历为主，属于农村中的"文化人"；第三，理事会成员中党员的比例相对较高，政治觉悟较高，协助基层党委政府和村"两委"工作较为积极；第四，理事会成员的身份多以村民代表为主，其余为小组长、老教师、老村干，还有少数市级或县级"好人"，这些人思想品德高尚，热心公益事业，经常参与农村公共事务，具有较为丰富的农村工作经验。此外，笔者还发现村民理事会成员几乎是男性，只有肥东县一心社区由于遴选的村民理事会成员较多，所以吸收了少数妇女参加；黟县卢村自然村属于皖南山区，历来交通不便，人口流动性较小，历史上自然村形成了单一的姓氏占主导地位，宗族家族势力影响较大，理事会成员多以卢姓为主，而皖北、皖中属于平原，交通便利，人口流动性较大，形式了杂姓为主的状况，宗族家族势力影响相对较小。

表5.2 桐城市汪庄村民小组理事会成员概况

职务	姓名	出生年份（年）	文化程度	党员	村民代表	小组长	老教师	老村干	退伍军人	劳模	好人	内部任务分工（宣传、组织、调解、财务、卫生监督等）
会长	刘某某	1963	初中	×	√	×	×	×	×	×	×	财务审批
副会长	倪某某	1962	高中	√	√	×	×	×	×	×	√	财务会计
会员	刘某某	1958	初中	×	√	×	×	×	×	×	×	宣传
会员	倪某某	1970	初中	×	×	×	×	×	×	×	×	卫生监督
会员	王某某	1951	初中	×	√	×	×	×	×	×	×	组织
会员	吴某某	1973	初中	×	×	×	×	×	×	×	×	调解员
会员	伍某某	1962	初中	×	×	×	×	×	×	×	×	调解员
会员	吴某某	1965	初中	×	×	×	×	×	×	×	×	调解员
会员	丁某某	1971	小学	×	√	×	×	×	×	×	√	宣传

表5.3 黟县卢村自然村理事会成员概况

职务	姓名	出生年份（年）	文化程度	党员	村民代表	小组长	老教师	老村干	退伍军人	劳模	内部任务分工（宣传、组织、调解、财务、卫生监督等）
理事长	卢某某	1948	大专	×	×	×	×	√	×	×	全面
理事	王某某	1950	初中	×	×	×	×	√	×	×	宣传、调解
理事	卢某某	1967	初中	×	×	√	×	×	×	×	组织
理事	卢某某	1952	初中	×	×	×	×	×	×	×	财务
理事	程某某	1956	初中	×	×	×	×	×	×	×	卫生监督

表5.4 宣城市胡家涝自然村理事会成员概况

职务	姓名	出生年份（年）	文化程度	党员	村民代表	小组长	老教师	老村干	退伍军人	劳模	内部任务分工（宣传、组织、调解、财务、卫生监督等）
理事长	夏某某	1954	初中	√	×	×	×	√	×	×	全面
理事	丁某某	1952	初中	×	×	√	×	×	×	×	宣传
理事	章某某	1970	初中	√	√	×	×	×	×	×	组织
理事	杨某某	1973	大专	√	√	×	×	×	×	×	财务
理事	朱某某	1948	初中	×	×	×	×	×	×	×	卫生监督

表5.5 安徽省6个试点单位村民理事会成员文化程度统计表　　　　　　　　（单位：人）

试点单位	文盲	小学	初中	高中（中专）	大专	本科	合计
全椒县大季村	3	19	32	1	0	0	55
宣城市胡家涝自然村	0	0	4	0	1	0	5
黟县卢村自然村	0	0	4	0	1	0	5
肥东县一心社区	0	36	45	4	5	0	90

续表

试点单位	文盲	小学	初中	高中（中专）	大专	本科	合计
桐城市汪庄村民小组	0	1	7	1	0	0	9
淮南市大郢村	0	0	5	6	1	0	12
合计	3	56	97	12	8	0	176

表5.6 安徽省6个试点单位村民理事会成员年龄统计表　　（单位：岁；人）

试点单位	31—40	41—50	51—60	61—70	71—80	81及以上	合计	平均年龄
全椒县大季村	1	4	13	30	6	1	55	62.1
宣城市胡家涝自然村	0	2	0	2	1	0	5	60.6
黟县卢村自然村	0	0	1	3	1	0	5	65.4
肥东县一心社区	2	10	16	27	28	7	90	65.0
桐城市汪庄村民小组	0	3	4	2	0	0	9	56.1
淮南市大郢村	1	1	5	5	0	0	12	55.5
合计	4	20	39	69	36	8	176	62.9

（二）实行民主选人方式

科恩认为"看一个社会实现民主的程度，都同其成员以各种方式参与公共事务有关，都涉及参与广度和深度"，"参与的广度与深度是衡量民主的尺度"。[①] 从村民参与村民理事会的推选程序和村民参与微自治单元公共事务的广度和深度来看，毫无疑问它促进了民主的充分实现。村民理事会的理事长及其成员完全由村民民主选举或推荐产生，在选举或推荐程序上充分发扬了民主，村民完全可以按照自己的意志选举自己信得过的"当家人"。正因为村民理事会的产生完全符合村民意愿，村民理事会的成员与村民委员会相比，

---

① ［美］科恩：《论民主》，聂崇信等译，商务印书馆1988年版，第1页。

村民理事会的选举或推荐在村民小组、自然村或农村社区等微自治单元进行，推选范围小、人员相对熟、程序易操作，便于组织实施，村民理事会在选人方式上更能够从程序到实质上贯彻民主治村的理念。

全椒县大季村为了规范村民理事会选举，专门参照《中华人民共和国村民委员会组织法》和《安徽省村民委员会选举办法》，创造性地制定了符合本村村情的《村民理事会选举办法》，其中第三条规定："村民理事会的选举，坚持公平、公正、公开、群众认可与本人自愿的原则。村民理事会的选举采取直接选举方式产生。任何组织或者个人不得指定、委派或撤换村民理事会成员。罢免或终止村民理事会成员职务的，必须依据规定程序进行。"大季村经过前期宣传和动员，在2017年7月通过有选举权的2/3以上户代表选举的方式，选举产生了11个村民理事会、55名村民理事会成员。

（三）建立清晰角色结构

组织结构是指"组织内部正式规定的，比较稳定的相互关系形式"[①]。组织结构包括"地位、角色、规范、权威"四个要素，其中地位和角色是组织结构的最基本构成要素。地位是指其成员在一个组织中所处的位置，角色是按照一定社会规范表现的特定社会地位的行为模式，角色的扮演者应该清楚自身的权利和义务。一个组织结构是否合理和功能发挥是否正常，与组织角色是否清晰、成员地位是否相对固定、成员分工是否明确等因素密切相关。村民理事会成员一般包括理事长（有的称为会长等名称）、副理事长（有的称为副会长等名称）和理事（有的称为理事员、会员等名称），多以三人至七人组成，属于组织人数相对较少、内部结构清晰的农村微型自治组织。相比普通理事会成员，理事长的地位和权威并非来自基层政府授予和村民委员会给予，更多来自历史传承、人格魅力和群众认可。村民理事会成员之间既讲究分工负责，又强调相互协作；既强调职责明确，又不失弹性，一般注重发挥理事会各自成员联系群众和服务群众的特长与优势。

项继权、王明为在湖北省大冶市茗山乡调研发现当地村民理事会"设立了宣传理事、帮扶理事、调解理事、管护理事、环保理事和张罗理事，以增强理事会各成员工作的适应性与灵活性，促进理事会实现运作常态化和效益

---

① 于显洋：《组织社会学》（第三版），中国人民大学出版社2016年版，第118页。

绩优化"①。湖北省秭归县186个行政村、1152个村民小组被因地制宜地划分为2035个自然村落,每个村落内建立村落理事会,由"二长八员"组成,即党小组长和村落理事长,经济员、宣传员、帮扶员、调解员、管护员、环卫员、张罗员、监督员。②从表5.2至表5.4也可以看出,桐城市汪庄村民小组、黟县卢村自然村、宣城市胡家涝自然村由于每个村民理事会成员人数较少,没有简单照搬秭归县的"二长八员"做法,而是根据各地实际情况,在村民理事会内部也进行了宣传、组织、调解、财务、卫生监督等方面的分工,每个理事会成员的角色也比较清晰。

安徽省全椒县在吸收借鉴湖北省秭归县"二长八员"的基础上,提倡党支部书记、党小组长、党员与村民理事会成员相互交叉任职,并且适当调整村民理事会成员内部分工。该村的《村民理事会章程》第十六条明确规定了理事会成员任务分工,其中理事长负责主持理事会全面工作,负责组织召开理事会议,组织讨论修订《村民理事会章程》《村民公约》和村民自治方案及年度计划,负责片区内村民自治日常工作,管理、督促各执行理事开展工作;理事承担着"八员"任务,可一人兼任多职,其中经济员负责指导和带动村民产业发展,推动农民专业合作社和家庭农场建设,联系农产品销售;宣传员负责对开展村民自治重要意义以及各类正面宣传,引导村民红白喜事移风易俗、文明节俭,负责配合村委会集体文化活动组织;帮扶员负责组织群众对特殊困难家庭开展救助活动,帮助困难户排忧解难;调解员负责村民之间、村民组之间、辖区内单位之间各类矛盾纠纷的调解;维权员负责向上级反映各种损害村民利益的不正当行为,协助村户依法维护正当权益;管护员负责村民组内山、水、林、田、路、电等公共资源及设施管护责任的落实;环保员负责环保监督,组织开展农户清洁卫生检查;监督员负责对理事会各成员的工作进行监督,对村民代表大会确定的各项事务进行检查、督促。正因为全椒县大季村"八员"分工理事,又相互配合,解决了村级公共事务"政府管不到、干部管不了、社会无人管"的老大难问题,实现了"有钱办事、有人管事、有章理事"。

---

① 项继权、王明为:《村民理事会:性质及其限度》,《福建论坛》2017年第9期。
② 李思远:《小村落、大能量——湖北秭归建设"幸福村落"促乡村振兴》,http://www.xinhuanet.com/politics/2019-06/18/c_1124638788.htm,2019年6月18日。

(四) 构建熟人治村模式

费孝通指出:"乡村社会的信用并不是对契约的重视,而是发生于对一种行为的规矩熟悉到不假思索的可靠性。"① 村民小组、自然村既是一个居住范围相对狭小,人际互动频繁的自治单元,又是依靠红白喜礼来维系交往的人情圈子,村民长期生活在共同地域下,相互熟悉,有相同的生活模式、共同遵守的道德准则和利益相关的诉求,在熟人基础上开展村民自治,可以更好地达成公共契约,建立有效的议事规则,更好地实现自由与秩序的联结,实现个人利益与群体利益的有机结合。②

熟人社会讲究"面子","面子并不仅仅是一种潜在的心理意识,而且还是某些人的外在特征",在乡村富人和有影响的人一般更有"面子",但是有"面子"的人不一定都是有钱人或当权者,财富和权力不是获得"面子"的必要条件,而"威信、地位和信任"才是关键因素,其中"信任"是获得面子的关键因素。③ "传统乡村社会治理的权威来源主要有伦理权威、知识和身份赋予的权威、地缘权威、长老权威以及土地权威。概括来说,上述五个权威可以概括为四个:以年龄和经验形成的权威、通过以血缘和宗族形成的权威、以土地形成的经济权威、以知识和国家赋予身份形成的权威。"④ 村民理事会之所以能够更容易获得威信、地位和信任,与家族长辈的身份、年长者的身份、丰富的人生阅历、德高望重的地位、才学出众的知识、处事的公道、人格的魅力等密不可分。村民理事会实行"身边的人,办身边的事",恰好利用了传统熟人社会信任和家族长老权威,但由于现代政党的嵌入式引领和政府政策的引导性介入以及村民理事会制度建设的内在性约束,又可以有效克服传统人格信任的狭隘性⑤和宗族家族势力的过度侵蚀,防止村民自治出现异化。

---

① 费孝通:《乡土中国 生育制度》,北京大学出版社 1998 年版,第 10 页。
② 徐勇、邓大才:《中国农村调查》(总第 1 卷·专题类第 1 卷),中国社会科学出版社 2016 年版,第 20—21 页。
③ [美]杜赞奇:《文化、权力与国家——1910—1942 年的华北农村》,王福明译,江苏人民出版社 2010 年版,第 149 页。
④ 梁家豪:《"三级村民理事会"与乡村治理及其发展趋势》,硕士学位论文,华南农业大学,2017 年。
⑤ 姜卓然:《从传统社会"人格信任"到现代社会"制度信任"模式的转变》,《知与行》2016 年第 9 期。

村民理事会是更具民间性的社会自治组织，理事会成员地位相对中立和态度相对客观，更容易获得村民的信任。村民理事会可以利用自身的资源优势和人脉优势，能够顺利地构建村民之间的横向联系，增强村落共同体的内聚力和村民的认同感，更好地动员村民采取集体行动，积极出人出力出资，兴办公益事业。村民遇到问题后，从过去的由"跑路找村干部反映解决"到现在"家门口的事自己协调解决"，村民理事会通过"以诚待人、以情感人、以理服人"，采用"熟人办熟事、熟人管熟人"的方式，容易解决土地纠纷、邻里矛盾等很多"政府管不好、干部管不了、社会无人管"的老大难问题[1]，这样增进了人际关系的和谐，有效降低了乡村治理的成本。

二　村民理事会的微组织制度建设

（一）村民理事有章可依

制度在组织建设中的作用毋庸置疑，什么是制度呢？在社会学或政治学或经济学等学科视界中，并没有达到统一的认识。彼得斯认为："第一，制度在某种程度上是社会或政治的结构性特征；第二，制度总是在一段时间内保持有稳定性；第三，制度一定会影响个人的行为；第四，制度成员中共享有某种价值和意义。"[2] 他认为这是制度最低限度的含义，可能对于我们理解什么是制度，为什么要加强村民理事会的制度建设有借鉴意义。

学术界也有旧制度主义与新制度主义、广义制度与狭义制度、正式制度与非正式制度之争，可以说村民理事会利用熟人治村和化解民间矛盾，更多利用的是非正式制度，但是这并非说明正式制度不重要。通俗意义上说，制度是一个组织为了维护正常的运转所依照的法律政策、章程、公约等各种规则的统称。正如宪法是一个国家治国安邦的总章程，一个国家的法律制度是经过立法结构制定的由宪法、法律、法规、规章等组成的制度体系，村民理事会的制度也是一个制度体系，《村民理事会章程》在其中相当于该微自治组织"宪法"的地位，只不过村民理事会的制定机构是由村民推选产生的村民

---

[1] 韩瑞波：《政策试点与村民自治的有效实现形式》，《理论与改革》2020年第3期。
[2] ［美］B. 盖伊·彼得斯：《政治科学中的制度理论："新制度主义"》（第二版），王向民等译，上海人民出版社2011年版，第2页。

(代表)会议或户代表会议。村民理事会的章程不得与现有的法律、国家的政策及村民的根本利益相违背,虽然它是带有自治性质的村民之间的"契约",许多条款更具有软约束性质,不是以国家强制力作为执行的后盾,但是由于村民理事会的章程是广大村民制定和认可的,具有广泛的群众基础,因此它的制度规范作用仍然不可忽视。

从全国各地村民理事会制度建设来看,其本身大致经历了一个由自发到自觉、先民间主导到后政府主导、先试点到后推广,先简单到后复杂、不规范到逐步规范的过程。最开始兴起的村民理事会制度规范可能只是简单的口头约定或者大家默认的潜规则,到后来由于规范化建设的需要,才逐渐走向体系化阶段。例如,2013年广州市民政局会同社工委、市委组织部拟定了《农村村民理事会设立指引(征求意见稿)》,面向社会公开征求意见,对村民理事会的设立提出了规范化制度化的要求。例如,广州市对村民理事会的名称提出了统一规范的命名方式,要求村民理事会的名称为:"广州市+区+镇(街道)+村+理事会";其中,从化市、增城市辖下村民理事会名称为:"从化(增城)市+镇(街道)+村+理事会"。① 从广州市的案例可以看出,政府从村民理事会的名称及命名方式和具体条款,已经深度介入其中,所以只是以"指引"的方式而非强制的方式建章立制,但是毫无疑问对当地村民理事会的发展方向和制度建设起到"风向标"的作用。

从安徽省全椒县大季村来看,当地为了推进国家级村民自治试点,分别成立了县、镇、村三级工作推进领导小组,《村民理事会章程》也主要是由当地具体业务主管部门民政局负责起草的,经过户代表会议表决通过,并且与其他相关政策文件和规定汇编成统一的"宣传手册",做到所有村民理事会成员人手一册和熟练掌握。《大季村村民理事会章程》主要内容包括总则、村民理事会的人员组成、选举程序、工作职责、议事规则、附则等,具有较强的可操作性,对村民理事会组织制度建设具有直接明显的指导作用。全椒县村民自治试点于2017年5月正式启动,笔者带领团队于当年8月正式接受委托和进行指导,鉴于前期组织制度建设虽已有进展,但是仍然不够完善,我们又相继参与修改和起草了《村民理事会工作职责》《村民理事会日常管理制

---

① 广州市民政局:《农村村民理事会设立指引(征求意见稿)》,http://gz.bendibao.com/life/2013718/129965_2.shtml,2013年7月18日。

度》《村民理事会财务管理制度》《村民理事会议事规则》《村民理事会工作清单》《村民理事会奖补办法》《关爱困难弱势群体办法》《推动移风易俗,树立文明乡风实施办法》等一系列制度规范,对进一步完善村民理事会的议事流程和议事规则,厘清村民委员会与村民理事会的权力清单和议事范围发挥了重要的作用。

(二) 议事规则相对明确

《中华人民共和国村民委员会组织法》是规范我国村民自治制度的专门性法律,对村民委员会的相关规定相对明确,但是我国目前还没有制定一部规范村民理事会的专门性法律,因此现有的《中华人民共和国村民委员会组织法》对村民理事会的运行虽然有一定的指导作用,但是作用相对有限。村民理事会属于民主协商型微自治组织,协商议事是其主要的职能之一。"没有规矩不成方圆",如果没有明确的、具体的、可操作的协商议事规则,村民理事会就无法有效运转。李周和徐玉栋认为"议事规则的具体性、程序性以及客观中立性,是决定自治有效实现程度的决定性因素"[1];邓大才认为自治规则主要来源于"经济发展、公共事务建设的内生需求,也源于国家制度改革创新及有情怀官员的外部引进和治理创新"[2]。

例如,安徽省全椒县根据相关法律,结合本地实际特点,由县民政局引导大季村制定了相对明确的议事规则。首先,明确规定了村民理事会的主要任务。村民理事会在村民委员会的领导下,贯彻执行村民会议、村民代表会议和村民委员会的决议、决定、完成村民委员会交给的任务,依法管理属于本村民小组(片、村民集中居住点)村民集体所有的土地和其他财产,办理本村民小组(片、村民集中居住点)的公共事务和公益事业。其次,明确村民理事会议事的原则,主要体现在:坚持党的领导、维护大局的原则;坚持解放思想、实事求是的原则;坚持民主集中制与少数服务多数的原则。再次,制定了村民理事会原则性的协商议事清单,主要涉及垃圾处理、筹资酬劳、集体产权、基础设施建设、突发事件、社会救助、村规民约、村财管理、权益维护等事项。最后,制定了"提事""定事""议事""决事""办事""评

---

[1] 李周、徐玉栋:《议事规则:村民自治有效实现的框架基础——以"蕉岭议事规则"为研究对象》,《华中师范大学学报》(人文社会科学版) 2020 年第 1 期。

[2] 邓大才:《规则型自治:迈向 2.0 版本的中国农村村民自治》,《社会科学研究》2019 年第 3 期。

事"的"六事"工作机制,并且将其制成明确的流程图上墙展示,以方便理事会成员与群众知晓和对照执行。

(三) 财务制度基本构建

村民理事会在参与公共事务、办理公益事业过程中,必然会涉及集体资源、资金、资产的处理与使用问题。如果财务制度不健全,理事会成员遵守财经纪律办事和按财务规定办理,不仅会损害村民的集体利益,而且也会损害村民理事会自身的形象和权威,甚至还会涉嫌违法犯罪,最终导致村民理事会自动垮台。财政部在 2014 年曾经印发过《村集体经济组织会计制度》,对岗位职责、收付管理、采购管理、审批制度、核对制度、内控制度、工程管理、资产管理、预算决算制度、负债管理、成本管理等涉及村级经济组织的财务会计制度作了详细规定。《村集体经济组织会计制度》是专门针对村集体经济组织会计工作的专门规定,对做好村务公开、财务公开,实现民主管理,保障村民的知情权、参与权和监督权具有重要的指导作用,对建立健全村民理事会的财务管理制度也具有参考作用。

由于村民理事会财务制度比较专业,一般由政府部门主导起草后,经过村民(代表)会议或户代表会议表决通过后,上墙向群众进行公示。不少地方村民理事会实行"双代管"制度,即行政村财务由乡镇代管、村民小组或村民理事会财务由行政村"代管",做到统一资金管理、统一会计核算、统一财务制度、统一财务公开、统一票据管理、统一档案管理"六个"统一管理,在保持村组两级资金所有权和使用权不变的前提下,实行所有权、使用权与管理权相分离,实行收支两条线管理,村民理事会具体管事和提供结算依据,不直接接触现金。理事会实行"民主理财、财务公开、专人负责、集体决策"的财务管理方式,所有支出由理事长"一支笔"负责审批并承担相应责任,数额较大的支出必须由理事会集体研究决定,重大的开支必须经村民(代表)会议或户代表会议审议决定。有的地方还专门设置了与村民理事会并立的村务监事会,规定理事长审批的开支没有经过监督员的审查并复核签字,不得入账报销。总之,村民理事会的财务制度是否健全、是否执行到位是决定制度成效的关键因素。

江西省鹰潭市余江县(现已改为余江区)自 2009 年以来就在全县范围内以自然村或村小组为单元普遍建立了在村党支部领导下的村民事务理事会,

专门出台了《关于进一步加强村民事务理事会建设的实施意见》，该实施意见对加强村民事务理事会财务管理做出了专门规定：第一，明确财务开支范围和标准。村民事务理事会要加强对集体资金的使用管理，坚持专款专用和"取之于民、用之于村"的原则，严禁用于吃喝招待等非生产性开支。各乡镇经管站要根据当地状况，指导理事会制定财务开支的具体范围和相关标准。第二，规范财务收支审批程序。村民事务理事会财务纳入各乡镇"三资"平台管理。财务事项发生时，经手人必须取得有效的原始凭证，注明用途（公益性基础设施建设必须提供会议记录、协议、合同、工程决算单等材料复印件）并签字，交村民事务理事会审核同意并签字后，逐级上报村委会、镇经管站、三资办审批，开支达1000元以上的须经村民事务理事会集体研究。上级审核确定为不合理的财务开支，不得入账。第三，实行财务定期公开。村民事务理事会应在便于群众观看的地方设立固定的村（组）财务公开栏，内容包括村民事务理事会财务收入情况、各项支出情况、债权债务情况、专项收支情况等。要做到定期公开和专题公开相结合，村（组）财务每季度至少公开一次，涉及农民群众利益的重大事项以及群众关心的其他事项，要采用召开村民代表会议或专题专栏的方式及时进行公开。第四，加强财务监督和审计。县农业部门要经常性指导各乡镇经管站、"三资"管理办公室做好理事会财务的日常监督管理工作；对重点村（组）或上级部门认为需要介入的村（组），由县农业部门进行审计。乡镇经管站和"三资"管理办公室每三年要对下辖村民事务理事会财务进行一轮全面审计，对群众意见较大的村要重点审计，审计结果张榜公布，接受群众监督。村委会要加强对村民事务理事会的监管，对任期内发生人员调整的，村委会要及时指导理事会做好财务交接工作，并与离任理事进行财务核对。余江县由于对村民事务理事会的财务规定比较详细，可操作性较强，所以对规范全县村民事务理事会的财务管理活动，提高集体资金利用效率，打造干净廉洁的村民信得过的农村微自治组织发挥了重要作用。

（四）村务监督有规可循

民主监督是指"为了防止个别利益危害整体利益，维护村庄正常治理秩序，实现有效的村务管理而对村庄公共权力实施的一种必不可少的调整和措施"[①]。

[①] 卢福营：《农民分化过程中的村治》，南方出版社2000年版，第179页。

在村民小组、自然村、农村社区等微自治单元构建完善的村务监督体系,对村民自治事务进行全面监督,有助于督促村民理事会成员认真履行工作职责,保障村民自治权利真正得到落实。村务监督的形式和渠道主要是村务公开、定期报告工作、民主评议等。村民理事会的村务监督主要有内外两种设置方式:一是内部监督体制,即在村民理事会成员内部进行分工,专门设置监督员,监督员负责对理事会及其成员的工作进行监督,对村民(代表)大会确定的各项事务进行检查、督促;二是外部监督体制,即在村民理事会之外,设立与之平行的村务监事会等监督机构。村务监事会有权对村民理事会进行监督,但不得干预村民理事会依法决定的事项,如果对村民理事会的决定有原则性不同意见时,可提请村"两委"召开村民(代表)会议讨论决定。例如,宣城市胡家涝自然村在2017年12月经过户代表投票选举,同时成立了村民理事会和村民自治监事会,并且规定监事会职责为:审查自然村村务公开的各项内容;审议批准自然村的年度工作报告、财务开支、账目凭证;监督村民理事会成员对法律法规和村民自治章程及村规民约、村民会议或村民代表会议决定事项的执行;检查自然村财务收支,督促理事会财务的公开;向村民通报本村重大事项,征求并反映村民对村务公开的意见和建议,对理事会研究决定的事项向群众做好宣传解释;向村民会议负责并报告工作,接受村民代表大会的监督等等。可以看出,该村的监事会职责已经明确了监事会与理事会、村民、村民(代表)会议之间的关系,构建了较为完整的自然村村务监督制度,对于保障村民民主监督权利落到实处发挥了积极作用。

总之,重视微组织制度建设,加强内部运作管理,加强村民理事会章程、协商议事制度、财务管理制度、决策机制制度、村务监督制度等制度建设,做好村民微组织的内在自我约束,对维系村民理事会的正常运转和持续稳定健康发展至关重要。

三 村民理事会的微组织运作管理

(一)组织动员群众

从组织行为学的角度来看,组织管理一般指通过招募组织人员,建立组织机构,明确成员身份,厘清责权关系等,以有效实现既定的组织目标过程。

从广义上说，组织运作管理不仅包括组织内部成员的招募和管理，还包括对组织外部成员的动员力和影响力。村民理事会一般由3—7人组成，从组织规模和人员组成来看，仍然属于微型自治组织，如果村庄公共事务仅仅依靠少数几个村民理事会成员参与是远远不够的，必须动员更多的群众参与。村民理事会成员本身来自群众，可以充分发挥自身联系广泛、群众认可的优势，自身率先垂范，发挥榜样作用，从而带动更多群众积极参与村级公共事务和公益事业。

例如，安徽省桐城市汪庄村民小组村民理事会以群众需求最迫切、受益最直接、大多数人最愿做的现实问题入手。在2017年开展村民自治试点工作以前，群众会议难得开一次、公益事业也无人问津，每人每年10元的垃圾清运费都很难一次性收齐，由于垃圾得不到及时清理，乱堆乱放现象较为严重，群众对环境脏乱差不满意。自从开展村民自治试点，组建村民理事会以后，村民理事会成员通过村民小组会议积极动员群众交费，并且把垃圾清运费提高到每人每年20元，理事长带头主动缴费，虽然提高了收费标准，但是大家积极缴费，仅用两天时间就收齐，垃圾得到及时清理。以此为契机，村民理事会动员群众积极开展村庄环境整治、"三清洁"活动，群众积极参与，热情高涨，村庄面貌为之焕然一新。村民理事会办实事、真办事的工作作风赢得了全体村民的心，现在村民理事会召开群众会议，人来得齐了，干事的心也齐了。

（二）筹集管理资金

不少地方的村民理事会是从新农村建设理事会升级转化而来，因此村民理事会在建设伊始主要围绕农村基础设施提升、农村人居环境整治、农村土地整治和危房改造等"硬件"进行，筹资方式大部分采取"农民出一点，政府出一点，社会捐助一点"的"三三制"方式，其实绝大部分还是以政府出资为主，主要通过整合项目资金的方式进行，原因在于农村税费改革以后，政府和农民对筹资酬劳的政策敏感度都比较高。一方面，为了减轻农民负担，基层政府不想因所谓的"乱摊派"引发农民上访，以致造成维稳压力和舆情危机；另一方面，广大农民政策把握能力和维权意识增强，很多农民对"乱摊派"有着天然的抵触情绪。即使是为了办理村庄公共事务和公益事业，"一事一议"政策允许有限度的筹款，但是由于"一事一议"程序相对复杂，而且每户筹资额度非常有限，不少地方每户筹款标准是每户15元，由于筹资数额太少，所以经费实际作用有限。此外，部分农村地区虽然动员了爱心人士、外出乡贤、本地企业老板捐助，但毕竟社会捐助不是常态化稳定可持续的筹资方式，这主要受制于捐助者的捐助意愿和捐助能力以及乡村的动员能力。村民理事会利用"三三制"方式筹集到资金以后，还面临着后期资金如何有效管理和监督使用的问题。

例如，安徽省全椒县石沛镇大季村通过组建村民理事会，积极想方设法向上争取项目资金并组织村民筹资筹劳，自己争取、自己使用、自己得益，村民更加珍惜，在村民理事会的监督与参与下，进一步降低了项目建设成本，大大提升了项目建设的质量与效益，跨村组的断头路、断头渠等得到全面统一的建设修复，实现了村民内心的期盼，逐渐形成了项目有看头、群众得甜头、发展有劲头的良好局面。大季村贯穿庙徐、大戎、孤塘3个村民小组有一条约两公里的石子路，年久失修，坑坑洼洼，影响群众出行安全。村民理事会将此议题上报至大季村"两委"与石沛镇政府，最终纳入移民后扶项目，争取到了项目资金40万元，村民理事会负责迁苗、占地协调、施工质量监督等工作，原"大洞小眼"的烂路在20天内建设成宽敞平坦的水泥路，当地老百姓直夸村民理事会真办了一件大实事。

（三）推动项目实施

21世纪初期农村税费改革以后，在中央"多予少取放活"政策指引下，农民的税费负担明显减轻。随着国家财政实力增强，乡村建设所需经费几乎不需要通过农民自己去筹资，大多数通过国家项目下乡的方式实施，但是从项目的争取、落地、规划、造价、管理、监督等各个环节，都需要乡村干部去参与。整个项目实施全过程管理仅仅依靠政府工作人员和村"两委"的力量仍然不够，需要村民理事会和群众大力协助。例如在美丽乡村建设示范点打造过程中，可能需要拆除村民部分破旧的猪圈、厕所、围墙，修建道路需要占用村民部分的土地、青苗和林木，但是如果乡村干部出面协调，工作可能不好做，部分村民要么不配合，要么漫天要价补偿。村民理事会出面，利用乡村熟人关系动之以情、晓之以理，可能部分村民不要一分补偿，主动配合拆除或者让出空间，这样就会使项目尽快顺利实施。

安徽省南陵县在2012年被国家发改委、财政部确定为全国唯一的农田水利建设投资和建管体制改革试点县，在改革前农村水利基础设施投资、建设和管理也面临着政府投入不足、村民有心无力、管理无人问津的窘境。改革后通过成立"项目理事会"，改变过去由政府大包大揽的办事方式，以农民需求为引导，确立农民在农村公共建设中的主体地位，发挥农民主体作用，实行"村民自建、自有、自用、自管和政府监管服务"的新机制，组建项目理事会，设立工程、财务和监督小组，具体负责项目实施。南陵县按照"谁受益、谁负责"的原则，建立工程管护长效机制，属于村内工程，由村民集体组织管理；属于跨村工程，由镇级管理；属于跨镇工程，由具体业务部门委托相关镇管理。通过分摊、公约或竞拍等方式取得工程经营权的，由承包经营单位管理。各管理单位将运行管护责任进一步分解落实到项目受益村民小组、受益农民承包经营和管理。南陵县在农村小农水建设上推行"项目理事会"这样的专项性理事会，在全国范围内产生了较大影响，调动了群众参与的积极性，提高了项目资金利用的效率，节省了办事的成本，因此入围了2015年"第八届中国地方政府创新奖"。

（四）从事公益服务

公益服务是指不以营利为目的的、为群众提供无偿服务的行为。村民理事会是村民自我服务的公益性组织，村民理事会成员无论是开展协商议事、办理公益事业、调解矛盾纠纷还是进行服务群众生产生活等事务，都不曾向群众收取服务费用，而且当前不少地区村民理事会成员没有或很少有电话费用补贴、误餐补贴、交通补贴和误工补贴等，几乎都是无私无偿奉献。由于每个群众的思想觉悟不同，家庭经济负担不同，所以现阶段还无法要求所有村民都无偿参与公益服务。村民理事会成员以"五老"人员为主，相对有闲暇时间，也不需要太多为家庭事务和个人生计发愁，不少村民理事会成员是党员，政治素质较高，所以具备开展公益服务的良好条件。只要通过党建引领和组织动员，村民理事会就能从事公益服务，积极为群众排忧解难。

例如，全椒县大季村制定了村民理事会成员结对帮扶困难弱势群体实施方案，实行理事会成员包保责任制，从群众最现实、最需要、最关心的问题入手，通过做好事、办实事、解难事，同时建立了村民之间的"邻里关爱、互帮互助"。通过村民理事会成员结对帮扶贫困户、五保户、低保户等困难弱势群体，做到至少每3天到包保范围内的困难群众家中走访一次，帮助解决生活中遇到的问题，及时向村民理事会和村"两委"反馈。全村村民理事会成员结对帮扶低保户107户、185人，残疾人109人，五保户40人，贫困户85户、218人。河湾村民小组90岁高龄的张姓老太，一个人独自生活，家中又没有安装自来水，平时由她的儿子隔三岔五去照看。2018年7月她儿子的腿不幸摔断了，无法照顾老母亲，理事长朱永安了解情况后，决定每天给老人拎水，保证了老人正常的生活用水。正因为困难群众得到关爱，在日常生活中实实在在地感受到村民理事会成员公益服务的热情，所以村民理事会才受到群众的拥戴。

（五）调解矛盾纠纷

村民理事会成员一般德高望重，调解经验丰富，善于利用乡村"讲面子""讲人情"的习俗，在双方当事人自愿、平等的基础上做到合法、合理、合情地调解民间纠纷。村民理事会成员在调解民间矛盾纠纷过程中，能够及时掌握当事人的情绪波动和行为倾向并适时根据情况决定是否向上级报告，以便做到及时分析研判、及时进行教育、及时化解风险，及时控制一切不安定、不安全因素，防止矛盾升级扩大。村民理事会的建立，有利于协调村民之间、村庄之间利益关系，及时发现和引导村民以合理方式表达诉求，维护群众合法利益，化解村民矛盾纠纷，维护社会和谐稳定。

例如，黟县卢村自然村近年来随着旅游经济发展，外来人口增多，个人与集体、旅游公司、游客与村民之间的利益关系越来越复杂，产生矛盾纠纷的概率也越来越大。对于邻里之间的矛盾，镇、村干部出面协调，效果往往不好，容易陷入"清官难断家务事"的困境，但村民理事会却可以发挥"血缘、亲缘、地缘"的独特作用，利用几十年的感情和熟人关系，知根知底，通过"唠家常"就能解决矛盾，同时又能够第一时间发现问题、解决问题，把矛盾化解于萌芽状态，基本实现了矛盾"不出村"和"零信访"。

四 村民理事会的微组织功能发挥

（一）组织载体相对适宜

2017年1月中共安徽省委办公厅、安徽省人民政府办公厅印发的《关于以村民小组或自然村为基本单元的村民自治试点实施方案》，指出在村民小组或自然村建立村民理事会的作用主要体现在：健全村民自治组织载体，明确村民理事会协商功能，强化村民理事会的自治功能。村民理事会作为组织载体是否适宜，主要看其与农村实际情况是否相符合；与微自治单元的功能需求是否相符合；与上级组织意图是否相符合；与村民意愿是否相符合。从乡、村、组三级关系和行政组织、自治组织、群众三者关系以及自治单元的划分来看，村民理事会作为自治载体适宜，自治功能和协商功能才得到有效发挥。

从乡镇党委和政府来看，党建载体和自治载体能够实现有机结合。建立"党组织＋村民理事会"模式，提倡党员和村民理事交叉任职，有利于优化农村基层组织设置，扩大党的基层组织和群众自治组织覆盖面，创新农村基层党建方式和治理方式，实现政府管理和基层自治有机结合、党内民主与人民民主的有机结合。村民理事会积极协助乡镇党委和政府工作，奠定了官民民主合作的平台，增强了党和政府基层管理与公共服务的能力。村民理事会在政府和村民之间发挥了"缓冲器"作用，密切了党群关系和干群关系，维护了农村基层社会的稳定。

从村"两委"角度来看，二级自治组织能够实现相互协助和互相配合。当前村"两委"在村民自治面临着人力、物力、财力短缺问题，也缺乏得力的助手和有效的组织载体，组建村民理事会在很大程度上可以缓解村民小组、自然村、农村社区微自治单元基层组织薄弱的状况，从而增强农村"一线"组织的自治功能和服务功能。同样，村民理事会在政策、资金、人员等问题上也需要得到村"两委"的支持，才能有效运转。两级自治组织体系相互共生、相互支持、良性互动，才能实现互利共赢。

从广大人民群众来看，组织利益和群众诉求能够实现有机结合。村民理事会具有广泛的群众基础，代表自身的利益诉求，具有强大的协商议事动力和能力，能够保障村民自我管理、自我服务、自我教育、自我监督的当家作主的权利落到实处，是群众信得过、可依靠、能办事、有成效的组织载体。

（二）自主治理充分体现

奥斯特罗姆认为要想解决一个集团内部部分人搭便车、规避责任或经受不住其他机会主义行为的诱惑，从而导致集团不能获得持久共同利益的问题，就必须想办法不断增强人们在没有某种外部协助的情况下进行自主组织解决公共池塘资源问题的能力。① 村民理事会的建立，创新了村民自治形式，抓住了小集团"利益相关性"更强的牛鼻子，强化了微自治单元内部村民共同体的意识，增大了村民采取集体行动的可能性，提升了村民自主治理的能力，夯实了村民自治基础，完善了村民自治制度，真正实现了村民自我管理、自我教育、自我服务。村民理事会基于村民的意愿办事，能够有效组织动员群众办事，"民事民议、民事民办、民事民管"，群众自己受益，村民自我管理更加主动，自我服务更加积极。群众有困难、有需要时，村民理事会全心全意为群众服务、一心一意为群众"代言"，群众打心眼里拥护，理事会的号召力自然也就强。当村集体决定办大事时，村民理事会带头发动，村民积极主动参与，解决了不少过去一家一户想办办不了、村"两委"想顾也顾不过来的问题。

例如，江西省赣州市石城县高田镇田心村章田背村民小组是一个距离县城30多公里的偏远村庄，共有43户199人，原有旧房屋43间，总面积2200多平方米，村民居住的多为祖上留下的土坯房，显得十分破旧颓败、杂乱无章。2006年入选拆旧建新示范点以后，在当地政府的号召下成立了新农村建设理事会，群众自主推选60多岁的热心人温昌清为会长。温老自己首先以身示范，带头拆除了自家280多平方米的七八间老屋，随后他带领村民理事会成员挨家挨户做工作，大力宣传拆旧建新政策给村庄发展带来的好处，动员大家积极拆旧，逐渐获得了大多数群众的理解和支持，短短一个月共拆除旧房79间，面积1700多平方米。整个拆旧建新过程，群众自主治理得到充分体现，从思想发动到旧屋拆除，从规划选址到建筑设计，从筹措资金到筹备建材，从工程监造到乔迁新居，几乎都是温昌清带领村民理事会成员和群众自主完成的，当地政府工作人员基本上没有费神。

（三）组织沟通比较顺畅

组织社会学家于显洋认为"沟通是人与人之间传递信息、指令、思想或观念的过程"，"组织结构能否良好运转取决于组织沟通是不是存在问题，沟通是检验组织结构设计是否有效的一个标准"。② 沟通有利于促进组织决策的

---

① ［美］埃莉诺·奥斯特罗姆：《公共事物的治理之道：集体行动制度的演进》，余逊达等译，上海译文出版社2012年版，第35页。
② 于显洋：《组织社会学》（第三版），中国人民大学出版社2016年版，第252页。

科学化和民主化，有利于消除组织内部和外部冲突，促进组织内部成员和不同组织之间的相互了解，增加组织的内部凝聚力和组织的外在号召力。

从组织沟通的类型来看，可以分为纵向沟通和横向沟通、正式沟通和非正式沟通。总体来说，村民理事会的纵向沟通和非正式沟通优势更为突出。村民理事会是介于村"两委"和群众之间的自治组织，扮演着"一头连着村'两委'、一头连着老百姓"的角色，是村"两委"与老百姓之间的桥梁和纽带。对上，接受村"两委"的领导与指导，协助工作但绝不能代替决策。实施项目、开展较大的公益活动，均需向村"两委"报告，经村"两委"批准。对下，收集群众诉求，及时向上反映，力所能及地为群众办实事，增强群众的心理认同。村民理事会属于民间组织，深耕于农村，扎根于基层，熟悉人情民情，地位中立客观，通过私下聊天和谈心等非正式沟通方式，就能恰当地反映群众的利益诉求，能够顺利协调化解矛盾，起到了党委政府和村"两委"等正式组织所不能起到的作用。

例如，肥东县一心社区和村民通过村民理事会成员向社区"两委"反馈，使"两委"迅速了解社情民意，及时改进工作，更好地服务群众。红梁自然村人口众多，卫生管理人员责任心不强，导致环境卫生状况差，群众意见很大，红梁村民理事会成员得知情况后，第一时间向"两委"反映，"两委"立即按每10户配备1个垃圾桶并调换了保洁员。2018年由于道路拓宽，将原路段路灯拆除未及时恢复，夜间黑灯瞎火，出行非常不方便，沿路居民意见较大。村民理事会成员得知情况后，及时与其他理事会成员联系协商，形成解决方案，上报到社区后，主动联系施工单位快速恢复，解决了群众夜间行路难问题，受到了群众一致好评。

（四）治理成效相对突出

从组织行为学来看，一个组织之所以能够存在，就在于它能够解决个体所不能解决的问题，并且还应能够比较有效地解决问题，否则将会失去存在的价值和发展的可能性。用来衡量组织效能的两个最主要指标是效率和效果，效率指的是以最少的产出获得最大的收益；效果是组织目标实现的程度，影响组织效能的因素主要有结构、管理、物质、技术、环境等因素。[①] 村民理事

---

① 叶先宝：《公共组织行为学》，清华大学出版社2014年版，第328—331页。

会作为基层群众性微自治组织，衡量其治理成效的指标体系有多种多样，例如，协商议事是否有效？公益事业是否办理？乡村基础设施和人居环境是否改善？干部和群众之间关系是否和谐？矛盾纠纷是否化解？村民权益是否得到维护？乡风文明是否倡导？其中最主要看服务群众是否快速、便捷、高效。村民理事会内部成员结构相对合理，组织规模较小，调动资源能力较强，组织行动能力较强，上下支持度较高，外部环境相对有利，虽然成员年龄偏大，但是服务主动性、积极性较高，从综合来看，村民理事会的治理成效相对突出。

例如，全椒县大季村对村民理事会提出了"六个一"的要求："党员作用第一时间显现、意见建议第一时间反映、利益诉求第一时间回应、思想动态第一时间掌握、矛盾纠纷第一时间化解、村民困难第一时间帮助。"强调治理和服务更加快捷高效。据统计，2018年大季村通过村民自治试点，在近一年内11个村民理事会开展协商议事60多次，取得了显著成效，化解矛盾10余起、建设水泥路约4公里、维修石子路2公里、建设公共厕所10个、修建水井3个、整理自然草坪5000平方米、清理房前屋后草垛110处、上报协助办理村民诉求3次、修建水塘台阶2处、架设三相四线电线约2000米、安装路灯12盏。各理事会成员均建立了结对帮扶五保户、低保户、残疾人等弱势群体名单，经常上门嘘寒问暖，解决实际生活困难，使弱势群体得到了及时有效的关爱。

第六章　村民理事会组织变革与治理创新的主要障碍

由于个体理性与集体理性、政府管理与组织自治之间的矛盾冲突以及自治能力与群众需求的不匹配等原因，村民理事会仍然面临着"微组织结构组成失范、微组织运作管理紊乱、微组织制度建设滞后、微组织功能发挥失常"等诸多问题，从而阻碍了村民理事会组织变革和农村基层微治理创新的实际成效。

一　微组织结构组成的缺失

（一）年龄结构偏向老化

从微自治组织的结构而言，村民理事会的人员构成存在年龄结构偏向老化、文化程度不高、创新能力不足等问题。村民理事会的组织规模较小，一般情况下由3—7人组成，具体组成人员人数可以根据自治单元的规模大小与理事会的实际工作量进行相应调整。理事会的人员是以村民小组、自然村、农村社区等基本自治单元为基础，通过村民自主选举出德高望重、具有奉献精神、较大影响力和带动力的老党员、老干部、老模范、老教师、老军人以及农民代表、致富能手组成，以"五老"人员为主。从其人员构成可直观看出村民理事会的年龄结构偏向老化，年龄层次多为中老年人，也就是村中的长辈。从表5.6也可以看出，理事会成员年龄老化现象严重，平均年龄几乎都超过60岁。在实地调查中，笔者发现少数80岁以上的村民理事会成员，身体健康状况欠佳，说话口齿不清，腿脚行动不便，导致他们无法有效参与农村基层公共事务管理。

在我国的村庄中，传统观念根植颇深，社会流动缓慢，经历乡村社会的历代传承之后，一代人的生活经验不断指导着下一代人，长久也便形成了以"长者为尊"的生活与文化模式。费孝通提道："在社会结构基本不变的情况下，长者的经验足以指导后辈人的生活。"[①] 长者可以是以血缘、亲疏、年龄为依据的亲友长辈，也可以是以权威、信任、影响为基础的教化性权力。总而言之，在乡村社会，长者的地位是得到肯定的。此外，农村人口结构不均衡、村民理事会自身性质等都一定程度上影响了村民理事会的年龄结构。大量的农村青壮年选择外出务工，向城市转移。根据国家统计局网站发布的农民工监测报告，2020年全国外出农民工16959万人，占全国农民工总量的59%。乡村人口结构不均衡，村级治理的人才短缺。青壮年群体既缺乏主动参与选举的意愿，也缺少被选举的机会，因此选出的村民理事会成员的年龄普遍偏大。同时，村民理事会作为一个小规模的常设组织，并无固定报酬和稳定充裕的资金来源，理事会的成员并非为钱，而是偏向公益性，这也导致其人员构成多为有奉献精神、责任感较强的老一辈和退休人员，这类人员有时间、有精力、有热情参与乡村公共事务的管理。村民理事会的人员构成大致可分为两类，即"能人"与"老人"，除部分党员干部的学历水平相对较高以外，大多数老人受教育程度较低，多依靠自身多年积攒的经验来指导工作，工作能力偏弱，工作方法一般缺乏科学性与系统性。基于村落传统资源生长起来的村民理事会，在面对日益广泛和逐步下沉的村庄公共事务时，难免有些力不从心。[②] 偏向老化的理事会人员接受新事物的能力、速度、效率等都存在明显不足，导致基层自治的创新能力不足。同时，随着村庄的空心化现象愈发明显，村中留守的妇女、儿童、老人文化水平较低，参与意识淡薄，理事会工作起来难度较大，在一定程度上限制了村民理事会的进步与发展。

（二）产生程序不够规范

1998年《中华人民共和国村民委员会组织法》正式颁布，为保障村民实现自治提供了法律依据。2016年，中共中央办公厅、国务院办公厅印发《关于以村民小组或自然村为基本单元的村民自治试点方案》，明确开展"以村民

[①] 费孝通：《乡土中国 生育制度》，北京大学出版社1998年版，第44—45页。
[②] 慕良泽、姬会然：《新时期乡村社会建设的内涵与路径——以广东省云浮市"村民理事会"为例的分析》，《学习与实践》2013年第2期。

第六章　村民理事会组织变革与治理创新的主要障碍

小组或自然村为基本自治单元的村民自治试点，积极探索村民自治的有效实现形式"。近年来，虽然农村基层民主的内容与形式不断丰富，但是现有的法律并没有为村民理事会的发展提供明确的法律依据。官方对"什么是村民理事会""村民理事会的产生与运行程序"等并无统一的权威界定，学界也没有统一的说法。目前《村民理事会章程》《村民理事会选举办法》等指导性规定，大多是由各地村民理事会在实践过程中通过总结实际经验，在当地政府和村"两委"的指导和协助下制定的。与村民理事会相关的章程、办法性质的文件侧重宏观意义上的原则性管理，对具体的产生程序、运作制度、监督规则、保障机制的规定较为模糊，存在制度上的不规范问题。

村民理事会的组织架构应该坚持在党的领导下，在保持现有村民小组、自然村、农村社区为基础的自治单元设置格局基本稳定的前提下，坚持依法自治、突出自治主体地位，一切从实际出发，促进村民自治的地域范围与农村实际情况和农民意愿相符合。村民理事会要想成为一个治理有效、功能完善、运行顺畅的微自治组织，就应当具备规范、科学、健全的产生程序。

目前，我国农村村民理事会存在产生程序不够规范问题，具体可从理事会的"组织成立"与理事会的"人员组成"两方面进行分析。从理事会的"组织成立"角度而言，一是村"两委"领导班子的思想认识不足。领导班子对成立村民理事会的重要性认识不到位，往往流于民主的形式，久而久之其治理效能也无法得到保证。二是村民理事会在实际成立过程中，领导班子对其规模、数量、布局等考虑不周。村民理事会作为村民自治下沉的组织载体[1]，具有个性特征。如果一定区域内村民理事会数量和规模安排不当的话，微自治能力会受到掣肘，影响基层民主的持续性发展。三是对村民理事会组织成立的后期经验总结不够。理事会成立过程中遇到的问题如若不及时反馈调整，便会如"滚雪球"般越积越多，难以形成可推广、可复制的优秀经验。从理事会的"人员组成"角度切入，首先，由于缺少详尽的规章制度的指导，理事会成员对自身的职责内容并不十分清楚，加之部分人员的政治素质本身不高，容易造成理事会人员参与动机有所偏差。其次，在赋权理论的视角下，村民是处于失权或无权状态的，这种状态导致村民缺乏相应的能力或技能去

---

[1] 胡平江：《自治重心下移：缘起、过程与启示——基于广东省佛冈县的调查与研究》，《社会主义研究》2014年第2期。

影响和掌握资源的分配①。村民对理事会制度的认识十分模糊,缺乏参与民主协商的意愿和信心。最后,理事会的人员构成应遵循"群众自愿、注重多元、利益共享"的原则,但在实际选举过程中,年龄、宗族、血缘等因素的影响过大,难以保证理事会人员组成结构的合理性。

(三) 家族宗族势力侵扰

农村是一个具有强烈宗族意识和血缘关系的社会,在历史的长河中形成了自己独特的传统习俗和宗族凝聚力,其在社会经济发展方面免不了受到农村宗族势力、家族观念的影响。学界对乡村社会的宗族力量、家族意识也颇为关注。肖唐镖认为现代乡村治理中有"正式的治理者"与"非正式的治理者","正式的治理者"指政党、政府组织等,宗族力量即为"非正式的治理者"。② 有学者认为当代宗族参与了村庄公共权力的角逐与村庄公共事务的管理,但前提是要遵从国家制定的游戏规则。在历史发展的悠久进程中,受封建思想的影响,宗族势力在我国乡村有深厚的文化根基。③ 尤其在我国的南方地区,如广东、广西等地,受宗族力量的影响更为突出。宗族势力是特定条件下国家和社会关系的产物,以血缘性、聚居性、礼治性、等级性等为其内在基质根源。一般情况下,一个村庄内部由少数几个"大姓"宗族组成,或以某个"大姓"为主体。村落内部的地理位置划分与宗族的分布大致是一致的,宗族在乡村单元中以维护本宗的集体荣誉和保障个人利益为主要任务,其中也有不同宗族之间或宗族内部的明争暗斗。总而言之,我国一些农村地区仍保持着强烈的宗族意识与传统习俗。

我国目前正处于由传统社会向现代社会转型的阶段,在这一时期,中国农村传统社会资本相对丰富,现代社会资本反而显得不足。在农村日常事务中,传统习俗和宗族力量仍然起着十分重要的作用。在村民理事会产生和发展的过程中,农村传统习俗和宗族力量起到了凝聚力和号召力的作用,同时也强化了村民对农村家族宗族势力的信任和依赖,因此村民理事会在基层公

---

① 李靖:《赋权视角下我国新型村民自治组织研究——以河南省 S 村村民理事会为例》,硕士学位论文,南昌大学,2017 年。
② 肖唐镖:《宗族政治——村庄权力网络的分析》,商务印书馆 2010 年版,第 24—45 页。
③ 肖唐镖、史天键:《当代中国农村宗族与乡村治理——跨学科的研究与对话》,西北大学出版社 2002 年版,第 245—257 页。

共事务治理中难免存在着宗族化、家族化的倾向。如果将村庄的宗族视为一个个小集体，依据曼瑟尔·奥尔森的集体行动逻辑理论，宗族势力具有明显的排外性。通过对集团中的成员提供"社会压力"与"选择性激励"，从而实现对集体利益最大化的追求，此处的集体并非村民集体，而是以血缘、姓氏等为依据的家族宗族群体。家族宗族势力为了维护群体的地位与利益，难免会依靠其影响力插手村民理事会的选举与决策，按照民俗与俗礼对家族宗族成员进行约束。以村民理事会的选举为例，如若某一宗族人员未按宗族家族要求投票给其中意的人选，便会将其归为"叛徒"一类，向其施加来自宗族内部的压力，从而使部分宗族、家族的小团体利益凌驾于村民整体利益之上，损害了村民理事会组织的正常运转和功能的发挥，不利于基层协商民主的广泛多层制度化发展。

（四）组织关系不够明确

2013年，安徽省修订了《安徽省实施〈中华人民共和国村民委员会组织法〉办法》，首次将村民理事会写入省级法规，其中第二十五条规定了村民理事会与村民的关系："村民理事会配合、协助村民委员会开展工作，村民委员会支持、指导村民理事会组织村民开展精神文明建设、兴办公益事业。"村民理事会与村民委员会是配合、协助、支持、指导的关系。基层党支部是农村各项工作的领导核心，有效统领全村村民自治事务，从组织构成、制度设计和功能运转等诸多方面支持和保障村民委员会等自治组织。村民委员会作为村民自治有效实现的组织依托，注重行政职能的发挥，对村民自治事务展开广泛多层制度化协商。村民理事会由有威望、有能力、有闲暇、有意愿参与村组公共事务的老党员、老干部、老教师、老军人、老模范等"五老"人员以及农民代表、致富能手组成。从人员结构上来看，村民理事会与村"两委"的骨干构成有一定的重合性，在职的村"两委"干部或已卸任退休的老干部对村民理事会的选举、运行、决策、监督等方面都有充分的话语权，这也就决定了村"两委"对村民理事会具有直接的影响。

村民理事会作为村民自治的组织载体，应在村党组织的领导与村民委员会的指导下，发挥农民的主体作用，激发乡村自治的内生动力。然而，在乡村治理的实践过程中，存在村"两委"与村民理事会职责边界模糊、组织关系不明确的趋势。在农村基层党组织的作用方面，党的领导主要是在政治思想和国家方针、政策、路线等方面，促进村民理事会成员更好地发挥示范作用和执行作用，从而调动其他农民群众参与农村基层公共事务治理的积极性。由于权责边界不明确，村"两委"与村民理事会之间的关系容易出现过"亲"或过"疏"的倾向，太过"亲"即村"两委"对村民理事会进行过度干预安排和直接行政领导，长久以往便会损害自治组织的自治性和独立性；太过"疏"即村"两委"对村民理事会的管理与支持过少，村民理事会缺少制度与资金上的保障，运作起来也"有心无力"。在农村基层公共事务治理上，村民委员会和村民理事会的关系本应是指导和被指导的关系，而现实生活中两者之间的关系容易演变成管理与被管理的关系。由于村"两委"对村民理事会的引导不足和支持不力，再加上行政村管理半径过大，村民理事会承担了更多村民委员会下派的工作。村民理事会与村"两委"的这种代理关系，长此以往，容易使得村民理事会演变成乡村行政化的又一个层级，从而影响村民理事会在村民心目中的地位，村民理事会的自主性也随之弱化[1]，这将会在很大程度上限制村民理事会功能的发挥，制约村民理事会与村"两委"本应相互促进、共同发展的关系。除此之外，村民代表会议、村务监督委员会、村级经济合作社等与村民理事会之间的组织关系也并不明晰，职责分工较为模糊。

二 微组织制度建设的失范

（一）章程总体不够完整

从村民理事会当前运作的实际情况看，目前还不是一个成熟与完善的农村基层群众性微自治组织。尽管村民理事会从20世纪80年代后期就已经出现，产生时间也不算很短，由于在后来发展过程中缺乏长期关注与深入实践，它一直没有成为一种有效的村民自治组织形式。直到进入21世纪后，当村民自治制度出现发展不顺、运行不畅、行政化现象较为严重和难以"落地"等窘境时，村民理事会才从安徽、广西等地悄悄兴盛起来，这种现象立即受到这些地方政府的高度重视与大力推动，并逐渐在全国各地传播开来。由此可见，村民理事会作为村民微自治组织真正发挥功效的时间并不长。

---

[1] 严宏：《村民理事会与村级协商民主建设的探索——以安徽省H村为例》，《中共福建省委党校学报》2016年第7期。

村民理事会成立后,其首要任务就是制定成文的章程,有了章程后组织就可以依章而立、依规而行。村民理事会章程是指导村民理事会运行的重要规章制度,"没有规矩,不成方圆",没有总章程作为依托,村民理事会就只是"有其形而无其神"的事物,最后会造成悬在空中,无法落地。章程是村民理事会有效运行的保障机制,它需要明确村民理事会的权限与职能、产生程序、议事规则等,包括明确村民理事会与村"两委"之间的关系等方面。所以,章程对村民理事会的重要性不言而喻。然而,由于每个村民理事会设立时所面临的环境都不同,作为一种流行不久的村民微自治组织,现阶段总章程不便由国家强制统一制定,否则容易形成"一刀切"的局面。在基层政府和村"两委"的指导下,应遵循"一会一章程"的方针和原则,由每个村民理事会根据实际情况制定具有自身特色的章程。

随着社会治理重心、服务、资源向基层下移,近年来的村民理事会在农村治理过程中发挥着越来越重要的作用。然而,实事求是地说,它在制定章程方面还不够完整,不能满足农村基层治理现代化的需要,主要表现在以下几个方面:内容的不全面性、修订的滞后性以及与内容的雷同性。村民理事会章程在内容上没有全面反映村民理事会的性质、功能与权限,这是大多数村民理事会章程存在的共性问题,主要是由以下两个因素造成:一方面,村民理事会目前处在探索发展阶段,国家层面还没以任何法律法规的形式对其性质与功能进行清晰的界定,地方性法规主要是2013年安徽省通过修订后的《中华人民共和国村民委员会组织法》办法,该办法在国内首次对其性质与功能进行了原则性规定,学术界开展的关于村民理事会的研究也大多是在此办法的基础上开展的;另一方面,村民理事会章程大多是在村"两委"的主导下制定,其内容与《中华人民共和国村民委员会组织法》的许多规定有相似之处,缺乏自身的特色。此外,在章程制定过程中,村民实际参与的不多,村民理事会章程不能体现政府管理的意图,而在反映村民理事会自治功能上明显不足。在相似性方面,可以发现村民理事会的章程虽然没有经过国家统一制定,但是各地实际制定过程中却相互借鉴,造成在内容上大同小异、千篇一律的现象,这种现象无疑不利于章程的实际执行。此外,因为城镇化加快和农村空心化现象加剧,农村留守老人、妇女和儿童居多,理事长和理事会成员大多是村里的年长者,文化程度偏低,行为习惯和思维受长期以来的农村生活影响,故而因循守旧、循规蹈矩,因此村民理事会章程也很难得到及时修订与完善，导致其落后于现实的需要。

（二）议事制度不够规范

制度是指一系列被制定出来的规则、服从程序和伦理道德等行为规范[①]，因此，要想充分发挥村民理事会在农村基层治理中的作用，就必须明确村民理事会的议事制度。只有明确了议事制度，才能激发农民参与村民理事会的热情。然而，当前的村民理事会普遍存在议事制度不规范的问题，这无疑对农民参与村民理事会协商议事的热情产生消极影响。

首先，村民理事会议事制度与村民议事会制度虽然不是同一个议事制度，但是村民理事会本身就是在村民委员会指导下成立的一种基层群众性自治组织，因此很难将二者彻底区别开来，从实际村民理事会议事制度上或多或少可以看到村民议事会制度的影子。其次，因为村民理事会章程不完整，就难以明确规范议事内容、范围与权限等，从而导致村民议事协商开展难、村民意愿表达难。由于协商议事秩序不健全，缺少协商议事平台，每个议事主体也素质参差不齐，所以常出现议事形式主义、官僚主义，既无法做到每次都"一事一议"，也无法确保每次议事都不超范围，很难就事议事。最后，因为制度不规范，议事流程不严格，没有明确的议事次数，村民参与率比较低，议事时间比较仓促，强行通过的决议没有真正地反映民意，其执行效果也会大打折扣。

（三）财务制度不够健全

村民理事会作为一种非官方性的组织，维持起码的正常运转就需要一定的成本，理事会财务是维持、支撑村民理事会微组织正常运转的基础性条件。村民理事会主要通过接受政府财政资金支持、集体经济收入支持以及接受各种捐款等渠道，获得一定的运行经费。有钱才能办事，村民理事会的资产和财务管理与村民的利益息息相关。虽然理事会也制定了一些财务管理制度，但是总体来说当前村民理事会财务制度不够完备，财务管理规定缺乏科学性、公开性、透明性和可操作性。

首先，理事会财务制度不健全，制度执行不到位，财务收入来源、支出与预算不明确。因为财务信息不明，信息失真，公开透明度不够、不及时或

[①] ［美］道格拉斯·C. 诺斯：《经济史中的结构与变迁》，陈郁等译，上海人民出版社 2002 年版，第 225—226 页。

不全面，只公开村民知道的部分，存在暗箱操作的空间，部分地区出现私吞挪用甚至贪污集体财产的违法乱纪行为。其次，多数地方制定的财务制度没有明确规定谁为财务管理者，管理人员任命不合理，大多是在有关领导的指示、授意下任意调整与变动，随意性比较强。由于财务管理人员大多没有经过系统专业的培训，财务管理能力不足，素质也不高，对相关业务不熟悉，造成财务管理混乱、漏洞多，财务安全性和资金利用效率无法得到有效保障。最后，相关领导对理事会财务管理问题不够重视，没有建立专门财务监督制约机制，理事会财务监督流于形式，无法完全取信于民。

（四）监督制度不够完善

如同任何权力都要被监督一样，任何组织或机构也都需要被监督，只有受到监督的组织才能朝良性的方向发展。村民理事会作为农村基层微自治组织，是与村民生产生活最为接近的自治组织之一，与村民委员会相比有更大的自治空间，如果不受监督将难以真正发挥其效用，就有产生公权私用的危险。因此，村民理事会在发展过程中需要建立一套完善的监督机制。村民理事会监督制度不完善的问题由来已久，"村民自治中的监督制度存有冲突与真空现象"[①]影响微自治组织有效运行。监督制度不完善突出表现在监督事项不明、监督手段单一、监督机构设置不合理、监督主体能力不足等方面。这些方面带来的结果就是谁监督、怎么监督以及监督效果怎么样的问题没有得到有效解决，导致微自治组织滋生腐败，营私舞弊、以权谋私等不良行为时有发生。中国乡村是半熟人社会，有其传统习俗与文化，村民之间的关系"剪不断理还乱"，作为监督主体的农民往往碍于人情面子，对理事会人员的监督流于表面、监督不足、难以监督是一种较为普遍的现象。总之，村民理事会如果没有与之匹配的监督制度，监督工作就难以开展。

三 微组织运作管理的困境

（一）群众组织动员不易

乡村治理为了人民，依靠人民，农民群众是乡村发展的主力军，任何一

[①] 杜威漩：《村民自治中的监督制度：冲突、真空及耦合》，《华南农业大学学报》（社会科学版）2012年第2期。

项乡村工作得不到农民的支持，都会成为无源之水、无本之木。同样的，村民理事会顺利开展工作的前提就是要得到村民的支持，这首先要组织群众、动员群众，然而不少村民对村民理事会的工作不感兴趣，也不愿意掺和到这些事务中来，这加大了群众动员的难度。究其原因，主要有以下几点：

村民们对村民理事会这个新事物并不了解，对村民理事会的性质、功能一知半解，误以为村民理事会是村"两委"的下属部门，甚至认为这是一个官方或半官方的组织。即使愿意配合村民理事会的工作，也仅仅是因为信任熟悉的理事会成员，而不是信任整个村民理事会。

村民民主意识淡薄，政治素养较低，表现出一定程度的政治冷漠。经济发展对增进公民民主意识有重要影响[1]，目前我国农村经济发展仍然处于较低水平，塞缪尔·P. 亨廷顿等曾指出，政治参与对于大多数人来说只是实现目的的手段，如果能够通过其他方式实现他们的目标，政治方式就会被替代。[2] 对于村民来说，当前最重要的是解决个人的生计问题，相比于参加这些集体活动，他们更愿意花时间去干农活、做家务、打工挣钱。曹锦清认为中国农民有一个特性，喜欢"单打独斗"，往往只能看到个人的眼前利益，看不到合作带来共同利益，善分不善合[3]，许多村民认为村集体公共事务与自己无关，这些是属于村干部的工作，个人只管自己的一亩三分田，只有当村公共事务涉及自身利益时，才愿意参与进来。

村民理事会的动员方式还较为落后，不易被村民接受。村民理事会在组织动员群众时的主要方式有通过村喇叭广泛宣传，在村宣传栏上张贴告示，少数情况下挨家挨户走访或打电话宣传通知。我国农民的整体文化素质偏低，又缺乏权利意识，再加上大量的青壮年进城务工，农村呈老龄化空心化状态，目前的宣传动员方式不利于在外务工农民和留守老年人理解相关政策，从而导致动员困难。村民自治的有效性取决于村民的参与程度，当群众组织动员程度低时，毋庸置疑村民自治的效果也会受到影响。

---

[1] [美] 西摩·马丁·李普塞特：《政治人：政治的社会基础》，张绍宗等译，上海人民出版社 2011 年版，第 419 页。

[2] [美] 塞缪尔·P. 亨廷顿、琼·纳尔逊：《难以抉择——发展中国家的政治参与》，汪晓寿等译，华夏出版社 1989 年版，第 56 页。

[3] 曹锦清：《黄河边的中国——一个学者对乡村社会的观察与思考》，上海文艺出版社 2000 年版，第 167 页。

（二）资金筹集管理困难

在多数情况下，村民理事会用于乡村建设的资金主要来源于政府财政补贴，这虽然能为乡村建设起到兜底的作用，但从长期来看，在没有其他资金来源的情况下，单靠政府财政补贴，很容易使村民理事会变成下一个村民委员会，使其过度依赖于基层政府，带上行政色彩，同时也会助长部分群众"等靠要"的懒人思想，不愿意为乡村的发展建设出谋划策、贡献力量，并且这些财政拨款只能解决"燃眉之急"，想为乡村发展持续"添砖加瓦"，必须拓展资金筹集渠道。除了政府支持的资金外，另一常用的资金筹集方式是村民自筹。在农村经济发展水平本就偏低的情况下，让村民自掏腰包无疑是难上加难。建设资金的不足不仅束缚了村民理事会的自治能力，使理事会的工作只能围绕着拨款项目打转，乡村建设寸步难行，还会打击理事会成员工作的积极性，不利于村民理事会的可持续发展。此外，村民理事会对资金筹集活动缺少预算，存在边建设边筹资，先建设再根据情况筹资的问题，导致项目后期因资金不到位而烂尾，或没有达到项目前期宣传的效果，致使村民好感度、信任度降低。

即使资金筹集到了，管理也成了问题。资金管理是指村民理事会将为乡村建设或公益事业发展而筹集到的资金进行统一规划、管理并合理支配的过程。虽然村民理事会是群众自治性组织，但随着其在乡村治理中发挥着越来越重要的作用，其所掌握的公共资源尤其是资金也会显著增加，存在着贪污腐败、资产流失和资金浪费的隐患。但是在村民理事会成立之初，在为村民理事会设立规章制度时，多数村庄只考虑了选举办法、工作职责、考核方案、决策程序等内容，在资金的监督管理与信息公开等制度设计方面存在缺位，在岗位设置与分工上，也缺少资金管理与监督的岗位，资金的使用较为随意。另外，由于村民理事会成员多为村里德高望重的老人，家长式思维方式和习惯使其自身也缺乏主动接受村民监督的意识，不重视信息的公开透明，甚至将群众的监督视作对自己的不信任、不尊重，从而对监督制度产生抵触情绪。

（三）项目推进仍存掣肘

一个项目的顺利推行离不开两个要素：一是项目实施所需要的人力、财力、物力，二是项目实施者的组织力、协调力等各方面能力。关于第一个要素中的财力、物力难题前面已做过论述,下面主要说明人力方面的难题。所谓人力方面的困境也就是指劳动力的缺乏,改革开放以来,大批农村青壮年和知识分子流向城市,农村人口的主体变成了老人、儿童和妇女。农村人口的空心化带来了农村建设劳动力的大幅降低,同时留守人员文化水平、政治素养较低,也缺乏自治意识与责任意识。项目的实施缺乏相关主体的支持,缺少劳动力,推进难度也就不言而喻了。关于第二个要素中的项目实施者,这里主要指村民理事会。从项目的立项到结项验收,村民理事会不仅需要召集村民协商决策,动员群众参加,设计项目方案,规划项目预算,筹集项目需要的人财物,参与监督、验收等等,当碰到"钉子户""搭便车者"时,还需要出面规劝协调,例如赣南安远县在新农村建设中需要拆除祖堂,就碰到了推进难题①。在我国传统的宗族文化中,拆祖堂会被视为"离经叛道"和大逆不道,自然有许多村民不同意,在有人不同意的情况下,项目被搁置,需要村民理事会做通思想工作后才能继续。工作繁杂、任务量大,都是对村民理事会工作的挑战,需要村民理事会借助其他社会力量,协力推进项目实施。

(四) 公益任务负担过重

目前在我国农村建设中,公益事业和公共产品的供给还存在较大缺口,不论在质量上还是数量上都亟须加以完善。"新官上任三把火",村民理事会作为由村民选举出来的自治组织,本着为民服务、为民谋利的信念,容易出现大包大揽、为自己设立一大堆公益任务的情况。在《凤阳县小岗村村民自治点工作手册》中可以看到,村民理事会的公益任务包括组织村民参加建设和维护基础设施,做好环境保护和卫生保洁,改善村容村貌;维护村民权益,服务村民生产和生活,关爱困难弱势群体,调解矛盾纠纷,促进社会和谐;倡导文明新风,组织村民摒弃陈规陋习,坚持移风易俗,推行健康文明科学的生活方式等方面。过多的公益任务不仅导致村民理事会压力过大,而且一旦无法完成,就会使村民理事会成员与村民双方都失去信心。另外,因为供村民理事会使用的资金有限,在将资金投入某一项工作中后,用于其他公益

---

① 魏程琳:《集体行动困境突围:新农村建设中的理事会——基于赣南C村个案调查》,《中共宁波市委党校学报》2012年第6期。

建设的资金就会减少,哪一项公益项目先开始,哪一项后开始,不同村民的需求偏好总是不同的,由此就容易引发矛盾。

(五) 矛盾调处化解乏力

调解村内各种矛盾,维护农村社区稳定是村民理事会的一个主要工作内容。随着农村社会的不断发展和经济体制的变革,我国农村的社会结构、生活方式、利益需求、思想观念等各方面都发生了深刻变化,尤其是农民法治观念、民主观念的提高,农村的各种纠纷变得多样化、复杂化。陆益龙指出矛盾纠纷具有公共性,更多矛盾纠纷会进入公共空间,而不是停留在矛盾双方之间。[①] 如果不通过第三方力量及时调解矛盾,很可能会影响到社区中的其他居民。当前农村社会矛盾早已不局限于家庭邻里纠纷,随着乡村社会逐步从封闭走向开放一体,社会关系外溢,农村居民与社会、国家产生更多的交集,矛盾主体的形式也日益多样化。然而,我国农村矛盾协调治理的理念却没有相应得到转变,与社会发展相脱节,这表现为传统的"维稳"观念仍然占据主导地位,即面对农民矛盾纠纷时,治理主体仍然使用权威性资源,以"堵""处置"为导向,采用管控的方式,来平息各种纠纷[②],也即重"堵"不重"疏",重"处置"而不重"防范"[③]。除了传统观念的制约外,村民理事会中调解人员的素养和能力也限制了矛盾化解的效果。现代社会农村矛盾的多样化复杂化,不仅要求调解人员具备一定的沟通技巧,还要求其掌握一定的法律知识。村民理事会成员虽然比普通村民的知识文化水平高一些,但这些专业化的知识与技能还是有所欠缺。

四 微组织功能发挥的不佳

(一) 微组织自治性不足

村民理事会作为创新型微自治组织,集单元微自治、群众自主性、上下沟通性、议事协商性、自我服务性等特性于一体,自治性是其最重要和最有

[①] 陆益龙:《纠纷管理、多元化解机制与秩序建构》,《人文杂志》2011年第6期。
[②] 陈荣卓、颜慧娟:《民生法治视域下农村社区矛盾纠纷治理之道》,《华中农业大学学报》(社会科学版)2016年第1期。
[③] 何艳玲:《以社会治理体制改革促国家治理体系建设》,《光明日报》2014年1月20日第11版。

意义的创新点，所以自治性的有效发挥是其存在的关键，然而，现阶段的村民理事会恰恰存在自治性不足的问题。一些学者也曾对村民理事会的作用发挥提出过质疑，如诸秋南、诸晓毅等学者认为"村民理事会"存在以下问题：有的村民认为理事会和村民小组没有本质区别，纯属花费精力瞎折腾；有的理事会及成员文化水平偏低，思想观念不新，部分成员存在畏难情绪，怕得罪人等等，因而也就不能充分发挥理事会整体自治作用。[①] 除此之外，村民理事会自治性不足还与政府赋权不到位有关。村民理事会作为比村民委员会更贴近群众的微型群众性自治组织，虽然涉及的事务更加琐碎，但是与群众切身利益密切相关。如果村民理事会成员不能得到真正赋权，不能真正行使相应的财权和事务管理权，那么村民理事会就无法强有力地做出决策和高效的行动。一旦村民理事会作用不能有效发挥，那么理事会成员自我效能感就会下降，那么他们为群众真办事、办实事的热情和动力就会相应变小，村民理事就有可能陷入软弱涣散的状态。因此，在社会治理重心下移的背景下，理顺基层政府和村"两委"与村民理事会的权力关系，将治理权力适度下移，基层政府适度放权、合理配权，才能使村民理事会真正成为实实在在的有权力、有动力、有效能的微自治组织。

笔者带领团队在全椒县大季村开展村民自治试点的时候，发现当时该村以片（村民小组、自然村、居民集中居住点统称为片）为自治单元，除石坝村一个村民小组成立一个村民理事会之外，一般是两个至三个村民小组成立一个理事会，卧龙新村14个村民小组集中安置后成立一个理事会。由于大部分村民小组都有集体经济收入，其使用权和分配权主要在于村民小组长，导致跨村民小组建立的村民理事会不具备集体经济收入支配权，从而导致各个村民小组大部分集体经济收入不能用于村民自治活动开展，对于涉及村民自我服务、自我管理、自我监督所需的一些经费只能向上级政府和村民委员会伸手要。此外，村民理事会的权能有限，主要限于议事协商职能，缺乏部分必要的决策权和执行权，导致行动效率低下，自治效果不佳。

（二）政府有效引导缺乏

村民理事会的产生是基层微自治的创新性发展，这一点是毋庸置疑的，

[①] 诸秋南、诸晓毅：《村民理事会在建设社会主义新农村中的作用探讨》，《职业时空》2011年第5期。

但是，在后续的发展与完善的过程中，发展方向的引导和发展路径的规划也是相当重要的，否则，村民理事会在后续的组织变革和治理创新等方面肯定会出现或多或少的问题。周波、陈昭玖就认为村民理事会发展的过程中存在着村民理事会与村"两委"的关系模糊问题以及各级政府对村民理事会在发展方向上缺乏引导等问题，认为农村各类理事会作为社会团体的一种特殊形式，按照现有的政策法规没有进行社团登记，基层政府对于以理事会的名义开展与其业务不符的活动无法及时掌握和控制。[①] 基层政府不能很好地定位村"两委"和村民理事会之间的关系，导致村民理事会地位悬空、职能模糊，与村"两委"相互扯皮，无法很好地承担起具体责任。基层政府在资金、技术、人才方面的信息也无法准确有效地送达村民理事会，往往只能到达村"两委"，而村"两委"在没有上级明确指示的情况下，也无法对两级自治组织之间的资源进行合理的配置。如此看来，基层政府、村"两委"与村民理事会之间的关系需要更加明确的厘清，包括地位、权力、职责等各个具体方面。在厘清这些关系方面的基础之上，才能更好地将资金、技术、人才等资源有目的、有计划、有节制地投放给村民理事会。只有厘清基层政府—村民委员会—村民理事会三者之间的权责边界和建立良好的协作机制，才能有效发挥政府的引导作用和自治组织的协助作用。

（三）激励机制不够健全

无论基层自治形式和自治组织如何改变，人民群众始终是基层自治的主体，他们的自治意识和自治能力始终都是基层群众性自治制度发展创新的核心和关键点，因此必须想办法充分调动基层群众的自治意识和提高他们的自治能力。目前，村民理事会内部和外部都缺乏系统有效的激励机制。如果说内部激励是村民理事会健康高效运作的原生动力，那么外部激励就是村民理事会不断提高和持续创新的外部动力；内部激励是自发动力，外部激励是推力和外在助力，基层政府对于村民理事会的表现未给予充分的关注，没有对村民理事会及其成员进行有效的精神鼓舞和金钱实物奖励，也缺乏必要的支持鼓励政策。总体来说，村民理事会的自治过程缺乏有效的内外部激励机制，

[①] 周波、陈昭玖：《探析新农村建设长效发展的一个有益载体——村民理事会》，《农业经济问题》2006 年第 11 期。

从而影响了群众自治潜力的挖掘和基层自治功能的发挥。

例如，2016年安徽省铜陵市义安区某村的村级集体经济比较薄弱，依靠出租村集体所有的水塘等，每年大约只有10万元的集体经济收入，除去村里公共开支几乎没有剩余。村"两委"主要干部月工资约为2600元，主要由区财政统一负担；村民小组长每年的务工补贴300元，31名村民代表每人每次开会有50元务工补贴，全部由村委会负担，但是6个自然村的村民理事会成员却没有拿到村委会的任何补贴，这在一定程度上影响了村民理事会的正常运转，也挫伤了理事会成员工作的积极性。

（四）协同治理能力不强

在厘清基层政府、村民委员会与村民理事会之间的角色、权力、职责等关系的前提下，还需要关注不同层次党的组织和自治组织之间的协同治理问题。目前，在行政村层面的村民自治体系由村党组织领导下的村民（代表）会议、村民委员会、村务监督委员会和村社区协商委员会等组织组成；在片区层面（村民小组、自然村、农村社区统称为自然村片区）的村民自治体系由片区党组领导，片区村民（户代表）会议、片区村民理事会、片区村务监督组织新型片区自治组织体系，从而形成基层党组织领导下的两级自治体系，此外还有农村集体经济组织、社会组织、志愿服务组织等，如何保障这些组织体系的有效衔接是一个不可避免的问题，特别是多个自治组织之间的衔接工作还有待完善。[①] 杨静通过对于S村微自治的实践研究发现，村民理事会具体事务的工作方法和程序不够完善，与上级对接存在困境，村民理事会的这种探索是在现行的法律和制度之外的，因为现行的《中华人民共和国村民委员会组织法》并没有对村民理事会的法律地位做出具体阐述，因此缺乏制度的保障。一旦村民理事会的工作方法和程序出现问题，就会导致上下级自治组织的衔接出现问题。只有通过完善制度保障，才能降低村民理事等村民自治组织再行政化的风险。[②] 毛丽平、张联社通过对比"赣州模式"的成功经验和上饶市李村村民理事会现阶段发展态势，也认为村民理事会与政府要形成良性互动才能走出村民理事会目前的发

[①] 黄杰：《村民自治基本单元下沉的实践成效及完善策略》，硕士学位论文，安徽大学，2019年。
[②] 杨静：《共同体理论视域下村民微自治实践研究——以H省S村为例》，硕士学位论文，安徽大学，2021年。

展困境。①

　　村级公共事务协同治理机制的构建面临着很多困难,其主要原因在于:首先,村庄的事务本身非常复杂,任务重、时间急,将村庄的大小事务理清就已经很不容易,在此基础上协调不同组织只会更难。其次,现如今的大部分村庄事务由行政村层面党组织和自治组织承担,他们能力大、责任重、任务多,而自然村片区层面党组织和自治组织在其中发挥的作用较小,两级自治组织的权责要求差别很大,本身难以协调。最后,村民理事会自身在管理和决策能力方面也需要提高,村民理事会对村"两委"交办的事务,存在严重的政策依赖和路径依赖,村民理事会难以发挥自身的主观能动性。只有在基层党组织的强力领导下,行政村和自然村片区层面自治组织形成良性互动机制,才能提高协同治理能力。

---

① 毛丽平、张联社:《新农村建设理事会的推广困境与发展研究》,《长春理工大学学报》2014年第3期。

第七章　村民理事会组织变革与治理创新的完善策略

村民理事会组织变革和治理创新的关键在于从"优化微组织结构组成、加强微组织运作管理、强化微组织制度建设、促进微组织功能发挥"等角度着手，加强自身组织建设，提升自身自治能力，以村民小组、自然村、农村社区为农村微自治基本单元，正确处理村民参与、组织自治、政府管理之间的关系，构建基层政府指导、村党组织领导、村委会指导、村民（代表）会议决策、村民理事会议事和执行、村民广泛参与、其他组织大力协作的新型乡村治理机制，从而充分发挥各类基层组织协同作用和多主体合作治理模式的优越性。

一　优化微组织结构组成

（一）优化组成人员结构

组织人员架构的均衡发展有利于激发主体成员工作的自主性，推动组织的高效运转。村民理事会现有的人员构成面临年龄结构偏向老化、学历水平不高、创新能力不足等问题，在很大程度上确实阻碍了村民理事会功能的发挥，影响了乡村基层协商民主的有序推进。

优化调整理事会人员结构，关键在于拓宽人才的来源渠道与完善人才的培养机制，即从"数量"与"质量"两方面入手。从理事会人才来源的"数量"上看，虽不以求多为目标，但要为乡村理事会的人员构成做好储备人才的培养工作。现有的理事会的人员构成以能人和老人为主，年龄结构不合理、文化水平不高，且其部分骨干人员又与村委会的成员有所重叠，人员结构偏向单一化和固定化。加强村民理事会的人才储备力量，一是要提升基层群众对村民理事会的关注度与信任感，鼓励更多的村民积极参与农村公共事务的管理，提升对组织的认同度。政府应主动引导村民理事会的发展方向，处理好理事会与村"两委"之间的关系，切实使理事会的效用得以凸显。同时，多渠道加大宣传力度，宣传理事会的选举程序、运作规章、自治成效等，提升理事会的吸引力。二是要拓宽协商民主的范围，形成协商主体的广泛化与多元化，补齐村民理事会人力资源的短板。针对乡村青壮年的外流，应大力发展农村经济，增强乡村的经济吸引力，出台推动返乡人员就地就近就业的利好政策，吸纳乡村精英。三是要给予村民理事会成员适当的激励，提供一定的物质保障，使更多农民有意愿、有热情、有信心参与乡村民主自治。可以考虑将能力强、素质高的理事会成员在村干部选聘的过程中优先推选，作为村委会的后备干部培养。[1]

从理事会人才来源的"质量"上看，由于目前的成员结构受年龄、宗族、血缘等因素的影响过大，其工作的方法缺乏一定的科学性与系统性，工作能力不强，导致基层自治的创新能力不足。因此，完善村民理事会的人才培养机制十分必要。首先，要提高农民的学习意识与参与水平，使农民具备参与基层民主协商的多层次、多方位的能力。乡镇政府通过开展定期的专题培训，配合政策宣讲、典型示范、实践锻炼等方式切实提升农民的学习意识，增强农民的治理能力。同时，提升理事会成员素质，落实对村民理事会成员的常规化学习教育与考核机制，在乡村社会形成深厚的文化氛围，推动村民自治的规范运转和健康发展。其次，发挥乡村能人的引领示范作用，通过"关键少数"的带动发展一批德行兼备、能力突出的人才队伍，形成以"老"带"新"的科学发展格局。乡村能人依靠其更为丰富的知识、声望、经验、关系资源等，处于乡村社会关系网的中心位置。[2] 此种方位优势更易于发挥人才的引领带动作用，调动基层自治主体的活力。最后，要积极培育村民理事会成员的民主意识，推动基层民主协商的广泛多层制度化发展。村民理事会将基层民主与公民协商统一起来，通过创造平等、包容、自由的互动交往与对话平台，打破传统基层公共事务治理中的宗族化、家族化倾向，满足村民遇事

---

[1] 曾昭菁：《村民理事会在村民自治中的作用分析》，硕士学位论文，南昌大学，2020年。
[2] 朱凯诗：《社区营造视角下B村村民理事会参与乡村治理的研究》，硕士学位论文，暨南大学，2020年。

可民主协商的需求。

(二) 完善选举产生机制

村民理事会作为乡村的新型自治组织，目前与其有关的章程、办法、工作制度等仍侧重宏观层面的原则性指导，村民理事会的选举产生程序、执行运作制度、民主监督机制的具体内涵缺少官方的明确规定。为了进一步推进村民理事会的组织变革与治理创新，必须要有一套完善的选举产生机制，扎实村民理事会制度建设的基础。村民理事会在党组织的领导下，按照"依法自治、尊重民意、因地制宜、规模适度、服务群众"的原则选举产生。基层党组织是乡村社会的领导核心，有效统领全村村民自治事务，村民理事会在村党组织的领导下，发挥村民主体作用，坚持依法自治，按照规章制度办事。从实际出发，坚持突出主体与分类指导相结合，让村民自主参与农村基层各项治理工作。

为了完善村民理事会的选举产生机制，一方面，要进一步规范村民理事会的组织成立程序。完备的村民理事会的产生程序应包括前期准备阶段、调查摸底阶段、动员实施阶段与总结完善阶段。(1) 前期准备阶段。成立村民理事会试点工作领导小组，由村党组织负责人担任组长，由村"两委"主要干部等为成员，为工作提供强有力的组织保障。自治试点工作领导小组应根据上级文件要求，制定符合本单位实际的村民理事会工作实施方案并报上级批准。(2) 调查摸底阶段。村民理事会试点工作领导小组深入试点村开展调查研究，广泛征求党员干部和广大村民的意见，摸清由理事会负责和自然村统一管理的事项，村民自我管理、自我教育、自我服务的做法和成效，村庄治理中存在的主要问题，村民对村庄治理的意见和要求。根据调研情况，起草村民理事会的有关规章制度。(3) 动员实施阶段。首先，通过召开由村"两委"、村民小组长以及党员、村民代表等人员参加的动员大会，使党员干部和广大村民了解试点工作的重要意义、主要做法，进一步提高思想认识。其次，试点工作领导小组进行意见征求，起草村民理事会规章制度，印发至村"两委"、村务监督委员会等，组织成员进行讲解，同时组织群众进行讨论，根据讨论情况进行修改后，形成正式理事会章程制度。(4) 总结完善阶段。对村民理事会试点工作的做法和成效及时进行总结，查找工作中存在的问题并进行完善，提出今后开展试点工作的建议，形成书面总结并报送至上一级试点工作领导小组。同时，整理收集试点工作材料，进行立卷归档。另一方面，村民理事会的"人员组成"程序也待进一步修正。首先，在制度设计层面，各地区应结合当地发展实际，尽快出台相应办法，指导村民理事会制定章程，明确理事会组成人员的选举办法。其次，在参与主体层面，应秉承本人自愿、群众认可的原则，通过民主选举、村民代表推选或直接推选的方式选举产生。同时，鼓励本村组党员团员、致富能手、大学生"村官"、返乡创业农民工、退休公职人员等加入理事会，进一步提高参与主体的多元性与包容性。最后，在整体原则层面，理事会的人员构成应遵循"群众自愿、注重多元、利益共享"原则，培育村民的民主意识，促进村庄内部民主自治的实现。

（三）防范不法势力侵入

在宗族和家族道德文化浓厚的村庄，宗族作为乡村治理中的重要力量，通过血缘、姓氏、地域网络的架构凸显其独特的凝聚力与号召力。以农村传统习俗和宗族力量为纽带建立的共同体，其组织内部的关系十分紧密，组织的稳定性也就更强。有学者从历史基因视角对"赣州经验"进行分析，指出赣州新农村理事会的建设不仅根植于浓厚的"宗祠文化"，还拥有尊老崇礼的客家传统伦理权威。[1] 宗族力量的介入，强化了乡村治理共同体的紧密度，降低了村庄治理的社会成本，是乡村历史文脉的传承。虽然农村宗族和家族力量对乡村民主治理有一定的积极意义，但是仍要注意乡村治理网络中宗族势力对利益与资源分配格局的负面影响。

宗族或家族在表面上并不会阻碍民主在形式上的推广，但发展起来的宗族或家族组织则会限制基层民主的内涵的实现。[2] 不管基层协商民主的内容与形式如何发展创新，不可否认的是，在一个拥有宗族意识和血缘关系的乡村社会中，自治组织的运作难以摆脱家族力量的影响，更不应将宗族与村民自治完全割裂开来。针对村民理事会运作过程中宗族势力的侵入，各地区应主动探索因地制宜、合作共治的基层民主治理模式。在维护资源、利益分配公正性、平等性的同时，也要保持村民理事会的独立性与民主性。通过打造基层党组织、政府、自治组织、宗族群众组织的合作共治模式，积极推动宗族

---

[1] 李勇华：《新农村建设理事会：我国村庄治理的制度创新——新农村建设"赣州经验"解析》，《探索》2007年第2期。
[2] 孙秀林：《华南的村治与宗族——一个功能主义的分析路径》，《社会学研究》2011年第1期。

力量与各方力量的良性互动,形成治理合力,发挥宗族的正面治理功能。国家政权要主动引导宗族势力在乡村社会的发展轨道,把握宏观发展方向。各级党组织和政府部门应积极出台村民理事会规章制度、工作办法等,进而规避宗族势力的不良影响。例如,广东省蕉岭县依托政权治理的主体地位积极推动宗族治理力量的转型,形成以村民理事会运作为核心的党政组织与宗族共治的合作治理模式①,达到了乡村善治的目的。

针对基层自治过程中的不法宗族势力对基层政权的干扰,要进一步推动村民理事会的组织变革与治理创新。完善村民理事会的选举制度、优化运作机制、规范监督程序,净化基层政治生态,提升村民理事会制度的科学性与有效性。要加强对村民民主意识的培养和国家法律法规的宣传。让广大村民认识到学法、用法、守法是依法治国的基本要求,利用家族观念、家族组织和家族势力参加非法家族活动构成违法犯罪是要受到相关法律法规的追究和惩罚的,使他们认清封建家法意识的危害,明真理、辨是非、树正气,打击歪风邪气。广大村民也应该通过村"两委"、村民理事会等正式组织形式合法地维权和参与农村基层公共事务治理,防止小家族宗族利益凌驾于社会整体利益之上,从而正确处理国家、集体、个人三者的利益关系。

(四) 理顺组织关系网络

村民理事会作为村民自治的组织载体,坚持党委领导、政府引导,以农民为主体,推动农村基层组织变革与微治理创新。理顺村民理事会的组织关系网络,有利于深化村民理事会的组织性质、规范组织制度、明晰组织结构,克服组织结构的失衡,保障基层协商民主的广泛性、平等性与包容性,激发乡村自治的内生动力。2016年《安徽省实施〈中华人民共和国村民委员会组织法〉办法》中虽然原则性地规定了村民理事会与村民委员会是配合、协助、支持、指导的关系,但是在村民理事会的实际运作过程中,暴露出村"两委"与村民理事会职责边界模糊、组织关系不明确的问题,村民理事会的行政化倾向也初显问题。

从村民理事会与基层党组织的关系来看,要充分发挥村党组织在乡村治

---

① 傅熠华:《乡村共治格局下的"政—族"合作——基于广东省蕉岭县客家村民理事会的实践》,《西北农林科技大学学报》(社会科学版) 2019年第5期。

理中的领导核心作用,接受党组织的领导和监督,为村民理事会的发展创造稳定的社会环境。在村民理事会中设立党小组,使村民理事会成为以党小组为核心,以党员为骨干,以积极进取的村民为核心的组织。村民理事会在党小组的领导下开展工作,注重发挥党员的先锋模范作用,加强与村"两委"的互相配合与支持,提升村级公共事务治理绩效,推动社会主义农村基层民主建设。从村民理事会与村民委员会的关系来看,要进一步明确二者的角色定位,"村民理事会建设的目的不是消解村民委员会的自治性,而是通过再造自治单元的方式,实现乡村社会内部自治组织的多元化、各组织之间的协同化以及村民自治的高效运作"①。当前村民委员会的管理半径过大,需要处理的公共事务繁多,使得村民理事会承担了更多村民委员会的常规工作,向着行政化方向发展,不利于保持村民理事会自身的独立性与民主性,这就需要政府进行积极有效的引导与规制,进一步完善村民理事会的微组织制度建设,实现村民理事有章可依、议事规则相对明确、财务制度基本构建、村务监督有规可循的制度建设目标。政府应及时出台相关政策,健全运行机制与监督制度,引导村民理事会有序发展,激励村民理事会成员鼓足干劲,创先争优,积极参加农村基层公共事务治理,使村民理事会成员政治上有地位,待遇上有保障,工作上有干劲。同时,由于村民理事会是一种群众性自治组织,在农村基层公共事务治理中理应具有独立的民事责任能力,应该加强村民理事会的管理工作,包括村民理事会成立的备案、接受党小组的领导、规范村民理事会的正常运行等方面。项继权、王明为在湖北省茗山乡调研发现,当地借助村民理事会的"搭台",采取"两会三公开一报告"的运行机制,形成政府、村委会、理事会、村民主体的多元合作治理格局。②

二 加强微组织制度建设

加强制度建设历来是任何组织或机构都要认真对待的基础性工作,"制度建设是带有根本性、全局性、稳定性和长期性的问题"③,所以任何组织或机

---

① 韩瑞波:《替代抑或协助:村民理事会运作的差异化分析——基于广东英德和湖南浏阳的案例比较》,《深圳社会科学》2021年第2期。
② 项继权、王明为:《村民理事会:性质及其限度》,《福建论坛》2017年第9期。
③ 《邓小平文选》(第二卷),人民出版社1994年版,第333页。

构一经产生就有加强其制度建设的现实需要。村民理事会微自治组织从产生以来，其制度建设就存在不足，为此，在探索、推广这种微自治组织的过程中，要从根本上认识到加其制度建设的重要性。加强村民理事会微组织制度建设的重要意义在于实现对微自治组织管理的规范化、制度化、民主化与科学化，发挥其作用，满足农民积极参政议政愿望的同时推动农村治理现代化水平。不同于政府行政组织与机构，村民理事会加强制度建设的动力主要来自微自治组织主体本身，也就是农民自己，而不是政府；根本方法是依靠作为微自治组织主体的农民在实践中不断摸索、总结经验来加强自身制度的建设。

（一）完善组织制度文本

2014年中央"一号文件"提出"探索不同情况下村民自治的有效实现形式"，此后，微自治组织就爆发出巨大的潜力迅速在农村各地发展。进入新时代，微自治组织发展迅速，已经成为一种实现服务群众、引领群众与自治有效的村民自治方式。在此背景下，村民理事会微自治组织需要通过不断完善制度来保持自身活力，真正实现微自治组织有人管事、有钱办事与有章理事的治理机制。

完善组织制度是当前村民理事会的重要任务之一，有利于维持微组织高效运行。因为当前村民理事会微自治组织制度不完善，其内容大多是在各地村规民约的基础上适当修改后产生，这种内容无法满足微自治组织发展的需要，要不断加以填充，设立事务公开制度，明确村民理事会自治功能，健全村民理事会组织载体，区分微自治组织制度与村规民约文本的内容。村民理事会与村民委员会在人员配置、产生程序、主要职责等方面存在较大差别，从制度设计上应该严格将二者进行区分。村民理事会在成员组成上要尽可能吸收村里有文化、有魄力和有大胆创新精神的年轻人加入其中，实现微自治组织中老、中、青三个年龄阶段人员的合理配置，发挥中老年人成熟稳重与年轻人勇于创新的精神，及时对不合时宜的内容进行修改，做到因地制宜、因时制宜，实现在制度建设方面紧跟时代步伐。

（二）规范协商议事流程

协商议事是村民理事会微自治组织直接民主的重要体现，为此要想方设法地筑牢协商议事平台，千方百计地打通协商议事环节，建好、用好协商议事制度，保障协商议事权利，规范协商议事流程，促进微自治组织协商议事效率。村民理事会协商议事流程与村民议事会议事流程不是同一个议事制度，需要将二者区别开来，确保村民理事会议事制不是照搬照抄村民议事会制度。以村民理事会章程为指导，坚持"一事一议、就事议事、因村而宜"的原则，明确议事内容、范围与权限，确保每次议事不超范围，因事而议、因事而定。协商议事坚持求同存异，树立平等协商、依规协商、民主协商与真诚协商的意识。建立协商议事秩序，畅所欲言，尊重少数人的诉求，防止多数人的暴政，增强和培育公共精神，使协商议事在农村生根发芽，在村民相互交流、协商的基础上寻求最大公约数，不能以通报、工作部署等各种形式主义替代协商议事过程。"民主协商有利于形成公共利益"①，提高协商议事的精准度，协商议事形成会议纪要，保证协商过程理性，最终达成底线共识。充分利用村民小组和自然村等现有场所和平台开展议事，确立每月议事次数，发动群众参与议事，合理规范议事时间。

（三）健全民主决策制度

民主决策问题在很大程度是决定一个组织或机构兴衰成败的问题，"好的民主决策制度不仅要被广大村民接受与认可，还要易于实施"②。民主决策制度是微自治组织的核心制度，所以村民理事会微自治组织在运行过程中要努力形成民主决策、依法决策的决策机制。村民理事会微自治是村民自治下的民主协商，其实质是在微自治组织事务范围内坚持村民的事情村民说了算，是"有事好商量"在农村基层最直接体现，这种微自治不仅培养农村基层民主意识与民主作风，一定程度上还使"基层民主真正地运转起来"，有效防止决策随意性。作为一种现代社会普遍认可的制度或观念，民主"摸得着，看得见"，"要实实在在地体现在最基层群众的公共生活当中"。③健全微自治组织民主决策制度关键在于充分征求、听取村民的意见和建议，取众人之长，

---

① 袁方成、罗家为：《选举与协商：村民自治的双轮驱动》，《吉首大学学报》（社会科学版）2016年第2期。

② 仝志辉：《"后选举时代"怎样促成真正的村民自治》，《中国农业大学学报》（社会科学版）2007年第3期。

③ 龙云敏、龚旭芳：《推进基层决策民主之我见》，《学校党建与思想教育》2016年第18期。

才能决众人之事。因为村民理事会微自治组织是在村民小组、自然村、农村社区等地域相对狭小的范围内开展，便于召开片区村民会议或村民代表会议或户代表会议，广泛地开展协商，尽可能地吸纳民意，最大限度地保障决策的民主性与科学性。

（四）强化内外监督机制

村民理事会微自治组织作为农村治理的有效方式，要严格落实监督机制，探索多形式、多样化的监督方式，通过内外监督并举、形成内外合力、内外联动的监督机制，切实加强自我管理的水平能力，促进微自治组织健康发展。首先，在内部监督方面，主要来自微自治组织内部成员的相互监督，即理事长与其他理事成员相互监督，特别是其他理事会成员可以监督理事长行为作风是否正派、是否忠诚于该组织、是否对人民群众负责；理事长则监督其他理事是否各司其职，各尽其责；有条件的地方还可以专门建立监事会，专门行使监督职能，对理事会进行全面、系统的监督。其次，在外部监督方面，村民理事会作为村民委员会指导下的微自治组织，自然要接受来自村民委员会自上而下的监督。最后，它的性质与功能决定了它还必须直接接受广大农民的监督，极力摆脱自古以来熟人社会难监督的陋习，村民可以通过各种方式监督村民理事会成员是否依法履职、依规履职等。

三　强化微组织运作管理

（一）创新群众动员方式

动员是发动群众参加某种活动，吴开松将动员机制定义为动员主体与动员客体通过动员因素相互作用的方式。在动员过程中，动员主体首先制定动员目标，之后通过各种策略手段影响动员客体，以使其做出响应，参与政治活动，最终主客体之间实现一体化、消除隔阂。[①] 在村民理事会的动员工作中，村民理事会是动员主体，农民群众是动员客体。因此，组织动员群众自发地参与到村公共事务中，配合村民理事会的工作，首先要让村民知道村民理事会是干什么的。由于村民委员会在"人财物"等方面严重依附于乡镇人

---

① 吴开松：《当代中国动员机制转化形态研究》，《内蒙古社会科学》（汉文版）2007年第3期。

民政府，又承接了乡镇政府下派的大量行政事务，具有较为强烈的"半官半民"色彩，在以往的工作中村民委员会日益行政化，导致村民意志无法充分体现，村民对村委会的自治性存在怀疑，当村民将村民理事会误认为村"两委"的下属部门时，自然不愿意相信村民理事会是站在自己这一边的。虽然村民理事会有明确的选举办法、章程、考核方案等，但少有村民愿意去详细了解这些内容。这时必须要加强对村民理事会制度的宣传，让村民知道村民理事会与自己的利益是紧密相关的，相信村民理事会就是代表村民的心声、站在村民的立场、帮助自己解决问题的，正如徐勇所说，善分不善合并不是农民的天性，农民既善分也善合，宜分则分，宜合便合，这取决于分合能否给自己带来利益，能否维护和拓展自己的权益，因此不可低估农民的合作意愿与合作能力。① 当村民意识到村民理事会是"自己人"，认识到村民理事会的重要性时，群众动员工作也就变得"水到渠成"了。

其次，村民理事会在组织动员群众参与某项活动或配合某项政策时，需要改进动员方式，一方面要让文化程度不高的村民充分了解活动或政策的意义及价值、活动的方式方法、政策的具体要求、自己能做些什么、参加之后自己能获得什么；另一方面要采用传统与现代化相结合的宣传方式，畅通需求表达渠道，使宣传和动员范围不局限于本村范围内，还能拓展到在外务工人员以及乡贤乡友。具体来说，可以借助于新媒体工具，新媒体具有传播速度快、范围广的特点，通过创建村民理事会与村民之间的微信群、QQ 群，及时将村内活动发布到群内，推广并解答村民的疑问；创办微信公众号、微博客户端，将活动一并发布到官方平台上，积极与村民互动；拍摄短视频，用通俗易懂、独特新颖的方式吸引群众观看，通过视频直观地展现出来；运用直播平台与村民对话，可以通过讲方言的方式激发村民的乡土情怀，更直接地接受村民的提问与意见。村民理事会只有与时俱进，不断改进和创新组织动员群众的方式，才能使工作取得事半功倍的效果。

（二）规范资金筹集管理

从资金的筹集上看，要充分发挥村民理事会的自治作用，保证其独立

---

① 徐勇：《如何认识当今的农民、农民合作与农民组织》，《华中师范大学学报》（人文社会科学版）2007 年第 1 期。

性，就需要村民理事会拓展资金来源，有以下几种途径：第一，村集体经济收入创收。村民理事会可以通过整合利用本村的资源优势，带领村民从事营业活动，实现村集体经济收入的增加，例如旅游资源、茶叶等农产品。如果村民没有能力经营，可以通过承包、出让经营权的方式，委托给企业，从中收取租金或分红。第二，向银行借贷，在村集体收入增加后再还贷。第三，向财政部门争取减税免税。由村民理事会出面与财政部门沟通，争取减免村集体营业收入的税收。第四，寻求乡贤乡友的帮助。乡贤乡友可以通过直接捐款的方式建设家乡，村民理事会也可以主动联系这些乡贤乡友中的企业人士，如若条件允许，可以通过在家乡办厂等方式，增加就业岗位，提高村民收入。在规范资金筹集工作上，村民理事会在筹集资金前，必须明确资金用途，做好筹资规划，列出预算清单，每一笔入账都要进行记录。

从资金管理上看，首先要健全村民理事会内部的监督机制，转变村民理事会成员的观念，提高其接受监督的主动性，让他们意识到接受监督并不是因为不信任，而是一种对他们的保护。在村民理事会中要设立专门的资金管理岗位，对资金限额管理、资金的收入与支出进行详细记录，采用"一事一议"的方法，资金的使用必须由理事会协商决定，大项支出需要召开村民（代表）会议或者户主会表决通过。在村民理事会或村民中成立监督小组，同时要接受村"两委"的监督。其次，要在村民理事会中确立责任追究制度，监督机制必须与追责制度相配套，在监督过程中一旦发现问题，就要严肃处理，对相关责任人进行处罚，杜绝一切违规行为。再次，建立激励机制，保持理事会成员的积极性。村民理事会在乡村建设中需要付出很多的时间精力，如果没有相应的激励机制，很难保持长久的积极性。对理事会成员的激励必须严格制定相应的标准，奖励多少、怎么奖励、奖励哪些人等，避免在激励环节滋生腐败。最后，要推进村民理事会信息公开化建设。村民理事会一切资金使用明细都需要定期向村民公布；在涉及较大资金支出时，除了村民理事会召开全体会议外，还需召集普通村民参与旁听，使资金管理的信息公开成为村民理事会的常态化工作。

（三）协力推进项目实施

塞缪尔·P. 亨廷顿指出，发展中国家是一个多元社会，存在着多种原生的社会势力,并且现代化的发展也造就了许多社会和经济集团,因此,在现代化社会中,政治共同体的建立需要在横向上将各种社会群体加以融合,在纵向上把社会群体加以同化。① 现代国家的乡村治理是纵横交错的,"纵"是指国家权力的延伸;"横"是指农民通过各种自治组织表达自己的需求,实现自己的利益。村民自治的有效实现,需要改变以往存在的自治"空虚"状态。不可否认,村民理事会的成立完善了村民自治格局,填补了自治空白,促进了村民自治的有效实现。但是同样需要承认的是,村民理事会人员有限、权力有限、资源有限,不具备靠自身就能完全实现自治的能力,需要发挥不同类型组织的作用,让其他组织也成为村民自治的有益补充,由各种组织协同共治,共同推动乡村建设的进程。下面着重论述在村民自治中发挥主要作用的两个组织:农村基层党组织与村民委员会。

农村基层党组织发挥着核心作用,是联系国家与农民的重要组织,通过党组织,把农村各种组织都整合到党和国家体系中②,是乡村治理最有力的政治和组织保障,其影响力远高于一般的社会组织。村民自治也是在基层党组织领导下开展的自治活动,因此必须坚持党对村民理事会的领导,深化党组织对村民理事会的指导作用,确保村民理事会的运行立足于党的方针、政策、路线之上,村民理事会与党组织的融合可以确保村民理事会工作的科学性与先进性。要确保基层党组织的领导力与凝聚力,首先要加强党员的教育管理机制,让每位党员都能学习党的先进思想,接受党的教育,深入农村生活,密切党与群众的联系,提升党组织的引导、整合和动员能力。其次,要加强党组织的日常工作执行机制,一方面把党的政策主张及时传达到农村;另一方面要发挥党员的先锋带头作用,冲在第一线,激发群众的参与热情,增强党组织的号召力与引导力,确保成为乡村各种社会组织的领导核心。最后,要深化落实党组织的责任机制,保证党组织的先进性与纯洁性,落实党对农村的各项惠民利民政策,加强党对乡村经济建设的领导。

作为一种基层群众性自治组织,村民委员会既不属于政权组织,也不属于政党组织,村民通过村民委员会参与到公共事务的管理中,重新回归国家

---

① [美]塞缪尔·P.亨廷顿:《变化社会中的政治秩序》,王冠华等译,生活·读书·新知三联书店1989年版,第336页。

② 徐勇:《现代国家的建构与村民自治的成长——对中国村民自治发生与发展的一种阐释》,《学习与探索》2006年第6期。

组织体系，国家通过村民委员会可以加强与农民的联系。尽管村民委员会在实践中具有很强的行政建制色彩，但村民委员会仍然是当前农村最普遍的自治组织，在乡村振兴和美丽乡村建设中发挥着重要作用，是村民自治有效实现的组织依托。村民委员会与基层政府有着紧密的工作联系，能够协助政府做好相关行政工作，将国家各项政策落实到位。村民委员会通过对村民理事会工作进行建议和指导，能够起到推动作用，村民理事会实际也充当着村委会助手的角色，村委会与村民理事会的合作可以有效解决各自单独无法处理的问题。

以全椒县大季村为例，自2017年作为全国村民自治试点单位以来，大季村成功探索了在行政村层面和自然村片区层面以"党领民治、两级联动、复合自治"为主要特征的"全椒样本"，在行政村层面形成村党组织领导下的"一会三委"组织体系，包括村民代表会议、村民委员会、村务监督委员会和村（社区）协商委员会，在自然村片区层面形成片区基层党组织领导下的"两会一组"组织体系，包括片区村民会议、片区村民理事会、片区村务监督小组，在组织构成、制度设计和功能运转上形成了双层多维互动机理，实现了双层多元共治、两级多重善治和双向多方巧治，是农村自治组织"一核多元"协力共治的范本。近年来大季村村民委员会和村民理事会在村庄拆迁安置和荣鸿农业发展有限公司项目建设等方面相互配合和协力推进，大大加快了项目的进展。

（四）合理设置公益任务

村民理事会需要科学制定公益事业规划，农村公益事业建设以及公共产品的提供不是一蹴而就的，公益事业也分轻重缓急，因此村民理事会公益任务的设置需要循序渐进。不同地区的"短板"大相径庭，需要村民理事会因地制宜、因时制宜。例如，我国长三角地区农村经济建设水平相对较高，在设置公益任务时，应当把重心放在文化或环境保护上来，避免过度建设、重复建设，造成资源浪费。

农村公益事业建设和公共产品提供应当鼓励社会多方参与，动员民间资本进入农村公益建设领域，"公益性项目，市场化运作"，通过引入市场力量，激活农村公益事业活力。具体来说，农村公共事业和公共产品可以分为纯公共产品与准公共产品，对不同的公益项目属性，应当选择不同的供给主体。

纯公共产品是指具有完全非排他性与非竞争性的产品，这类公共产品不具有营利潜力，应由政府提供，例如义务教育、大型水利工程等。准公共产品又可分为两种类型，一是具有排他性和非竞争性的产品，主要也由政府提供，例如乡村道路建设、农村文化广场建设等，而对于既具有排他性又具有竞争性的产品则可通过引入市场力量提供，例如农村水电供应。不论是政府提供还是农民的自我供给，其资源和能力都是有限的，农村经济水平和生活水平的不断提高对农村公益事业建设也提出了更高的要求。市场力量具有供给效率高，成本低的优势，在竞争机制下，也会更加重视农民的需求偏好。在市场力量的加入下，村民理事会的公益压力会有所减轻，同时也能为农民带去真正所需要的产品和服务。此外，还有一些"三留守"人员的关爱、弱势群体的照顾等公益任务，可以通过村民理事会带动党员和志愿者去实施。

（五）增强矛盾化解能力

村民自治组织需要加强矛盾治理的常态化管理。所谓常态化管理是指在日常工作中，通过深入群众、走访调查等方式主动搜集信息、排查纠纷，而不是被动地等着矛盾当事人找上门来寻求帮助，在矛盾初期，矛盾当事人对彼此尚具有较大的宽容心，此时调解难度较小，且矛盾扩散范围也相对有限。

不论是村民理事会，还是国家权力主体，都需要转变矛盾治理理念。美国学者约瑟夫·奈等将国家能力分为硬实力与软实力。他认为软实力是一种感召力，是通过精神和道德诉求去影响、吸引和说服别人相信和同意某些行为准则、价值观念和社会制度。[①] 硬实力是通过惩罚的威胁或回报的承诺迫使他人去做本来他不想做的事情的能力。[②] 由此可以推断出，传统的依靠权威性资源化解矛盾的方式属于硬实力，在民主化、法治化的今天，这种硬实力可能带来适得其反的效果，加重村民对矛盾调解的不满。如今更需要采用的是柔性的软治理，注重以人为本，通过道德感召、舆论引导等方式化解协调纠纷。

要加强村民理事会化解矛盾的专业性。一是要针对村民理事会成员进行

---

① 参见张锰《软实力概念：提出、发展与批判》，《大视野》2008年第7期。
② ［美］罗伯特·基欧汉、约瑟夫·奈：《权力与相互依赖》，门洪华译，北京大学出版社2002年版，第263页。

普法教育以及沟通技巧培训，使他们能够科学有效地提出矛盾调解方案。二是要与社会力量合作，可以与法院、司法所和律师事务所合作，推进法律知识进乡村，或是寻求志愿服务组织、心理咨询师协会的帮助，提高矛盾化解的能力。

四　促进微组织功能发挥

（一）推动组织赋权增能

所谓"赋权增能"，顾名思义就是增加权力，赋予能力的意思。首先赋权源于弱势群体或个体的无权或失权，赋权既是一个结果也是一个过程，从社会学视角下，美国学者索罗门则将赋权定义为一个培养和发展个体或群体独立思考、增强其获取资源和影响他人与环境的能力和技能，使个体、组织和社区能够意识到通过参与的渠道影响决策并解决问题的行动过程。[①] 佩杰和祖巴将政治学领域中的赋权定义为一个获取和分享权力以增强个体或群体控制、支配生活的信心和能力的过程。[②] 这一"赋权"定义正好契合村民理事会，其作为比村民委员会更贴近群众的微型群众性自治组织，任务承担不一定比村民委员会少，效用发挥的可能比村民委员会更好，公益事业和公共事务也比村民委员会办理得更加具体和细化，但是村民理事会的权力却比村民委员会拥有得更少。村民理事会一旦权力过小，就不具备独立思考、获取资源以及影响决策的能力，村民理事会在行动上就会举步维艰，一些本应该发挥出来的正面作用必定受限。因此基层政府应该依法放权给村"两委"，村"两委"再将部分权力依法下放给村民理事会，使有知识、有能力、有影响力的村民理事会成员真的有权可用、有力可使、有事可为。例如，广西资源县随滩村自2009年开始就试行了"回村干部"的做法，即让副科级以上机关干部，依照籍贯属地，承包其所在村工作，帮助村民解决实际问题，随滩村的"回村干部"回村后就立马大张旗鼓，组建村民理事会，"回村干部"有权力

---

① Solomon, B. B., *Black Empowerment: Social Work in Oppressed Communities*, New York: Columbia University Press, 1976, pp. 157 - 158.

② Page, N. and Czuba, "C. E. Empowerment: what is it?" *Journal of Extension*, Vol. 5, 1999, pp. 3 - 9.

加身,村民理事会在"回村干部"的带领下建立且高效率工作起来,还解决了随滩村的部分群众与当地茶园老板的矛盾,同时也落实了新农村建设道路硬化点工作。①虽然"回村干部"算是村民理事会的"赋权"的特殊情况,但是真真切切地表现出了村民理事会的获取和分享权力对于对动员群众、实施项目、化解矛盾的积极作用。

"增能"理论本是指个人在与他人及环境的积极互动过程中,获得更大的对生活空间的掌控能力和自信心,以及促进环境资源和机会的运用,以进一步帮助个人获得更多能力的过程。这一"增能"理论不能仅仅着眼于个体层面,应该着眼于村民理事会组织层面,更加强调村民理事会的工作动力和能力。如果村民理事会成员的自我效能感不足,那么其能够切实为群众真办事、办实事的热情和动力就会相应变小,所以需要通过一些具体措施来实现"增能",如通过表彰和鼓舞来正面激励群众热情,同时还要严格筛选村民理事会成员,通过技术培训、定期学习来提高村民理事会成员的能力素质。"增能"理论的发挥还受到个人与他人及周边环境的影响,通过减小他人及周边环境对于个人的负面影响也可以达到"增能"的成效,诸如通过政策宣传、舆论引导来加强基层群众对于村民理事会这一微自治组织的信任。保证村民理事会成员真正地由村民民主选举产生,这也是提高村民理事会信任度和支持度的重要举措。村民理事会只有练好"内功",通过提高自身工作能力,增强自身工作动力,赢得群众更多的信任和社会的认可,才有可能实现自身的增能。

笔者曾经针对全椒县大季村村民理事会建设存在的问题,专门向当地县民政局、镇政府和村"两委"提出了如下相应的对策建议:第一,通过法定程序,对村民理事会进行充分授权。按照《中华人民共和国村民委员会组织法》第24条和第28条关于"村民会议讨论决定的事项"和"村民小组会议"等相关规定,尽快召开大季村村民(代表)会议和(片)村民小组会议或户代表会议,在村"两委"的协调下,对村民理事会的经费使用权、日常事务决定权和执行权进行充分授权(一次授权,在一段时间内多次有效)。第二,村民理事会日常工作经费来源要有保障。对行政村集体经济(提取集体经济收入提取20%左右)和村民小组经济(各村民小组集体经济收入提取50%左右,以后可考虑逐步提高提取比例)所得收益,提取一部分作为村民

---

① 李传宝:《权力统归村民理事会》,《乡镇论坛》2009年第25期。

理事会开展村民自治日常活动经费,同时县、镇等上级部门每年给予村民理事会一定的日常工作经费支持。第三,村民理事会经费使用权和日常事务决定权及执行权应该扩大。村民理事会对日常工作经费,拥有自主决定一定的经费数额支配使用权,用于自治单元内的公共设施建设、维护村民权益、倡导文明新风、服务生产和生活等涉及村民自我服务和公益活动的开展。

总之,通过合理有效的赋权增能,村民理事会成员办事的自我效能感才能增强,只有有钱办事、有权办事,才有办事动力和办事能力,整个村民理事会才能有效运转,最终才能造就一个有权力、有动力、有效能的农村新型微自治组织。

(二) 加大引导扶持力度

当前村民理事会尚处于一个未完全发展成熟的阶段,作为基层微自治的创新性发展成果,需要政府对其进行发展路径规划和发展方向引导,如此一来,村民理事会后续的组织变革和治理创新才会更加顺风顺水。首先是应对村民理事会与村"两委"的关系模糊问题。村民委员会是获得国家承认和法律保障的村民自治组织,但是村民委员会日益行政化,导致村民对村民委员会信任度严重受影响,导致乡村建设难以有效开展。村民理事会是由村民自己选举产生的真正的自治组织和公益性的民间组织,但是它没有法律赋予的权力,村民理事会对国家政权和资源存在着严重的依赖,难以真正独立运作,有可能被村民委员会架空。[1] 因此政府需要减少对村民理事会自我管理和自我服务的不当干预,明确理事会在乡村建设发展中的地位,明确村委会和理事会在乡村建设发展中的各自角色和职责及其权责边界,防止出现村委会接管和包办理事会工作的现象,杜绝理事会再度行政化的可能,保持理事会在农村基层事务中自我决策和自我发展的能力,发挥村民理事会收集民意和反映农民诉求的独立作用,使村民通过理事会这一平台积极参与乡村建设,促进理事会自身的健康发展。[2] 其次,基层政府在资金、技术、人才等方面也应该及时向村民理事会提供有效引导和帮助。村民理事会自身的筹资能力相对较

---

[1] 毛丽平、张联社:《新农村建设理事会的推广困境与发展研究》,《长春理工大学学报》2014年第3期。

[2] 宫银峰、刘涛:《乡村社会的变动与村民自治的实践——国家与社会视角下的乡村政治解析》,《长白学刊》2010年第1期。

弱,但是村庄日常事务的处理和公共设施的建设又离不开资金和技术支持,在理顺基层政府、村"两委"和村民理事会关系的基础上,需要基层政府进一步加大对村民理事会的资金扶持和技术扶持力度,从而使基层群众的乡村治理实践更加"有底气"。基层政府可以通过项目化运作的方式为村民理事会自治提供支持,持续不断的项目和资金输入有助于再造村庄治理主体的治理资源。例如,湖北省秭归县政府的各行政部门通过政策倾斜、项目扶持、"一事一议"奖补等方式,加大对村落的资源投入,并且秭归县政府还进一步统筹发展改革局、移民局、国土局、交通局、财政局、水利局等部门的涉农项目资金,将其重点投放到以村落为单元的基础设施建设和产业发展项目上,同时对村落项目实施程序进行优化,提供了村庄治理的资源,激发了村庄治理的活力。[1] 在技术方面,资金到位是引进知识和技术的第一步,通过资金来"购买"知识资源和技术资源。除此之外,基层政府向乡村基层的人才输入也会带去技术资源和知识资源,人是生产力的第一要素,人才是推动事业发展的关键要素,基层政府通过政策引导和待遇给予,将年轻有活力、有知识、有能力、有抱负、有信仰的人才吸引到基层,无疑会为乡村建设带来新思路、新方法、新技术。通过明确村民理事会的地位、职能、责任,加强政府对村民理事会的引导力度和提高引导效力,再配合项目倾斜、资金倾斜、政策引导、人才输入等措施,实现资金、技术、人才的到位,最终农村基层一定会迎来"大变样"。

总之,只有通过政府的监管和政策的引导,正确处理政府管理和村民自治的关系,才能减少村民理事会再行政化的风险;只有通过政府的政策倾斜、项目扶持以及资金、技术、人才方面的输入,才能提高村民理事会资源再造的潜力和内生发展的能力;只有资源充足、人尽其才和措施得力,才能实现农村基层自治组织的根本变革和治理能力的持续提升。

(三)健全正向激励机制

在国家鼓励各地大胆探索村民自治有效实现形式的背景下,人民群众始终是基层自治主体,人民群众的自治意识和自治能力始终都是基层群众自治

---

[1] 杜姣:《村治主体的缺位与再造——以湖北省秭归县村落理事会为例》,《中国农村观察》2017年第5期。

发展创新的核心和关键点。在团队管理中,激励很重要,而激励包括正向激励和负向激励,在村民理事会改革创新和发展完善的重要节点,适当的正向激励机制相对来说能够对团队成员产生更加积极有效的作用。建立健全基层微自治组织内部和外部的正向激励机制,对基层群众性自治组织的发展有着深刻影响。为了充分调动基层群众的自治意识和自治能力,村民理事会应该努力争取外部激励机制的政策倾斜和努力完善自身内部激励机制。

在村民理事会的内部激励机制方面,具体可以通过给予精神鼓舞和实物奖励的方式,提高村民自治组织和村民群体的自我效能感和自我服务的动力,从而提高村民理事会的内生动力。村民理事会自身可以表彰做出突出贡献的理事会成员,通过新闻媒体宣传其先进人物和先进事迹,从而激发其他成员和普通群众创先争优,更好地为民服务。此外,实物激励或许是更为直接的一种正面激励方式。通过恰当的内部激励的精神激励和实物激励可以激发村民理事会的自治效能感,提高自我服务意识和自我服务能力,从而为整个村民理事会的不断进阶和持续创新提供内生动力。

如果说内部激励是村民理事会健康高效运作的原生动力,那么外部激励就是村民理事会不断提高和持续创新的外部助力。对于村民理事会实施外部激励也是必不可少的,具体来说,基层政府可以适当地进行政策倾斜,明确村民理事会的地位,厘清村民理事会的职能,有了政策的支撑,基层微自治组织在行动的过程中就自然而然有了底气、更加硬气,利于果断地处理村庄大小事项,进一步提高办事效率,同时基层政府可通过财政拨款和税收减免等多种方式,加强对村民理事会的资金扶持,还可以对于各个村庄的村民理事会进行统筹管理,综合考察各个村庄诸多理事会的自治成果,通过制定具体的规章制度,对村民理事会自治成效进行量化考核,通过对村民理事会的评估并打分,对于一些自治成果突出的村民理事会进行表彰和适当的物质奖励。村"两委"可以在条件合适的情况下给予村民理事会资金供应和技术指导,在硬件层面提供支持,使村民理事会运行机制更加健全,从而提高正向激励效果。可见,村民理事会的外部激励主要依靠的是政府的支持和村"两委"的引导。

例如,2014年铜陵市民政局出台了《关于加强村民理事会建设的指导意见》,为了调动村民理事会及其成员工作的积极性,出台了以下激励措施:对发挥突出作用的理事会所在的自然村,在美好乡村建设点安排、发展产业扶持、资金扶助和项目申报等方面，给予必要的优惠措施，帮助理事会干成事，提高理事会在群众中的威信；可以通过村民（代表）会议决定，有集体经济收入的村，可给予理事会成员适当补助；在公共事务经费中适当安排经费，用于维持理事会正常运转或向理事会成员发放一定的误工补助。对优秀理事会成员在同等条件下，入党优先、参选村干部优先。各级党委政府对村民理事会要多支持、多关心，如在组织重大政治活动和庆祝活动时，可以邀请一些贡献突出的理事会会员参加，在选举党代表、人大代表和政协委员时，可以拿出一定的比例在理事会会员中产生。通过为理事会成员颁发聘书，持证上岗，安排参加乡村有关会议，年终表彰奖励等措施，增强理事会成员的成就感、荣誉感和自豪感。及时了解理事会会员生产生活状况，帮其排忧解难，消除后顾之忧，如在技术培训、小额信贷、项目资金等方面给予优先权。

（四）完善协同治理机制

2018年中央"一号文件"提出"坚持自治为基，加强农村群众性自治组织建设，健全和创新村党组织领导的充满活力的村民自治机制"，"依托村民会议、村民代表会议、村民议事会、村民理事会、村民监事会等，形成民事民议、民事民办、民事民管的多层次基层协商格局"。[①] 为了论述简便，本书在此主要重点论述基层党组织领导下的村民理事会与村"两委"、村民小组之间的关系。村民理事会工作运行中的协同治理机制主要包括村"两委"和村民理事会的这一套协同治理机制，还包括党组织和自治组织的协同治理机制。

为了完善村庄协同治理机制，首先需要在农村基层党组织、村民委员会、村民小组、村民理事会等组织之间建立协同合作的工作机制，其中加强规章制度建设是构建流畅的协同合作机制的关键。具体来说，应该完善相应的规章制度，确保群体活动的有序开展，基层群众自治组织的自治具有明确的制度规范和运作流程，而村民理事会、农民议事会、党群议事会等基层微自治组织制度建设相对滞后，为此可制定相应的"户主代表会议章程"或"理事议事条约"等自治运行机制，并将民主协商、公开讨论等纳入自治过程。[②] 这样一来，一件事项在经由村"两委"的决策和讨论之后，能够合理合规地交

---

① 《中共中央 国务院关于实施乡村振兴战略的意见》，《人民日报》2018年2月5日第001版。
② 李晓广：《论协商治理视域下村民小组自治的有效实现》，《学术界》2019年第4期。

给村民理事会进行民主协商和讨论，协商过程中也具有了一系列正规有效的议事协商程序，从而促进了协同自治，提高了办事效率。另外，村民理事会在与村"两委"的合作和协同治理的过程中，既要自觉地接受行政村党组织的领导和村民委员会的指导，又不能因循守旧，应该在村"两委"运作机制的基础上突破传统，进行创新发展，摆脱政策依赖、路径依赖、思维惯性，积极主动作为，努力提升微自治单元的自治能力。还有一点也是尤为重要的，村民理事会作为上下沟通性组织和连接基层政府、村"两委"与农村群众关系的纽带，做好信息的上传下达工作是基层组织协同治理的重要体现，村民理事会要将村民的需求与意见及时向上传达，能解决的优先解决，解决不掉的问题要及时传递给上级，保证信息顺畅传递，保障事务高效解决，还要通过相应的发声推动上级政府政策的贯彻落实，真正成为基层政府得力助手。

此外，还要通过理顺行政村层面党组织与村民小组、自然村片区层面党组织的关系以及党组织与其他组织的关系，加强基层党组织和其他组织的协同治理作用，为基层协同自治机制提供强有力的领导核心。基层党组织做好协调工作，是村委会、村民小组、村民理事会之间进行协同治理的重要基础，在基层党组织内部，首先要改变行政村党组织承担绝大多数村庄责任和任务"大包大揽"的现象，适当地将部分责任和任务下放到村民小组、自然村片区层面党组织，发挥微自治单元基层党组织的引领作用和主观能动性。其次，我们还需注重优化基层党组织干部队伍结构，在一些硬性条件上严格把关，优选能力强、政治觉悟高、有干劲的年轻人到基层领导班子里来，同时还要注重提高党员干部的政治觉悟和学习能力，增强廉洁自律的意识，发扬密切联系群众的作风，公开、公平、公正地处理公共事务，依法办事，以德服人。再次，还要提高基层党组织的凝聚力与号召力，减少相对较为机械化和形式主义的党组织教育内容与活动内容，将落入俗套的座谈会等形式减少，真正走出办公室，了解每个党员干部和基层群众的所思所想、所忧所喜，为党员干部的生活情况和工作情况进行真切过问，从而提升整个党组织内部的团结力和凝聚力，让党员干部更加热情、积极、踏实、努力地为基层工作、为群众服务，这一举措也更有利于组织内部的沟通和协商，便于协同工作的顺利开展。最后，在党组织与其他组织的关系上，还是要遵循传统，保证基层党组织的统率作用，扮演基层自治工作的"领头羊"角色，对村民小组、村民理事会等自治组织进行统率领导，掌握其发展方向，把握其发展态势，为外部的协同自治提供内部的稳定机制。把握好党组织的协同工作，理顺党组织之间工作机制，对整个协同治理机制显得尤为重要。

一言以蔽之，基层党组织领导机制和村民理事会自治机制相协调，才能真正使整个基层群众自治机制得以完善和顺利运转，才能切实在村民理事会的组织变革和治理创新的道路上起到助力作用。

结　语

从 1980 年广西宜州第一个村民委员会成立算起，历经 1982 年《中华人民共和国宪法》正式确认为基层群众性自治组织，以村民委员会作为主要组织载体的村民自治制度实行已有 40 余年，虽然在自我管理、自我教育、自我服务和民主选举、民主协商、民主管理、民主决策、民主监督方面发挥了重要作用，但是也遇到了自治半径过大、自治制度空转、治理效用衰减等问题。1980 年代末期村民理事会的产生和发展，有其内在的必然性和合理性，充分贯彻了"以人民为中心"的发展理念，在很大程度上弥补了村民委员会自治空间的不足，发挥了全过程人民民主的优势，但是必须正确认识村民理事会与自治单元、治理成效和其他组织之间的关系，全面科学辩证地评价村民理事会的组织特点、自治优势和治理限度及发展前景。

其一，要辩证看待当前自治与他治的关系。中国的"村民自治生发伊始就具备了农民自发与国家建构的互动性基因"[1]，内生动力和外在推力对村民理事会微自治作用的正常发挥必不可少。实际上，并不存在所谓的纯而又纯的"原生自治"理想状态，尤其不要把执政党和政府的合法依规介入与村民的自治主体作用对立起来，村民的自治意识和能力同样需要持续不断的培养与提升，但是这并非倡导所谓的"越俎代庖"式的为民作主，而是"推动政府治理同社会调节、居民自治良性互动"[2]。在现阶段，村民自治不是很发达的情况下，外在的资源给予、政策引导和人力支持乃至制度规范对于推动村民内生自治能力的成长仍然非常重要。在大多数乡村资源仍然短缺和人才外溢的大背景下，惠农政策倾斜、农村转移支付、产业扶贫支持、选派干部到

---

[1] 刘茂林、王鸾鸾、秦小建：《村民自治与国家治理》，法律出版社 2019 年版，第 1—2 页。
[2] 《中共中央　国务院关于加强基层治理体系和治理能力现代化建设的意见》，《人民日报》2021 年 7 月 21 日第 001 版。

村、外出乡贤助力、携手结对帮扶等对村民自治的扶持作用不可估量。从初期较低水平的自发性自治,到中期有领导有步骤推动的外生型自治,再到后期更高水平的自觉自为性的内生型自治,村民自治走向成熟任重而道远。

其二,要辩证看待村民理事会与自治单元之间的关系。不可否认,村民理事会的自治作用发挥与自治单元的合理选择关系密切。虽然当前学术界对村民自治的单元和重心有上浮或者下沉的争论[①],但是近年来中央"一号文件"反复提及的"开展以村民小组或自然村为基本单元的村民自治试点"代表了当前的政策导向是倾向于推动自治单元下沉,而且"自治重心下沉"业已成为当前村民自治研究的新方向和新希望。政策驱动与理论研究、村民需求交相呼应,成为当前"自治重心下沉"的重要推手。村民理事会依托的自治单元有别于村民委员会,从行政村下沉到村民小组、自然村和农村社区,实现了管理、资源和服务投送到农村最前线和村民家门口,较好地满足了村民"三个自我""五个民主"的需要,适应了推进全过程人民民主建设的要求,激发了村民的主体意识和参与意识,激活了村民自治的内生动力。既要看到自治单元的恰当与否,对村民理事会的自治成效影响很大,又要看到自治单元不是决定村民理事会自治成效唯一的决定因素,因此对此视而不见或者片面夸大,都不是科学的态度。

其三,要辩证认识村民理事会与村民委员会之间的关系。倡导在村民小组、自然村和农村社区层面建立村民理事会,并非要彻底取代行政村层面村民委员会的地位和完全否认村民委员会的作用,两者是相互作用、相互支持、相互促进的关系。村民委员会对村民理事会的指导、支持,对村民理事会的正常运转必不可少;村民理事会对村民委员会的补充、支撑作用同样不可或缺,两者在相互给予中共生发展、并行不悖。行政村层面的"自治"与村民小组、自然村、农村社区层面的"微自治"是相互联动和互相促进的关系,也不排除在实际运行中可能会存在"龃龉",在党建引领和政策引导下经过一定的磨合,完全可以修复两者之间的关系,从而达到两级联动、协同自治的最佳状态。因此从根本上说,我们要避免运用"非此即彼"式的极化思维看待村民理事会与村民委员会、自治与微自治之间的关系。

其四,要以开放的系统思维看待村民理事会和村民自治体系。2014年中

[①] 陈明:《村民自治"单元下沉"抑或"单元上移"》,《探索与争鸣》2014年12期。

央"一号文件"强调"探索不同情况下村民自治的有效实现形式"。这本身就意味着全国不搞也不可能搞千篇一律式的村民自治模式,只要能够促进村民自治有效实现的自治单元、组织载体、组织体系都应该在允许和鼓励探索之列。虽然当前政策导向更倾向于"自治单元下沉",但是并没有堵塞探索"自治重心上移"到乡镇自治的可能性;虽然当前全国不少地方依托村民小组、自然村或农村社区等微自治单元建立了村民理事会,但是村民理事会也并非唯一的微自治载体,片区代表会议、村民议事会、户主会、村民自我管理委员会、村民小组委员会、村民监事会等微自治载体也在建立和协同发挥作用之列。自治与共治之间也并非互相排斥,只有两者良性互动,才能推动乡村走向善治。推动村民自治是一项系统工程,村民自治组织也需要体系化构建,也需要发挥自治和共治合力作用,要避免过于拔高村民理事会自治的作用,过分贬低其他自治组织的地位,要防止"一叶障目,不见泰山"。

其五,要辩证看待村民理事会的积极作用和局限性。从正面来看,村民理事会作为农村新型群众性微自治组织,很好地利用了传统的地缘、人缘、亲缘优势,克服了集体行动逻辑的内在困境,唤醒了乡村治理共同体意识,盘活了农村有限的物质资源和人力资源,特别是充分发挥了"五老"人员优势,并吸引新乡贤参与其中,优化重组了乡村治理的主体,有效整合了乡村治理的各种要素,发挥了乡村非正式组织治理的作用,降低了乡村治理成本,极大提高了村民自治的实效。从局限性来看,村民理事会存在主体资格不明确[①],自身组织权能有限,组成人员年龄老化,资金持续筹集困难,内外部激励机制不完善,多重主体之间关系尚未理顺,组织持续创新能力有限等诸多不足之处,这既有村民理事会自身难以解决的原因,也有法规政策和外部环境的原因,但是瑕不掩瑜,对于村民理事会的独特地位和积极作用,谁也无法完全抹杀,村民理事会仍然是我国村民自治体系构建中不可或缺的重要一环。

其六,要谨慎乐观地看待村民理事会的发展前景。周仁标教授总结了村民理事会的未来发展趋向,主要有以下三种代表性观点:第一种观点认为由于村民理事会在美丽乡村建设等方面作用突出,建议村民理事会应该作为一个常设性机构,长期存在下去;第二种观点认为,由于村民委员会的行政职

---

① 曹永琴:《村民理事会在建设过程中存在的问题及对策》,《知识窗》(教师版) 2012 年第 7 期。

能过于强化,应该组建村民理事会这一新的自治组织取代村民委员会,从而重构乡村自治组织体系;第三种观点认为美丽乡村建设完成以后,村民理事会失去了存在的必要性和可能性。对于村民理事会到底是作为临时性机构,还是常设性机构存在,周仁标给出的结论是:能否作为常设性结构还有待观察和研究①。唐鸣教授在对 2017 年民政部确定的全国 24 个村民自治试点单位的试点情况进行全面调查的基础上,得出结论:"以村民小组或自然村为基本单元建立村民理事会等组织的村民自治试点"取得了显著成效,但是还需要长期探索,然而把它上升到法律高度,在全国普遍推广的时机条件还不成熟,不过建议各试点单位可以继续自主展开探索,再进一步观察村民理事会的生命力和优越性。② 村民理事会到底是否具有长久的生命力;是否也会遭遇村民委员会类似的困境;会不会蜕变为软弱涣散性的组织甚至僵尸性的组织,最终走向消失?从以上两位学者的观点来看,似乎既鼓励进一步探索符合各地实际情况的村民理事会发展之路,又对其发展前景持谨慎乐观的态度。

组织社会学家周雪光认为:"所有组织都面临着可持续发展的挑战,都面临不断自我修复、不断变迁的挑战。"③ 村民理事会作为农村新型基层群众性微自治组织也不例外,也会面临着包括可持续发展在内的各种挑战,其未来发展前景还有待进一步观察、探索和研究,但是现阶段其存在的合理价值毋庸置疑。村民理事会作为中国农村基层组织变革和治理创新背景下诞生的新生事物,全社会应该给予其更多宽容和扶持,而不应予以歧视和打压,以便使其获得更大的发展空间、发挥更大的积极作用,从而更好地造福于国家和人民。

---

① 周仁标:《村民理事会的功能、性质与发展趋向——基于对安徽省全椒县的调查》,《行政与法》2016 年第 7 期。
② 唐鸣:《从试点看以村民小组或自然村为基本单元的村民自治——对国家层面 24 个试点单位调研的报告》,《中国农村观察》2020 年第 1 期。
③ 周雪光:《组织社会学十讲》,社会科学文献出版社 2003 年版,第 337 页。

参考文献

一 著作

(一) 中文著作

安建增:《政治哲学视野中的自治理论研究》,安徽师范大学出版社 2015 年版。

白雪娇:《血缘与地缘:以家、房、族、保为单元的宗族社会治理》,中国社会科学出版社 2019 年版。

陈柏峰:《半数人社会——转型期乡村社会性质深描》,社会科学文献出版社 2019 年版。

陈日华:《中古英格兰地方自治研究》,南京大学出版社 2011 年版。

陈荣卓、石子伟:《安徽省城乡社区治理创新发展报告》,中国社会出版社 2018 年版。

陈向明:《质的研究方法与社会科学研究》,教育科学出版社 2000 年版。

程瑞山、贾建友:《村民自治制度运行研究》,中国社会科学出版社 2013 年版。

邓大才等:《蕉岭创制:"四权同步"的基层治理模式》,中国社会科学出版社 2016 年版。

邓大才、白雪娇:《海沧跨越:在共同缔造中提升社会治理》,中国社会科学出版社 2014 年版。

邓大才、任路等:《佛冈试验:可持续的新农村建设》,中国社会科学出版社 2014 年版。

邓大才:《中国乡村治理从自治到善治》,中国社会科学出版社 2019 年版。

丁国民:《中国村民自治权研究》,法律出版社 2013 年版。

董红:《当代中国村民自治问题研究》,中国农业出版社 2014 年版。

董江爱:《中国农村基层民主与治理研究》,中国社会科学出版社 2012 年版。

冯乐坤：《村民自治的基本理论研究》，法律出版社 2018 年版。

凤笑天：《社会研究方法》（第四版），中国人民大学出版社 2013 年版。

费孝通：《江村经济——中国农民的生活》，商务印书馆 2005 年版。

费孝通：《乡土中国、生育制度》，北京大学出版社 1998 年版。

方亚琴：《社区、居住空间与社会资本》，中国社会出版社 2019 年版。

郭冬梅：《日本近代地方自治制度的形成》，商务印书馆 2008 年版。

高满良：《农村治理中正式制度与非正式制度的整合方式研究》，中国社会科学出版社 2016 年版。

龚文婧：《英美地方自治制度比较研究》，人民出版社 2017 年版。

黄树民：《林村的故事——1949 年以后中国农村变革》，生活·读书·新知三联书店 2002 年版。

贺雪峰：《乡村治理的社会基础》，生活·读书·新知三联书店 2020 年版。

金凤君：《基础设施与经济社会空间组织》，科学出版社 2012 年版。

金太军、施从美：《乡村关系与村民自治》，广东人民出版社 2002 年版。

李博阳、任路等：《余江克难：闯过农村产权改革的深水区》，社会科学文献出版社 2019 年版。

李超：《乡村治理新探索——大理州以自然村为基本单元开展村民自治试点工作的实践与探讨》，云南人民出版社 2015 年版。

李勇华：《乡村治理现代化中的村民自治权利保障》，中国社会科学出版社 2015 年版。

李宗楼、王义德：《践行五大发展理念与县域治理》，安徽师范大学出版社 2016 年版。

李增元：《新型城镇化背景下的农村社区治理》，社会科学文献出版社 2018 年版。

吕德文：《乡村社会的治理》，山东人民出版社 2013 年版。

刘广珠等：《组织行为学》，清华大学出版社 2014 年版。

刘豪兴：《农村社会学》（第三版），中国人民大学出版社 2015 年版。

刘茂林等：《村民自治与国家治理》，法律出版社 2019 年版。

刘少杰：《西方空间社会学理论评析》，中国人民大学出版社 2020 年版。

罗平汉：《村民自治史》，福建人民出版社 2006 年版。

林聚仁、刘玉安：《社会科学研究方法》，山东人民出版社 2008 年版。

林耀华：《义序的宗族研究》，生活·读书·新知三联书店2000年版。

梁漱溟：《乡村建设理论》，商务印书馆2015年版。

陆益龙：《后乡土中国》，商务印书馆2017年版。

马宝成等：《村级治理：制度与绩效》，中国社会出版社2010年版。

马新：《中国古代村落形态研究》，商务印书馆2020年版。

潘嘉玮、周贤日：《村民自治与行政权的冲突》，中国人民大学出版社2004年版。

孙宏伟：《英国地方自治体制研究》，天津人民出版社2020年版。

宋丽娜：《熟人社会是如何可能的：乡土社会的人情与人情秩序》，社会科学文献出版社2014年版。

水延凯等：《社会调查教程》（第三版），中国人民大学出版社2003年版。

谭志松等：《城市社区微自治的嘉明模式》，华中科技大学出版社2017年版。

吴重庆：《无主体熟人社会及社会重建》，社会科学文献出版社2014年版。

吴理财、李山等：《湖北秭归"幸福村落"建设研究》，知识产权出版社2016年版。

吴新叶：《转型农村的政治空间研究——1992年以来中国农村的政治发展》，中央编译出版社2008年版。

吴增基、吴鹏森、苏振芳：《现代社会调查方法》，上海人民出版社1998年版。

王德福：《乡土中国再认识》，北京大学出版社2015年版。

王沪宁：《当代中国村落家族文化》，上海人民出版社1991年版。

王洪树等：《农村社区协商治理机制建设研究》，人民出版社2018年版。

王凯：《协商民主视角下的村民自治研究》，中国社会科学出版社2019年版。

肖唐镖：《宗族政治——村治权利网络的分析》，商务印书馆2010年版。

徐勇、邓大才等：《中国农村村民自治有效实现形式研究》，中国社会科学出版社2015年版。

余斌、罗静、曾菊新：《当代中国村镇空间变化与管治》，科学出版社2016年版。

袁方：《社会研究方法教程》，北京大学出版社1997年版。

杨华：《陌生的熟人：理解21世纪乡土中国》，广西师范大学出版社2021年版。

阎海东：《崖边报告：乡土中国的裂变记录》，北京大学出版社2015年版。

于建嵘:《岳村政治——转型期中国乡村政治结构的变迁》,商务印书馆 2004 年版。

于显洋:《组织社会学》,中国人民大学出版社 2016 年版。

俞可平:《治理与善治》,社会科学文献出版社 2000 年版。

叶涯剑:《空间重构的社会学解释》,中国社会科学出版社 2013 年版。

郑杭生:《社会学概论新修》(第三版),中国人民大学出版社 2003 年版。

张静:《基层政权——乡村制度诸问题》,上海人民出版社 2007 年版。

周雪光:《组织社会学十讲》,社会科学文献出版社 2003 年版。

赵秀玲:《村民自治通论》,中国社会科学出版社 2004 年版。

翟学伟:《人情、面子与权力的再生产》,北京大学出版社 2013 年版。

(二) 中文译著

[美] 埃莉诺·奥斯特罗姆:《公共事物的治理之道:集体行动制度的演进》,余逊达等译,上海译文出版社 2012 年版。

[英] 比尔·希利尔等:《空间的社会逻辑》,杨滔等译,中国建筑工业出版社 2019 年版。

[美] 杜赞奇:《文化、权力与国家——1910—1942 年的华北农村》,王福明译,江苏人民出版社 2010 年版。

[德] 斐迪南·滕尼斯:《共同体与社会》,张巍卓译,商务印书馆 2020 年版。

[美] 弗里曼、毕克伟、塞尔登:《中国乡村,社会主义国家》,陶鹤山译,社会科学文献出版社 2002 年版。

[美] 费正清:《美国与中国》(第四版),张理京译,世界知识出版社 1999 年版。

[澳] 何包钢:《协商民主:理论、方法和实践》,中国社会科学出版社 2008 年版。

[美] 黄宗智:《长江三角洲的小农家庭与乡村发展》,法律出版社 2014 年版。

[美] 黄宗智:《华北的小农经济与社会变迁》,法律出版社 2014 年版。

[美] 黄宗智:《超越左右:从实践历史探寻中国农村发展出路》,法律出版社 2014 年版。

[日] 吉村源太郎:《地方自治》,朱德权编,中国政法大学出版社 2004 年版。

[韩] 金弘一:《面向世界的地方自治》,北京大学亚非研究所译,东方出版

社 1999 年版。

［美］卡罗尔·佩特曼：《参与和民主理论》，陈尧译，上海人民出版社 2006 年版。

［美］罗伯特·D·帕特南：《使民主运转起来：现代意大利的公民传统》，王列等译，江西人民出版社 2001 年版。

［美］明恩溥：《中国的乡村生活：社会学的研究》，陈午晴等译，电子工业出版社 2016 年版。

［英］莫里斯·弗里德曼：《中国东南的宗族组织》，刘晓春译，上海人民出版社 2000 年版。

［美］马若孟：《中国农民经济——河北和山东的农民发展》，史建云译，江苏人民出版社 1999 年版。

［美］曼瑟尔·奥尔森：《集体行动的逻辑》，陈郁等译，上海人民出版社 1995 年版。

［日］中岛乐章：《明清乡村纠纷与秩序——以徽州文书为中心》，郭万平等译，江苏人民出版社 2012 年版。

［美］施坚雅：《中国农村的市场和社会结构》，史建云等译，中国社会科学出版社 1998 年版。

［美］T·克里斯托弗·杰斯普森：《美国的中国形象》，姜智芹译，江苏人民出版社 2010 年版。

［美］托马斯·戴伊、哈蒙·齐格勒、路易斯·舒伯特：《民主的反讽》（第 15 版），林朝晖译，新华出版社 2016 年版。

［美］W·理查德·斯科特等：《组织理论：理性、自然与开放系统的视角》，高俊山译，中国人民大学出版社 2011 年版。

二　中文期刊论文

包先康、朱士群：《村民自治视野下村民代表的权域》，《西北农林科技大学学报》2013 年第 3 期。

白雪娇：《规则自觉：探索村民自治基本单元的制度基础》，《山东社会科学》2016 年第 7 期。

陈明：《村民自治"单元下沉"抑或"单元上移"》，《探索与争鸣》2014 年第 12 期。

参考文献

程同顺、赵一玮：《村民自治体系中的村民小组研究》，《晋阳学刊》2010年第2期。

邓大才：《中国农村村民自治基本单元的选择：历史经验与理论建构》，《学习与探索》2016年第4期。

邓大才：《产权单位与治理单位的关联性研究——基于中国农村治理的逻辑》，《中国社会科学》2015年第7期。

党国印：《"村民自治"是民主政治的起点吗?》，《战略与管理》1999年第1期。

付建军：《从民主选举到有效治理：海外中国村民自治研究的重心转向》，《国外理论动态》2015年第5期。

付振奇：《村与组所有权：村民自治有效实现的产权基础》，《东南学术》2016年第2期。

冯仁：《村民自治走进了死胡同》，《理论与改革》2011年第1期。

范雪娥：《村民理事会在农村移风易俗中作用的研究——以Q乡L村为例》，《长江丛刊》2016年第22期。

傅熠华：《乡村共治格局下的"政—族"合作——基于广东省蕉岭县客家村民理事会的实践》，《西北农林科技大学学报》2019年第5期。

贺海波：《村民自治的社会动力机制与自治单元——以湖北秭归双层村民自治为例》，《华中农业大学学报》2018年第6期。

胡平江：《地域相近：村民自治有效实现形式的空间基础》，《华中师范大学学报》2014年第4期。

胡平江：《自治重心下移：缘起、过程与启示——基于广东省佛冈县的调查与研究》，《社会主义研究》2014年第2期。

韩瑞波：《替代抑或协助：村民理事会运作的差异化分析——基于广东英德和湖南浏阳的案例比较》，《深圳社会科学》2021年第2期。

韩瑞波：《政策试点与村民自治的有效实现形式》，《理论与改革》2020年第3期。

韩瑞波：《"片区自治"：村民自治有效实现形式的新探索》，《探索》2020年第1期。

阚家安：《安徽省立法引导村民理事会发挥积极作用》，《中国民政》2013年第11期。

康就升、游志锋:《组建民事民治三级理事会，构建乡村社会管理新网络——来自广东省云安县的实践与探索》,《南方农村》2011 年第 6 期。

侣传振、崔琳琳:《外生型与内生型村民自治模式比较研究——兼论外生型向内生型村民自治转型的条件》,《湖南农业大学学报》2016 年第 1 期。

侣传振:《集居与散居:村民自治有效实现的居住条件》,《东南学术》2016 年第 2 期。

卢福营:《论村民自治发展中的制度偏离》,《浙江社会科学》2011 年第 10 期。

李华胤:《政策落地:探索村民自治基本单元的现实因素》,《西北农林科技大学学报》2016 年第 3 期。

李杰、伍国强:《基于现状分析的村民理事会功能及运作模式思考》,《经济研究导刊》2012 年第 18 期。

李庆、潘星:《村民理事会治理体制创新研究》,《皖西学院学报》2019 年第 1 期。

李松有:《群众参与:探索村民自治基本单元的主体基础》,《山西农业大学学报》2016 年第 4 期。

李松有:《资源集中:探索村民自治基本单元的功能基础》,《山东社会科学》2016 年第 7 期。

李晓广:《论协商治理视域下村民小组自治的有效实现》,《学术界》2019 年第 4 期。

李勇华、黄允强:《"新农村建设理事会":中国传统村治的成功借用与改造》,《学习与探索》,2007 年第 3 期。

李勇华:《新农村建设理事会:我国村庄治理的制度创新——新农村建设"赣州经验"解析》,《探索》2007 年第 2 期。

李永萍、慈勤英:《村民小组:乡村治理的最小单元》,《武汉大学学报》2017 年第 5 期。

李周、党国英:《村民自治的有效实现形式:村民自治体适度下沉》,《中国党政干部论坛》2015 年第 7 期。

李志强:《农民理事会:村庄治理的制度创新》,《江西行政学院学报》2010 年第 4 期。

李增元:《村治模式新动向:农村社区自治的孕育与产生——基于对湖北省若干地区的考察》,《四川行政学院学报》2010 年第 1 期。

赖声均：《村"二委"引领理事会"一会六站"各显神通——对江西省寻乌县南桥镇金桥移民村"二委一会六站"管理模式的实践与思考》，《老区建设》2011年第19期。

刘伟：《村民自治的运行难题与重构路径——基于一项全国性访谈的初步探讨》，《江汉论坛》2015年第2期。

刘义强：《村民自治发展的历程、经验与机制探讨》，《华中师范大学学报》2008年第6期。

慕良泽、任路：《国家与社会关系视阈下乡村社会建设的困境、微观经验与启示——以广东省云浮市"村民理事会"为例》，《湖北行政学院学报》2013年第2期。

慕良泽：《村民自治研究40年：理论视角与发展趋向》，《中国农村观察》2018年第6期。

彭大鹏：《村民自治已经没有意义了吗》，《理论与改革》2011年第1期。

任中平：《村民自治向何处去》，《探索与争鸣》2011年第3期。

任中平、张露露：《村民自治机制创新比较研究——以广东揭阳和清远的探索为例》，《五邑大学学报》2016年第1期。

孙敏：《乡贤理事会的组织特征及其治理机制——基于清远市农村乡贤理事会的考察》，《湖南农业大学学报》2016年第6期。

史亚峰：《规模与利益：中国农村村民自治基本单元的空间基础》，《东南学术》2017年第6期。

史云贵、邓蓉：《内生型村民自治组织生成逻辑论析》，《安徽行政学院学报》2017年第6期。

沈延生：《村政的兴衰与重建》，《战略与管理》1998年第6期。

唐鸣：《从试点看以村民小组或自然村为基本单元的村民自治——对国家层面24个试点单位调研的报告》，《中国农村观察》2020年第1期。

唐京华、张雷：《村民自治单元下沉的价值与困境——黑龙江省方正县试点调查研究》，《北方民族大学学报》2021年第1期。

田先红：《国家与社会的分治——赣南新农村建设中的理事会与乡村组织关系研究》，《求实》2012年第9期。

伍国强、张爱珍：《村民理事会在建设鄱阳湖生态经济区中作用的研究》，《江西农业学报》2012年第6期。

王晓莉：《农村公共事务治理的现状与推进——"村民小组建党支部＋村民理事会"的"分宜模式"》，《中共中央党校学报》2016年第2期。

项继权、王明为：《村民理事会：性质及其限度》，《福建论坛》2017年第9期。

项继权、王明为：《村民小组自治的实践及其限度——对广东清远村民自治下沉的调查与思考》，《江汉论坛》2019年第3期。

徐学通、高汉荣、张文娴：《村民自治中的困境：村委会的行政化倾向》，《行政与法》2003年第10期。

徐勇、周青年：《"组为基础，三级联动"：村民自治运行的长效机制——广东省云浮市探索的背景与价值》，《河北学刊》2011年第5期。

徐勇、赵德健：《找回自治：对村民自治有效实现形式的探索》，《华中师范大学学报》2014年第4期。

严宏：《村民理事会与村级协商民主建设的探索——以安徽省H村为例》，《中共福建省委党校学报》2016年第7期。

袁慧晶：《江西余江：理事会"啃下"宅改"硬骨头"》，《农村百事通》2019年第19期。

叶战备、程广利：《村民自治下发展协商民主的可行性研究》，《皖西学院学报》2010年第1期。

周波、陈昭玖：《探析新农村建设长效发展的一个有益载体——村民理事会》，《农业经济问题》2006年第11期。

诸秋南、诸晓毅：《村民理事会在建设社会主义新农村中的作用探讨》，《职业时空》2011年第5期。

周仁标：《村民理事会的功能、性质与发展趋向——基于对安徽省全椒县的调查》，《行政与法》2016年第7期。

赵树凯：《村民自治的检讨与展望》，《江西师范大学学报》2015年第3期。

赵秀玲：《"微自治"与中国基层民主治理》，《政治学研究》2014年第5期。

张丽：《村民理事会的宗族性与公共性——江西赣县白鹭村自治秩序调查》，《社会治理》2018年第5期。

张茜、李华胤：《村民自治有效实现单元的讨论与研究》，《中国农业大学学报》2014年第4期。

张艺、陈洪生：《村民理事会：以社会资本理论为分析视角——以江西省幸福社区为例》,《甘肃行政学院学报》2008 年第 3 期。

三 学位论文

陈璐:《理事会:以村民自治激活农村发展的内在动力》,硕士学位论文,华中师范大学,2016 年。

陈悦:《村民理事会参与乡村治理研究——以铜陵市九椰村为例》,硕士学位论文,安徽农业大学,2020 年。

陈文洁:《自组织理论视角下 J 村"互助会"的发展研究》,硕士学位论文,湖南大学,2018 年。

陈雪姣:《人口空心化下村民自治的困境及对策研究》,硕士学位论文,西南政法大学,2016 年。

昌诚:《理事会治村》,硕士学位论文,华中科技大学,2017 年。

邓宏壮:《理事会:村民自治有效实现形式的组织基础——基于广东省英德市石牯塘镇叶屋村的个案研究》,硕士学位论文,华中师范大学,2016 年。

邓忠明:《村民自治向何处去》,硕士学位论文,西南政法大学,2012 年。

董英:《乡村微自治问题研究》,硕士学位论文,南京农业大学,2019 年。

黄杰:《村民自治基本单元下沉的实践成效及完善策略》,硕士学位论文,安徽大学,2019 年。

黄嘉琪:《自治组织建构与村民参与村庄治理的路径选择》,硕士学位论文,华南农业大学,2016 年。

凌春燕:《村民理事会参与农村公共环境卫生治理研究》,硕士学位论文,广西大学,2017 年。

梁航:《村民自治的有效实现形式研究》,硕士学位论文,广西大学,2015 年。

李靖:《赋权视角下我国新型村民自治组织研究》,硕士学位论文,南昌大学,2017 年。

李松林:《村民自治规模的选择与自治活力》,硕士学位论文,华中师范大学,2006 年。

李晓青:《农村建设用地利用中理事会运行机制研究》,硕士学位论文,江西农业大学,2017 年。

罗君:《协商民主视域下的农村基层民主发展路径探索》,硕士学位论文,上海师范大学，2017年。

刘建刚：《法律多元视野下的村规民约实证研究》，博士学位论文，中央民族大学，2013年。

梁家豪：《"三级村民理事会"与乡村治理及其发展趋势》，硕士学位论文，华南农业大学，2017年。

徐志勇：《村民理事会与政府的互动及其发展研究》，硕士学位论文，南昌大学，2017年。

叶安鑫：《基于善治视角的村民理事会制度优化研究》，硕士学位论文，兰州大学，2019年。

杨嘉伟：《村民自治体系中的村组关系研究》，硕士学位论文，南京师范大学，2014年。

余浏：《事务型理事会：民间内生及功能拓展》，硕士学位论文，华中师范大学，2015年。

杨蕾：《村民自治视角下"五老精英网络"作用机制研究》，硕士研究生，上海师范大学，2017年。

周冰瑾：《村民理事会：助力村民自治的有效实现——W武汉市蔡甸区曾铁岭村"村民理事会"的成立与运行为例的分析》，硕士学位论文，华中师范大学，2016年。

张嘉俊：《村民自治的有效层级研究——以广东省清远市的探索为例》，硕士学位论文，中共中央党校，2015年。

赵利鹏：《村民自治基本单元下移改革研究》，硕士学位论文，华南理工大学，2017年。

曾昭菁：《村民理事会在村民自治中的作用分析》，硕士学位论文，南昌大学，2020年。

朱凯诗：《社区营造视角下B村村民理事会参与乡村治理的研究》，硕士学位论文，暨南大学，2020年。

四　报纸

曹菲、汤凯锋、李业珅：《"宗祠理事会"升级为"村民理事会"》，《南方日报》2016年2月24日第A09版。

程晖、鹰潭：《农民的事农民干农民管》，《中国经济导报》2011年5月5日第 B6 版。

陈素敏：《理事会、党支部建在村民小组》，《江门日报》2015 年 1 月 8 日第 A2 版。

邓大才：《下移、回归、拓展：村民自治的转型发展》，《中国社会报》2017 年 12 月 18 日第 4 版。

邓嗣华：《农房重建，村民理事会说了算》，《四川日报》2008 年 8 月 26 日第 B1 版。

胡新科：《共谋共建共管，实现蕉岭"村美民富"》，《南方日报》2016 年 11 月 8 日第 A4 版。

郭宏鹏：《工程开工矛盾随生，共建理事会解纷争》，《法制日报》2007 年 11 月 10 日第 2 版。

李辉：《安徽全椒大季村理事会形式的村民自治探索》，《中国县域经济报》2018 年 2 月 12 日第 6 版。

李民：《宿州市永安镇"村民理事会"解难题》，《人民代表报》2006 年 12 月 21 日第 7 版。

李跃、朱双玲、赖强、韩琴：《村民理事会"理"出新面貌》，《梅州日报》2016 年 3 月 26 日第 2 版。

梁坚义、张军：《村民理事会：一个期待规范的"草根组织"》，《黄石日报》2010 年 7 月 11 日第 2 版。

蒙英姿、杨叶成：《探索村民自治有效实现形式高端研讨会在宜州举行》，《河池日报》2014 年 4 月 28 日第 2 版。

任江华、梁红、陈景略：《村民事务理事会，理出和谐新农村》，《人民日报》2011 年 6 月 14 日第 11 版。

吴华兵、李涛：《理事会"理"出新天地》，《安徽日报》2012 年 11 月 7 日第 B2 版。

汪伟：《铜陵县出台意见指导村民理事会组建工作》，《铜陵日报》2013 年 2 月 28 日第 1 版。

夏静、蔡钧庭：《湖北秭归："幸福村落"建设带来幸福生活》，《光明日报》2019 年 7 月 1 日第 4 版。

徐继军、罗斯文：《村民理事会是否担责》，《中国妇女报》2008 年 12 月 20 日第 B2 版。

熊建清：《以"村民理事会+"推进乡村治理的几点思考》，《江西政协报》2020年11月20日第3版。

肖立辉：《"微自治"的有效性及有限性》，《中国社会报》2014年7月28日第2版。

杨丹丹：《让"村民理事会"来摆摆理》，《农民日报》2014年8月1日第1版。

杨君：《村民小组理事会：盘活农村内生性资源的机制》，《中国社会科学报》2018年6月20日第6版。

赵宏光：《试点村成立村民理事会》，《哈尔滨日报》2006年7月15日第2版。

郑铨史：《自然村设置村委会切莫一哄而上》，《中国社会报》2014年3月7日第6版。

张朝华、杨子服：《村民理事会，理出好民意》，《云南经济日报》2009年3月27日第B2版。

张嘉明：《复合自治是创新村民自治的新探索》，《安徽日报》2018年1月9日第6版。

张莹：《应进一步提升村民理事会的治理效能》，《中国城乡金融报》2020年7月15日第B3版。

张志勇：《村民理事会"理"出新气象》，《中国社会报》2006年12月21日第4版。

五　外文著作

Baogang He, *Rural democracy in China-the role of village Elections*, New York：Palgrave Macmilan, 2007.

John King, *China：A new history*, Cambridge：Harvard University Press, 1992.

Maurice Freedman, *The study of Chinese society*, Stanford：Stanford University Press, 1979.

六　西文期刊

Anosisye Mwandulusya Kesale, "Selected Experiences of the Use of the Village Assembly in the Governance at the Grassroots Levels in Ludewa District Council in

Tanzania", *Journal of Public Administration and Governance*, Vol. 2, 2017.

David Zothansanga, "Village administration in mizoram: A case study of the village council of Lungleng I village", *The Indian Journal of Public Administration*, Vol. 10, 1983.

Imane Hijal-Moghrabi, "The role of the information society in promoting a better and a more democratic governance", *Journal of Public Administration and Governance*, Vol. 4, 2017.

Kevin J. O'Brien, "Implementing political in China's villagers", *Australian Journal of Chinese Affairs*, Vol. 32, 1994.

Rudi Rozman, "The organizational function of governance: development, problem and possible changes", *Journal of Contemporary Management Issues*, Vol. 2, 2000.

Stephen Conn, "Inuit Village Councils in Alaska—An historical model for effectuation of aboriginal rights?" *Arctic Policy*, Vol. 2, 1985.

附录：村民理事会访谈提纲

访谈对象：村干部、村民理事会成员等

1. 请介绍一下村民理事会成立的背景。

2. 村民理事会是以行政村，还是以村民小组、自然村、农村社区为基本单元建立的？

3. 请提供村民理事会的理事章程、议事规则、述职考评、民主评议、财务管理规定等。

4. 村民理事会的成员名单及联系方式（特别是理事长的电话、电子邮箱、微信等）。目前成员基本情况如何？（年龄、学历、政治面貌、交叉任职、工作经历、工作态度、群众声望等）

5. 村民（代表）选村民理事会成员主要考虑的因素？（考虑熟人、本家族、敢于说真话、办实事，公正廉洁、个人威信等因素，还是无所谓或随大流）

6. 家族宗族势力在村民理事会中发挥了哪些积极作用和消极作用？

7. 村民理事会与乡镇、村"两委"之间关系如何？大家（村民、村干部、上级等）对村民理事会怎么看？

8. 村民理事会成立以后，做了哪些具体事情？村民理事会是如何协商办事的？（垃圾处理、饮水安全、卫生改厕、环境治理、道路畅通、污水处理、沟河塘清淤、公共服务设施建设、土地复垦、村庄规划、危房改造、村庄绿化、村庄亮化、宣传法律政策、矛盾纠纷调解、移风易俗等方面的具体情况）

9. 与村民委员会相比，它在解决村级事务方面有哪些优势？如何正确处理自然村、村民小组、农村社区与村"两委"之间的关系？村民理事会是如何与其他农村自治组织、社会组织、志愿服务组织、农业经济组织等联动的？农村基层党组织在村民理事会建设过程中发挥了怎样的作用？

10. "一事一议"资金不足的话，村民理事会运作资金是如何筹集的？村民理事会是如何管理项目资金的？

11. 村民理事会成员是否有劳务报酬或者务工、伙食、通讯等补贴？

12. 您认为如何对村民理事会理事长（会长）和成员进行有效的监督？

13. 村民理事会在工作过程中是否遇到过什么样的困难？有问题怎么解决的？还有哪些问题到现在仍然没有解决？

14. 您认为怎样才能使村民理事会更好地发挥作用？怎样才能调动村民理事会成员的工作积极性？

15. 请提供村民理事会办事成功的几个典型案例详细介绍以及相关会议记录。

后　记

　　"为什么我的眼里常含泪水？因为我对这土地爱得深沉……"诗人艾青这句诗词打动了无数人，很早就立志从事"三农"研究的我也想续写一句"为什么我的眼里常含泪水？因为我对这土地上的农民爱得深沉"。作为生于斯长于斯的地道的农民儿子，我对农业、农村、农民具有天然的亲近感，虽然后来通过上大学"跳了农门"，成为大学老师，但是骨子里仍然是农民，总是自觉不自觉地把"三农"问题作为自己的研究对象，因为只有这样才能更好地进入自己所熟悉的场域以便发挥自己的专长。

　　虽然很早就想把"三农"问题作为自己大的研究方向，但是在具体定什么题目也确实彷徨过很长一段时间。2006年在南京大学开始读博的时候，为了准备博士论文选题，当时曾搜集过不少村民自治方面的资料，尤其是关注了"华中乡土派"的相关研究成果，但是当自己刚准备扎进去，发现相关研究资料浩如烟海，自己一时却找不到明确的研究主题。"山重水复疑无路，柳暗花明又一村"，2011年11月一个偶然的机会，经同事陈义平教授介绍，我跟随安徽省人民政府发展研究中心领导到望江县调研村民理事会建设情况，并且参与撰写了相关调研报告，这成为我专门关注和研究村民理事会的正式起点。接着2014年2月到安徽省南陵县调研小型农田水利设施建设，发现当地成立了专项性理事会"项目理事会"，并在当年指导本科生以此为主题申报大创项目和撰写本科毕业论文，最后师生合作发表了《村民理事会的基层治理功能及完善策略》一文，这篇论文后来被研究村民理事会主题的学者多次引用。我从2009年就开始尝试申报国家社会科学基金项目，中间也有过气馁并对选题产生过动摇，好在经过8年持续不懈的努力，终于在2016年以"村民理事会"为主题申报的国家社会科学基金项目获得立项，这如同给我打了一针强心剂，坚定了我继续从事村民理事会相关研究的信心。特别值得一提的是，国家社会科学基金项目最终立项的题目名称，与我当时申报上去的题

后 记

目名称略有细微的差别，非常感谢当年国家社会科学基金项目评委提出的宝贵修改意见。2016年以后我又相继在安徽省铜陵市、六安市、阜阳市、安庆市等地进行村民理事会专题调研，并且借参加江西省农村社区建设会议之机，与江西省与会的部分村干部就村民自治和村民理事会问题进行了专门座谈与交流。

以2016年10月中共中央办公厅、国务院办公厅印发的《关于以村民小组或自然村为基本单元的村民自治试点方案》为重要契机，随后全国各地不少地方相继出台了相应的贯彻实施方案或实施办法，并且全国不少地区相继遴选了国家级、省级、市级、县级以村民小组或自然村为基本单元、以村民理事会为主要载体的村民自治试点单位，村民自治迎来了国家政策强力驱动的重大利好，这也为我们从事村民理事会研究，进行现场实验及参与式观察和深度访谈提供了千载难逢的良机。"纸上得来终觉浅，绝知此事要躬行。"2017年5月民政部等六部委批复，全椒县石沛镇大季村入选安徽省唯一一个全国村民自治试点单位，2018年2月安徽省凤阳县遴选了小岗村作为唯一的县级试点单位，通过直接投标或者接受委托等方式，我有幸作为项目负责人承接了这两个村的村民自治试点项目，从而有机会全程参与和指导村民理事会的建设。2017年8月黄山市黟县宏村镇雉山村卢村自然村、淮南市毛集实验区毛集镇大郢村、合肥市肥东县店埠镇一心社区、安庆市桐城市孔城镇桐梓村汪庄村民小组、宣城市宣州区周王镇绿宝村胡家涝自然村被确认为安徽省村民自治试点单位，我有幸多次到以上5个省级试点单位进行调研或专题培训，其中我们团队提出的关于村民自治和村民理事会建设的意见与建议受到当地干部的重视并被采纳。2018年3月至2020年7月本人三次受邀到淮北市烈山区，为当地村干部进行村民自治和村规民约等专题培训，并趁机调研了"党支部或党小组+村民理事会"具有淮北地方特色的"一组一会"建设模式。2020年至2022年本人作为项目负责人又相继承接了安徽省岳西县的乡村治理试点项目，继续关注专项性理事会"红白理事会"在乡风文明建设和移风易俗中的作用。除此之外，课题组成员和不少同学、同事、朋友、学生在上海市金山区、江苏省海门市和溧阳市、广东省蕉岭县、湖北省秭归县、江西省赣州市和余江县等地开展调研，又带回了很多当地村民理事会相关的资料。

除了对村民理事会进行专门调研和带领团队成员在安徽多地指导开展乡

村治理和村民自治试点之外，我们团队成员又陆续承担或参与了安徽省乡镇政府服务能力建设、农村社区建设、优秀村规民约评选、农村环境整治、土地确权、扶贫攻坚、文明创建等第三方评估或实地验收或合作研究工作，近年来本人多次受邀为合肥市、芜湖市、蚌埠市、铜陵市、安庆市、淮北市、马鞍山市、宣城市等地的乡村干部专题培训60多场次，并趁这些机会了解各地村民理事会建立和发展状况。尤其值得一提的是，我们依托安徽大学基层选举实验室，带领学生团队四次参与了2014年、2015年、2018年和2021年安徽省大规模的村（居）民委员会换届选举观察，在实地观察行政村（社区）层面换届选举的同时，我们也同时注意与全省各地村（居）干部、村（居）民理事会成员和村（居）民访谈交流，随时了解全省各地村（居）民理事会建立和发展的状况。

本项目之所以顺利结项，首先，感谢安徽大学人文社会科学处处长陈义平教授，社会与政治学院院长吴理财教授、副院长徐理响教授等诸位领导和王进芬副教授、范广垠副教授、李斌副教授、李鹏飞博士等多位同事的指导、支持与帮助。其次，感谢安徽省民政厅基层政权建设和社区治理处诸位领导的指导和帮助；感谢合肥市、蚌埠市、芜湖市、铜陵市、滁州市、淮北市、宣城市、黄山市、安庆市、六安市等地级市民政部门和全椒县、凤阳县、岳西县、黟县、旌德县、肥东县、肥西县、桐城市、宣州区、花山区、烈山区等县级民政部门诸位领导以及相关乡镇领导在调研、培训、评估和项目实施等方面给予的便利、指导和支持。再次，感谢全国村民自治试点单位全椒县石沛镇大季村和五个省级村民自治试点单位以及凤阳县小岗村的村干部和村民理事会成员的大力支持。最后，感谢华中师范大学李杰老师、南京农业大学李晓广副教授、安徽农业大学徐俊教授、安徽工程大学包先康教授等诸位老师的帮助以及刘宇丽、江喆维、黄杰、奚慧萍等学生的参与，尤其感谢硕士生杨行治、马小苏、朱国梁、张晓雨参与了部分初稿的撰写和校对。

作为结项成果的著作最终得以出版，首先，感谢国家社会科学基金项目资金的出版资助；其次，感谢在项目结项时五位匿名通讯评审专家提出的宝贵修改意见，在此次文稿修改出版过程中，尽可能吸收其中合理意见；再次，感谢中国社会科学出版社采用书稿以及编辑刘亚楠女士的统筹协调和细致校稿；最后感谢导师南京大学王明生教授和武汉大学刘俊祥教授亲自作序，两位老师的悉心指导、热心推荐和勉励有加，并且不遗余力地提携后进，让我

后 记

备受感动与鼓舞。

回顾心路历程和研究经历，倍感艰辛，感恩各位，一路相伴。虽然在项目进行中我努力克服资料收集、实证调研、项目实施、内容整合、统计分析等难关，但是由于受自身水平和客观条件限制，所以在调查地点选择、案例代表性、布局谋篇安排、理论提升分析等方面还有诸多不完善之处，敬请各位同仁批评指正！现有的书稿只能算是对国家社会科学基金项目结题的一个重要交代，进一步完善和深化研究还有待以后的不懈努力。致力于乡村治理和村民自治研究，为乡村振兴贡献个人绵薄之力，将是本人铭记于心的学术取向和事业追求，因为作为农民的儿子，永远不能"忘本"，永远不改初心。

王中华谨识
于合肥·滨湖品阁
二○二二年七月